Gemütliche Radtouren

Genussradeln für Senioren

Chiemgau

30 leichte Touren mit traumhafter Aussicht

J. BERG

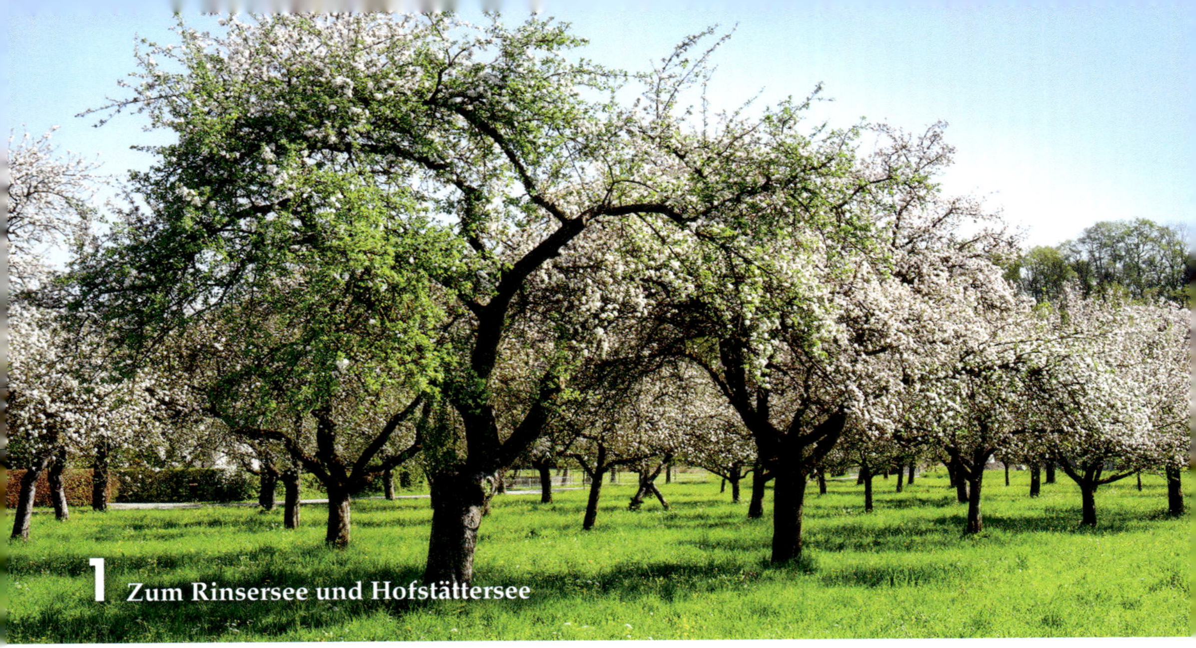

1 Zum Rinsersee und Hofstättersee

Inhalt

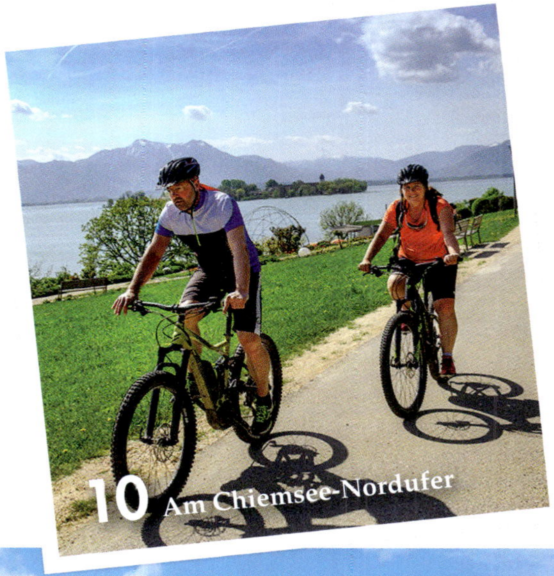
10 Am Chiemsee-Nordufer

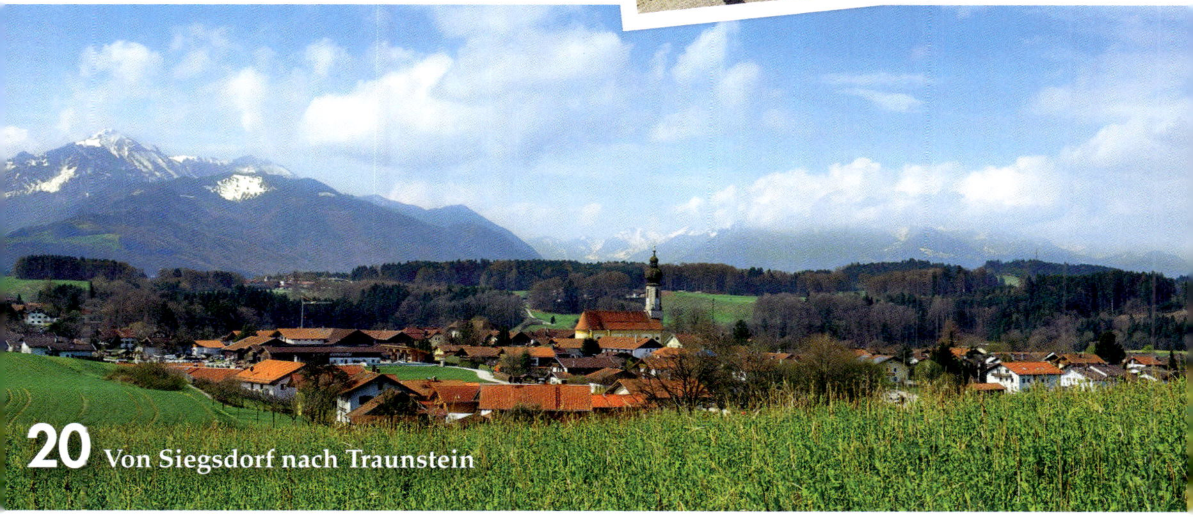
20 Von Siegsdorf nach Traunstein

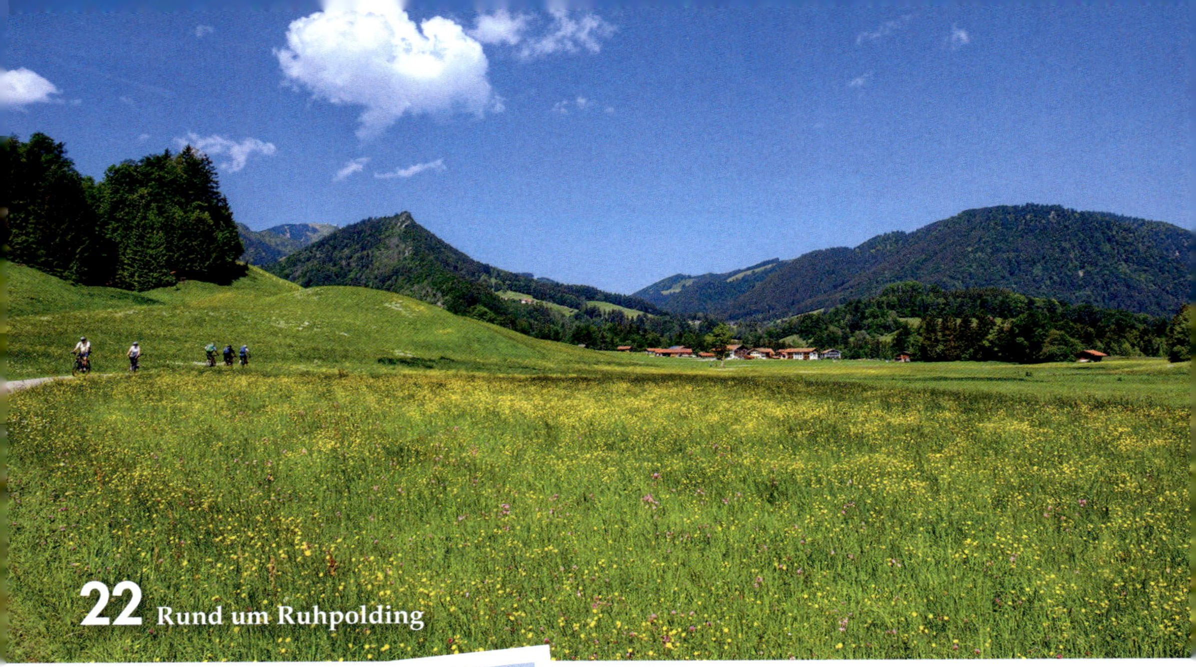
22 Rund um Ruhpolding

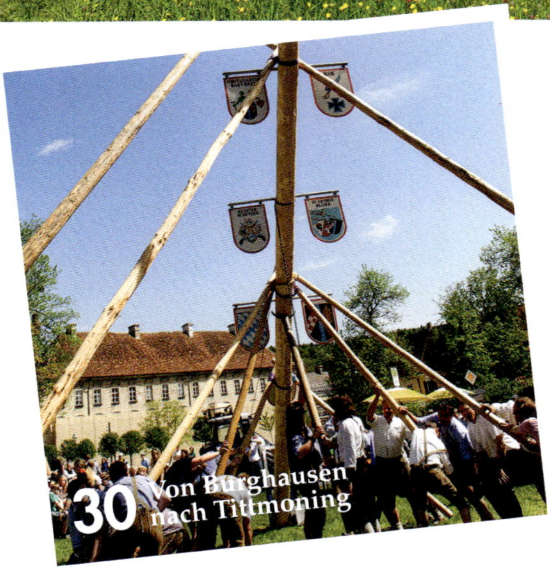
30 Von Burghausen nach Tittmoning

Tourenüberblick

Tour											
1	●	Zum Rinsersee und Hofstättersee	3 Std.	35 km	250 Hm	●	●	●	●	●
2	●	Historische Bäume südlich von Wasserburg	3 Std.	50 km	400 Hm	●	●	●	●	●
3	●	Rund um Riedering	2:30 Std.	23 km	250 Hm	●		●	●	
4	●	Von Frasdorf ins Sachranger Tal	3:30 Std.	34 km	350 Hm	●	●		●	
5	●	Über die Ratzinger Höhe zum Simssee	3:30 Std.	33 km	400 Hm	●	●	●	●	●
6	●	Von Obing nach Schnaitsee	3:15 Std.	39 km	450 Hm	●	●	●	●	
7	●	Rund um Seeon	2:15 Std.	20 km	250 Hm	●	●	●	●	
8	●	Über das Land nördlich des Chiemsee	3:15 Std.	34 km	300 Hm	●	●	●	●	
9	●	Über Urschalling und Frasdorf nach Bernau	2:30 Std.	33 km	250 Hm	●	●	●		●
10	●	Am Chiemsee-Nordufer	1:30 Std.	13,5 km	20 Hm	●	●	●	●	●
11	●	Um die Eggstätter Seenplatte	3 Std.	34 km	200 Hm	●		●		●
12	●	Von Breitbrunn nach Chieming	2 Std.	20 km	20 Hm	●	●	●	●	●
13	●	Rund um Seebruck	2:30 Std.	21 km	200 Hm	●	●	●	●	
14	●	Vom Chiemsee nach Waging und Traunstein	4:30 Std.	50 km	400 Hm	●	●	●		●
15	●	Über die Hügel zwischen Grabenstätt und Traunstein	3:30 Std.	32 km	360 Hm	●	●	●	●	●
16	●	Von Grabenstätt ins Bergener Moos	2:30 Std.	29 km	200 Hm	●		●	●	
17	●	Durch die Kendlmühlfilzen	1:30 Std.	17 km	130 Hm	●	●			●
18	●	Von Grassau nach Schleching	2:30 Std.	30 km	280 Hm	●	●	●	●	
19	●	Durch das Bergener Moos	2:15 Std.	24 km	280 Hm	●	●		●	●
20	●	Von Siegsdorf nach Traunstein	1:30 Std.	17 km	150 Hm	●	●		●	●
21	●	Von Ruhpolding nach Inzell und Siegsdorf	3 Std.	31 km	350 Hm	●	●		●	●
22	●	Rund um Ruhpolding	2 Std.	22 km	300 Hm	●	●	●	●	●
23	●	Rund um Inzell	1 Std.	12,5 km	160 Hm	●			●	
24	●	Rund um Teisendorf	3 Std.	38 km	400 Hm	●	●	●	●	●
25	●	Von Freilassing nach Salzburg	3 Std.	34 km	0 Hm	●	●		●	●
26	●	Von Laufen nach Schönram	3 Std.	37 km	300 Hm	●	●	●		●
27	●	Von Kirchanschöring zum Waginger See	2:30 Std.	25 km	320 Hm	●	●	●	●	●
28	●	Um den Waginger und den Tachinger See	3 Std.	31 km	200 Hm	●		●	●	●
29	●	Von Tittmoning nach Fridolfing	3:30 Std.	32 km	360 Hm	●	●	●	●	●
30	●	Von Burghausen nach Tittmoning	4 Std.	42 km	400 Hm	●	●	●		●

Einführung

Der Chiemgau und der Rupertiwinkel sind zwei großartige oberbayerische Landstriche, die geografisch, geschichtlich und kulturell eng miteinander verbunden sind. Während jedoch der Chiemgau touristisch voll erschlossen ist, bietet gerade der Rupertiwinkel viele unbekannte und ruhige Ecken. Beides hat seinen ganz besonderen Reiz!

Und gerade mit dem Fahrrad hat man die Möglichkeit, die Gegend ganz genau zu erkunden und so den einen oder anderen verborgenen Schatz für sich zu entdecken. Mit dem Fahrrad erreichen wir die vielen Badeseen ganz einfach und ohne Parkplatzsuche. Aber auch kleinere Städte und Orte wie Traunstein, Prien, Tittmoning, Laufen, Traunreut, Ruhpolding oder Waging lassen sich stressfrei besuchen. Unzählige idyllische Dörfer zieren unsere Wege. Ihre Ursprünglichkeit gepaart mit moderner Infrastruktur lässt sich bei geruhsamem Tempo von einem Fahrradsattel aus viel besser wahrnehmen als vorüberrauschend in einem Auto. Das Gleiche gilt für die wunderbare hügelige und kontrastreiche Landschaft, die aufgrund ihrer Wälder, Täler und natürlich der vielen Seen zu einer der schönsten Ecken Bayerns gehört.

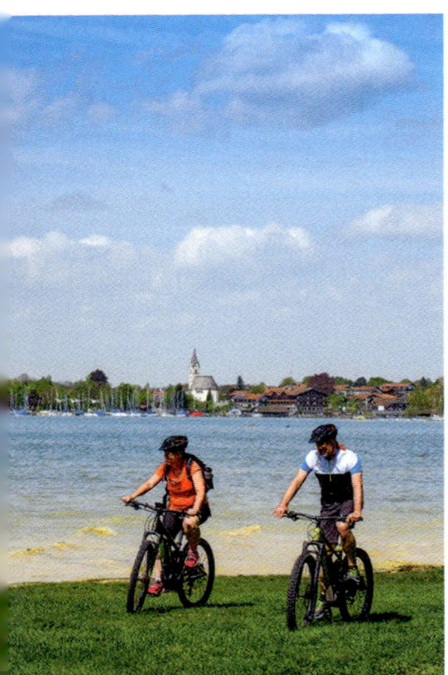

Radfahrer bei Seebruck im Chiemgau

Dabei beleben vor allem vier große Seen die Landschaft: der Chiemsee, der Simssee, der Waginger See und der Tachinger See. Daneben gibt es unzählige kleine Seen, die wie Perlen an einer Schnur in der Landschaft liegen und im Sommer überall zum Baden einladen. Entstanden ist der Chiemsee am Ende der letzten Eiszeit, also erst vor ca. 10 000 Jahren. Die Gletscher haben enorme Mengen Geröll vor sich hergeschoben und, in einigem Abstand zu den Bergen, zu Hügeln, den heutigen Moränen aufgehäuft. Als sich die Gletscher zurückzogen, bildeten diese Moränen eine natürliche Staumauer für das Schmelzwasser, das nicht nach unten versickern konnte, weil feine Sedimentablagerungen den Boden zu einer undurchlässigen Schicht verdichtet hatten. So sammelte sich das Wasser auch im Chiemseer Becken und das bayerische Meer war entstanden. Damals glich dieser See wirklich einem Meer, denn er besaß, verglichen mit heute, fast die dreifache Größe. Als einziger Abfluss verliert der See am Nordufer sein Wasser in die Alz. Die wichtigsten Zuflüsse sind die Prien und die

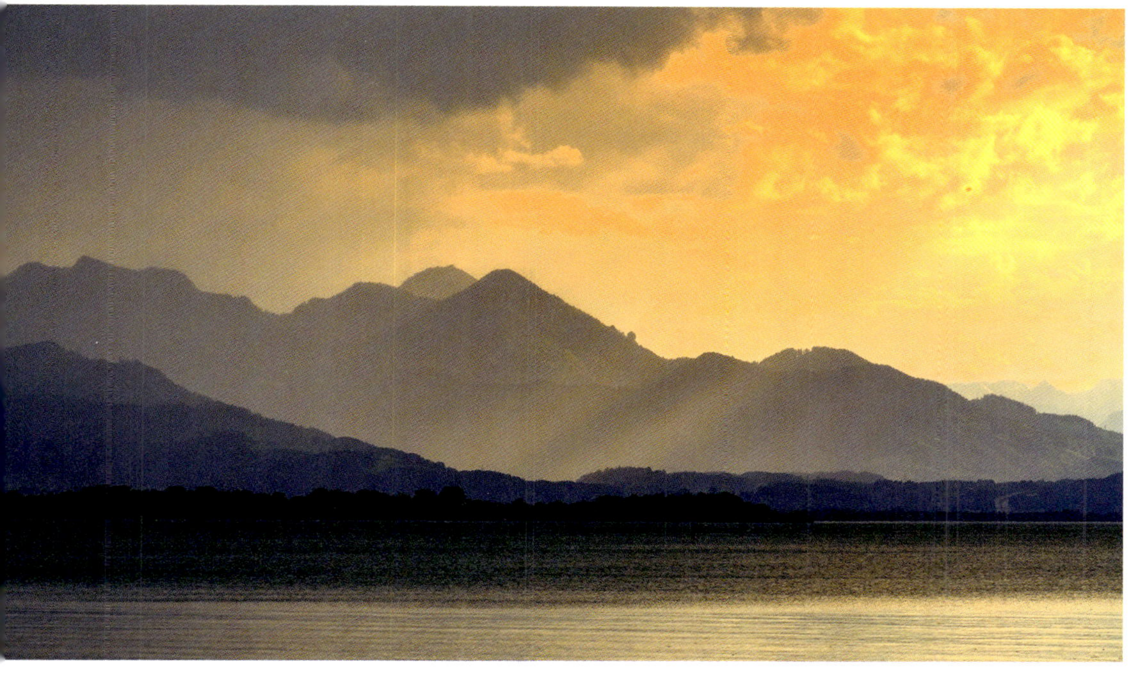

Gewitter und Sonnenuntergang am Chiemsee bei Chieming

Tiroler Ache. Vor allem Letztere befördert viel Geröll, Sand und Ablagerungen in den See, sodass er im Flussdelta stark verlandet. Die Geologen rechnen damit, dass der Chiemsee in längstens 10 000 Jahren vollkommen verschwunden sein wird, soweit man das von heute aus vorhersagen kann. Durch die Ablagerungen ist von seiner ursprünglichen Tiefe von 250 Metern auch nicht mehr viel übrig. Heute ist der See gerade mal 73 Meter tief. Aber immerhin laden 64 Kilometer Uferlänge zu allen erdenklichen Wassersportarten ein. Allerdings stehen einige Uferabschnitte unter strengem Naturschutz und sind mit Betretungsverbot belegt. Vor allem im Mündungsgebiet der Tiroler Ache nisten, brüten oder überwintern seltene Vögel. Bis zu 350 Arten werden gezählt, und die wollen in Ruhe gelassen werden. Die anderen drei großen Seen sind ähnlich entstanden, die vielen kleinen dagegen sind meist Toteisseen. Man muss sich vorstellen, dass beim Rückzug der Gletscher immer wieder mal ein Stück Eis abgebrochen und liegen geblieben ist. Es kann durchaus einige Tausend Jahre gedauert haben, bis dieser Gletscherrest vollkommen geschmolzen war. Was davon übrig blieb, war eine mehr oder weniger flache Mulde, die mit Wasser gefüllt war. Damit war ein kleiner See geboren, viele sind bis heute erhalten geblieben und erfreuen uns im Sommer als nette Badeseen und im Winter als ideale Eisbahnen für Schlittschuhläufer oder Eisstockschützen.

Allgemeine Informationen

Radeln ohne Altersgrenzen

Auch jenseits von 55 Jahren hat man Freude an der Bewegung und kann Fahrrad fahren! So bewegen wir uns an der frischen Luft und genießen Einkehr- und Besichtigungsmöglichkeiten sowie den einen oder anderen sommerlichen Badestopp. Wobei wir ganz bewusst Radtouren mit unterschiedlichsten Längen und Höhenmetern ausgesucht haben. So ist wirklich für jeden etwas dabei: Kürzere Runden, um seinen Leistungsstand auszutesten, aber auch längere Strecken, denn wie wir festgestellt haben, sind mittlerweile viele mit dem E-Bike unterwegs und das erlaubt uns wieder einen ganz neuen Bewegungsradius. Und gerade im hügeligen Chiemgau erleichtert ein E-Bike natürlich vieles. Es ist aber keine Voraussetzung und viele der Radtouren lassen sich auch mit einem normalen Fahrrad leicht bewältigen. Denn wichtig ist – egal in welchem Alter – nur eines: Bleiben Sie in Bewegung!

Tourenangaben

Wir haben uns sehr bemüht, ihnen exakte Kilometerangaben zu liefern. Ein Tacho ist hilfreich, aber nicht nötig, auch unser Kilometerzähler wurde nicht extra geeicht und gleicht keinem GPS-Gerät. Unsere Zeitangaben sind sicherlich sehr persönlicher Natur und sollen nur als Richtlinien gelten. Jeder radelt in ganz unterschiedlichem Tempo. Wir gehen von einer Durchschnittsgeschwindigkeit von ca. 10 km/h aus. Bei ebener Strecke gerne schneller, bei Steigungen dementsprechend langsamer. Nicht einkalkuliert haben wir Zeiten für Pausen, Einkehr-, Bade- oder Besichtigungsstopps. Aber die sind uns bei unseren Radtouren besonders wichtig. Wir radeln ja nicht nur aus sportlichen Gründen, sondern freuen uns vor allem über die vielen schönen Dinge links und rechts des Wegrandes. Selbstverständlich können sich Öffnungszeiten, Ruhetage oder sogar urlaubsbedingte Auszeiten in Gaststätten ändern. Genauso wie es Pächterwechsel gibt und sich Küchen verändern. Wer eine bestimmte Einkehr anvisiert, recherchiert vorher besser im Internet. Außerdem packen wir immer reichlich zu trinken ein und nehmen zumindest einen Apfel, Durchhaltekekse oder einen Müsliriegel mit.

Die beste Radfahrsaison gibt es in unseren Augen nicht. Wir radeln bis in den November hinein und verpacken das Fahrrad erst, wenn der Schnee liegt. Manchmal beginnt die Saison schon im März, wobei wir zu jeder Zeit auch einmal mit aufgeweichten Wegverhältnissen und schlammigem Untergrund rechnen müssen.

Wasserburg am Inn

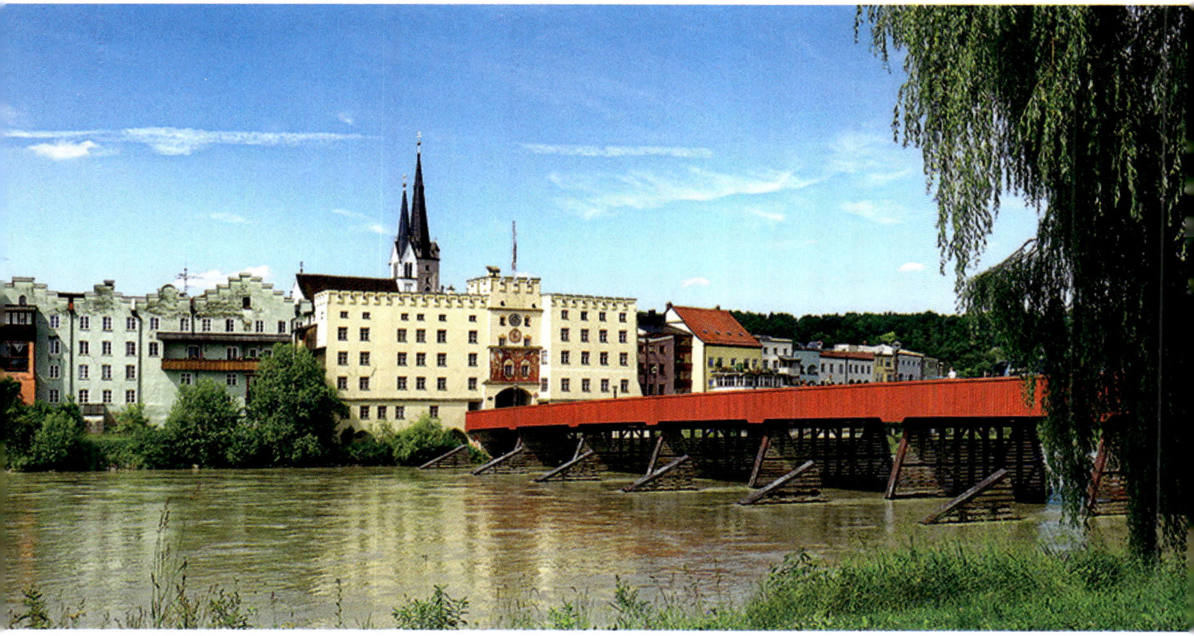

Aber gerade im frühen Frühjahr und im späten Herbst gibt es im Chiemgau noch nicht die volle touristische Infrastruktur. So fährt z. B. der Ringbus, der auch Räder befördert, rund um den Chiemsee nur von Pfingsten bis Anfang Oktober.

Die meisten der Touren lassen sich durch das öffentliche Verkehrssystem mit der Bundesbahn erreichen. Nur bei einigen Touren ist das nicht oder nur umständlich möglich.

Ausrüstung

Wir sind die Strecken mit einem Touren- bzw. Trekkingrad gefahren und teilweise mit einem E-Bike. Ein robustes Citybike ist aber auch in Ordnung. Ein Bergradl bzw. Mountainbike ist nicht nötig, aber die Touren lassen sich damit radeln. Dagegen ist ein Rennrad eher ungeeignet. Wir bevorzugen verkehrsfreie Straßen. Viele Streckenabschnitte führen uns deshalb nicht nur über geteerte Nebenstraßen oder Radwege, sondern auch über unasphaltierte, manchmal etwas holprige Wege, die sich in einigen wenigen Fällen auch als Wiesenpfade entpuppen. Der Chiemgau gehört übrigens nicht zu den flachen Radgegenden. Wir befinden uns im Alpenvorland und so sind einige Steigungen zu bewältigen. Deshalb erleichtern ein paar Gänge den Anstieg.

Herbst am Simssee bei Baierbach

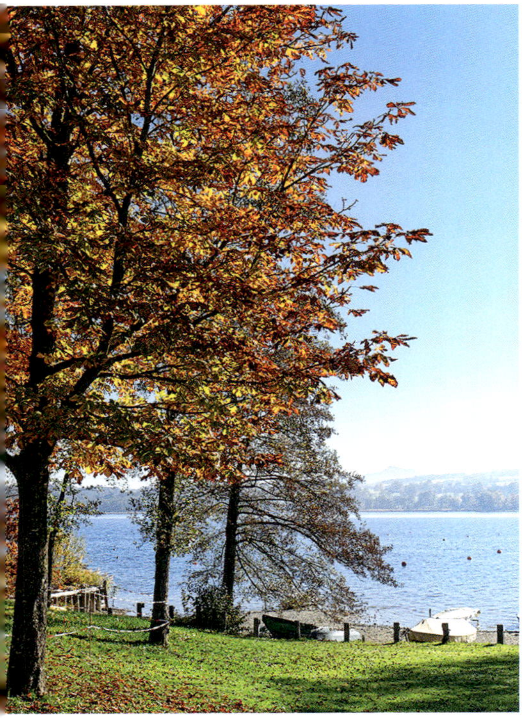

Noch ist ein Fahrradhelm keine verpflichtende Vorschrift, aber zur eigenen Sicherheit ist es besser, einen zu tragen. Wir selbst haben für uns eine Faustregel: In dem Moment, wo wir eine gepolsterte Fahrradhose anziehen, setzen wir auch den Helm auf.

Die Bekleidung ist natürlich komplett von der Jahreszeit und dem Wetter abhängig. Gute Dienste erweist eine gepolsterte Radhose. Sie schützt unseren Allerwertesten, ist elastisch genug, um jede Bewegung mitzumachen und gleichzeitig eng genug, um das Verheddern von Hosenbeinen in der Kette zu vermeiden. Wer sich in einer solchen Hose unwohl fühlt, der findet im Fachhandel auch gepolsterte Fahrradunterwäsche. Sehr bewährt hat sich funktionsaktive Oberbekleidung. Sie trocknet leichter und ist atmungsaktiv. Wegen der schattigen Waldwege nehmen wir grundsätzlich auch im Sommer einen Pulli oder eine Jacke mit. Sogenannte Windstopper leisten hier auch gute Dienste – sie sind windundurchlässig, und trotzdem schwitzt man in ihnen nicht wie z.B. unter einer Regenjacke. Letztere erfüllt natürlich ebenfalls ihren Dienst bei regnerischen Tagen, von denen wir aber hoffen, dass wir keinen erwischen. Eine Fahrradbrille ist zu empfehlen. Sie schützt vor Fahrtwindfliegen, denn es verlaufen doch viele Radwege entlang von Flüssen, Seen und durch Moore. Deshalb ist im Sommer ein Mückenmittel unerlässlich.

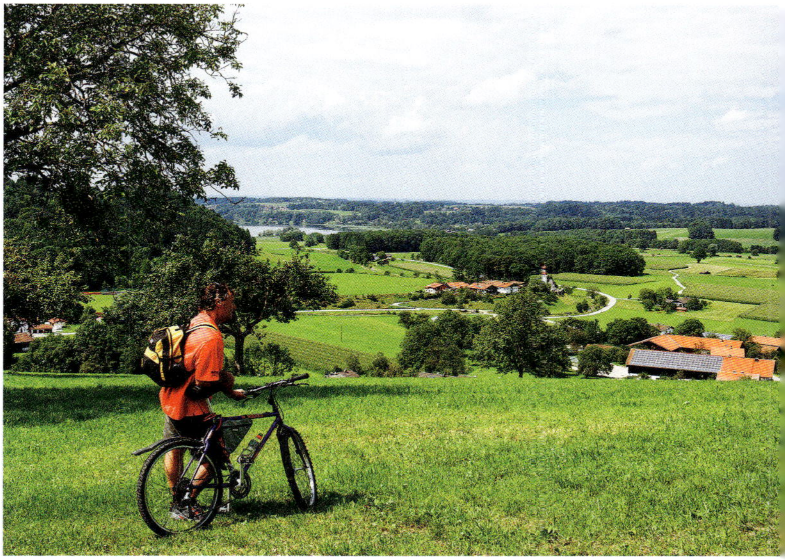

Aussichtsreich auf der Ratzinger Höhe

Ganz wichtig ist natürlich das Fahrradschloss. Egal ob wir spontan schwimmen wollen, eine Kirche besichtigen oder in den Biergarten einkehren, damit sparen wir uns eine unliebsame Überraschung. Direkt unter den Sattel passt ein kleines Täschchen mit dem wenigen, aber manchmal notwendigen Radwerkzeug: Flickzeug oder gleich ein Ersatzschlauch und ein Multifunktions-Radwerkzeug-Kit. Aber ohne Fahrradpumpe nützt das beste Flickzeug nichts!

Badesachen können wir eigentlich für fast jede Tour einpacken, irgendwo findet sich im Chiemgau und Rupertiwinkel immer ein See, Weiher oder ein Fluss für eine Abkühlung.

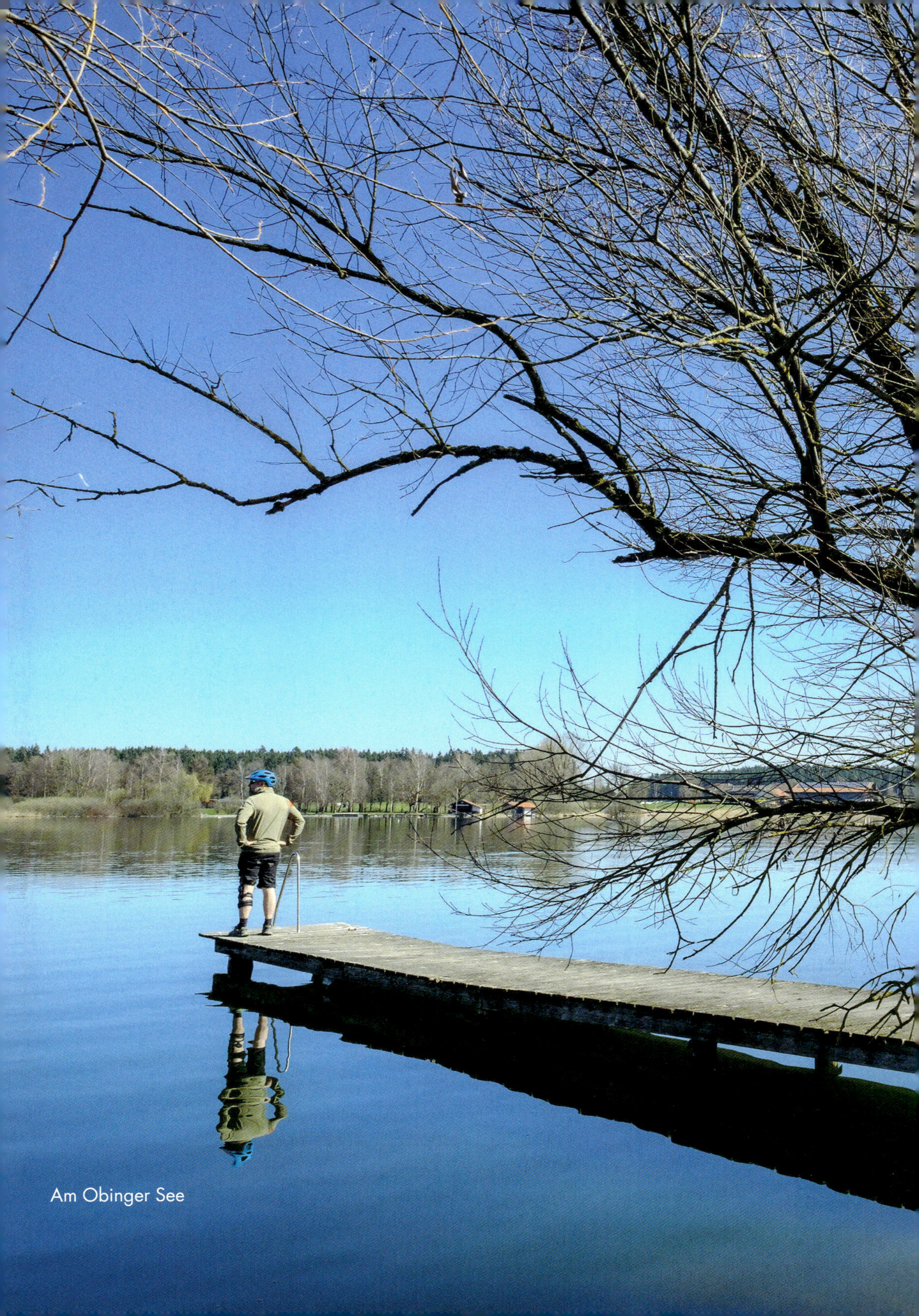

Am Obinger See

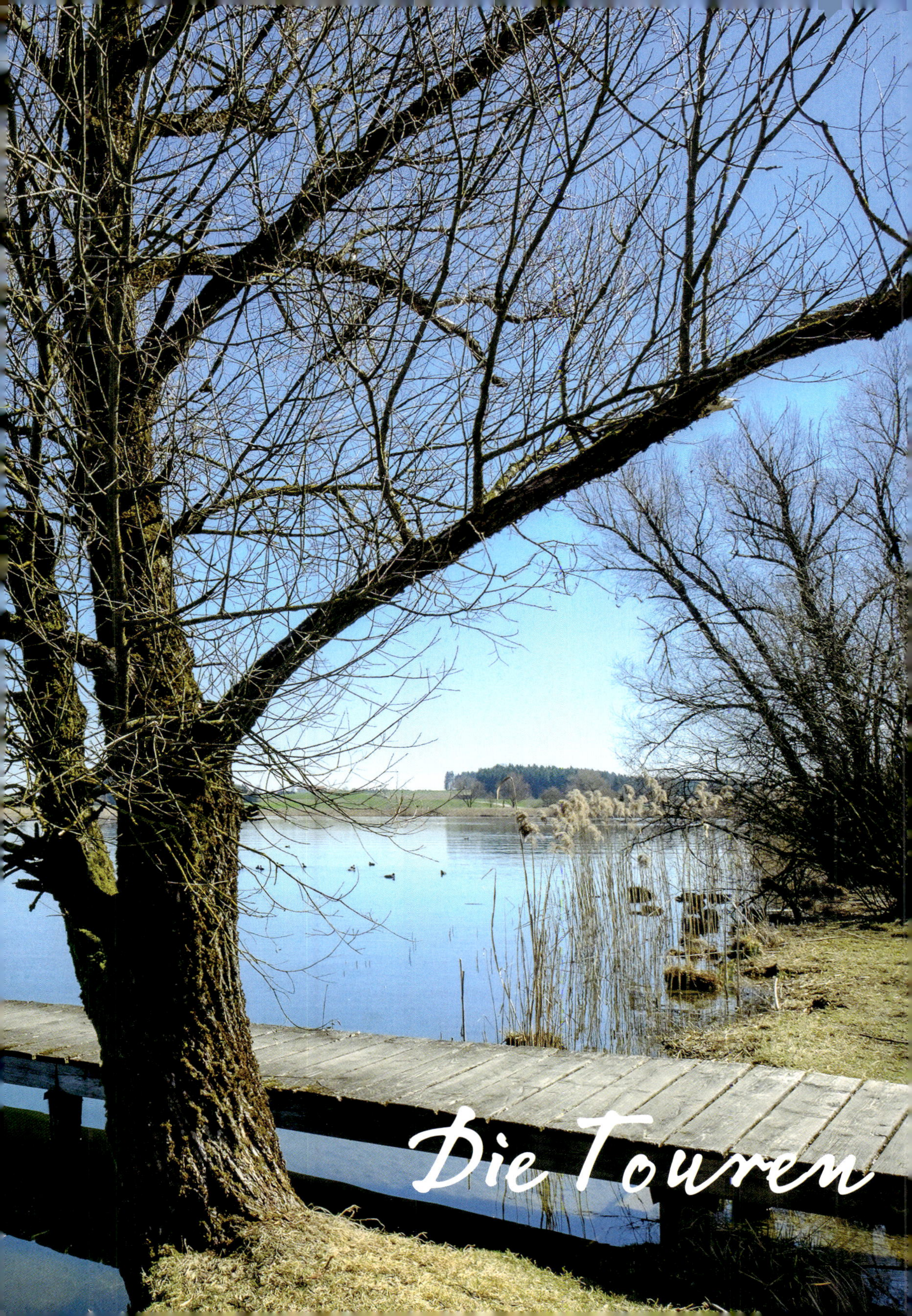

Die Touren

1 Zum Rinsersee und Hofstättersee

Das Tor zum Chiemgau

Mittel

3 Std.

35 km

250 Hm

Anfangs entlang des flachen Innradwegs führt uns diese Etappe von der Stadt Rosenheim über die Innhochufer hinauf zu zwei unbekannten Badeseen. So erkunden wir das Tor zum Chiemgau im westlichen Rosenheimer Land.

Zum Inn Zuerst müssen wir durch den Rosenheimer Innenstadtverkehr, um den Einstieg in den heutigen Radweg zu finden. Dafür radeln wir auf der Straße vor dem Bahnhof, der Luitpoldstraße, in Richtung Osten. Sie wird zur Gießereistraße, bis wir an der Kreuzung rechts in die Kufsteinerstraße einbiegen. Wir unterqueren die Gleise und erreichen geradeaus die Mangfall, ohne den Fluss zu überqueren. Nun beginnt unser Radweg entlang der Mangfall flussabwärts. Erneut radeln wir unter der Bahn hindurch und unterqueren am Eisstadion auch die erste Autobrücke. An der nächsten Brücke biegen wir von der Mangfall nach rechts weg, fahren über die Brücke und folgen nun für 400 Meter der Straße über den Inn. Unmittelbar nach der Brücke beginnt links der Radweg entlang des Inns auf der Dammkrone. Rechts von uns liegen die Höfe mit ihren Streuobstwiesen von Hofau, die früher bei Hochwasser oft überschwemmt waren. Seit der Inn in seinem Oberlauf durch viele Staustufen reguliert ist, sind diese Naturkatastrophen zum Glück ausgeblieben. Von den vielen Innverbauungen und Begradigungen ist an dieser Stelle des Flusses aber wenig zu sehen. Weite Teile des Uferweges gleichen einem Dschungel, zu dem sicherlich einige Biber beigetragen haben, wie unübersehbare Bisspuren beweisen. Bald sind wir neben einem Altwasserarm unterwegs.

Auf das Innhochufer An dessen Ende, nach insgesamt 10,5 Kilometern, halten wir uns rechts und radeln die steile gepflasterte Auffahrt hinauf. Es ist aber keine Schande, sein

Rechte Seite: Bauernhof in Nendlberg am Rinssee

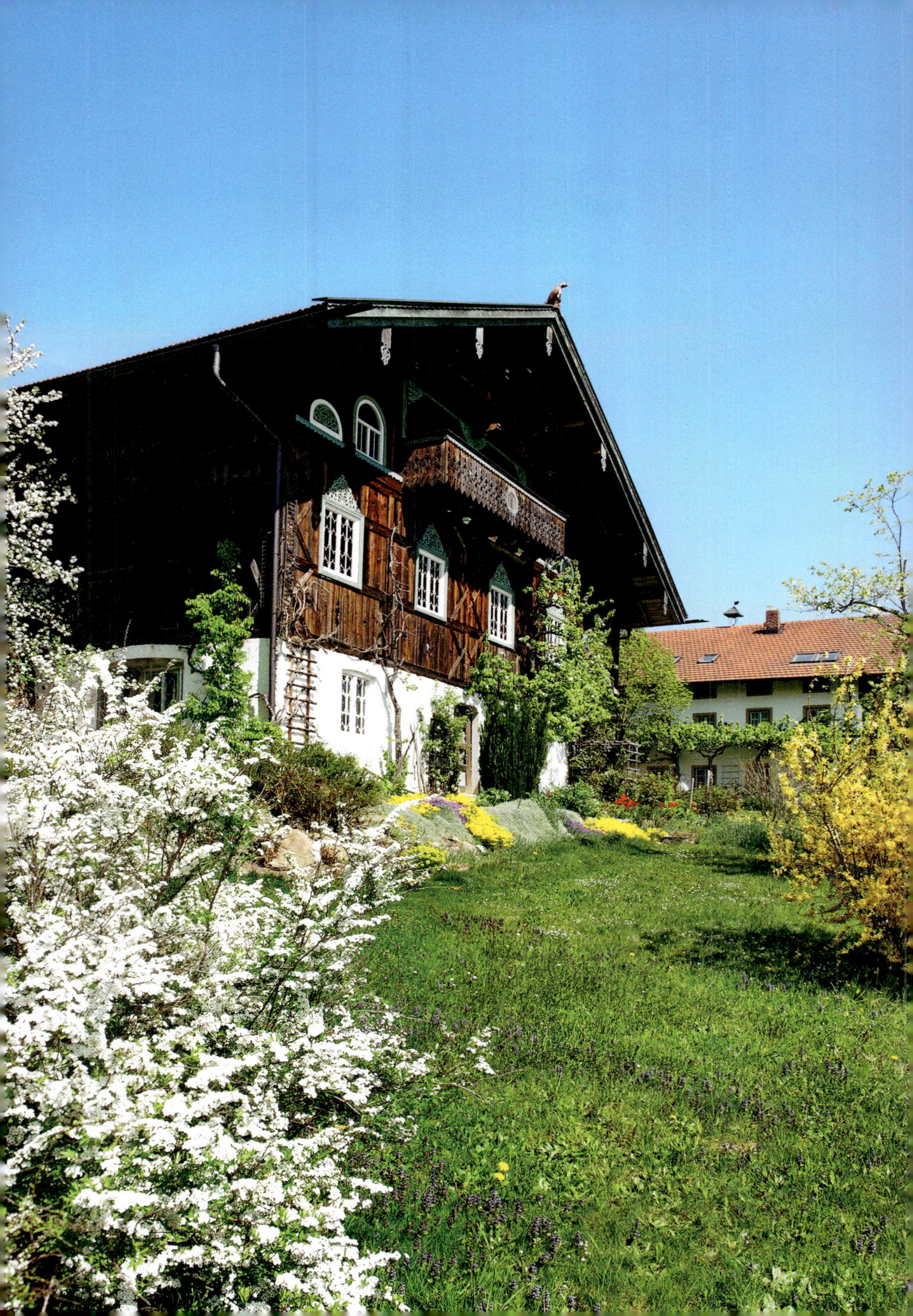

Rad bei 16 % Steigung zu schieben. Oben erwartet uns dafür eine weite Aussicht. Wir passieren den ersten Hof »Entfelden« und an der Kreuzung von Zaißberg radeln wir rechts auf der Via Julia nach Zaisering. Im Ort folgen wir der Beschilderung »Nr. 6« stets weiter mit herrlicher Aussicht Richtung Süden über Moosen nach Dobl.

Rosenheimer Badeidylle In Dobl halten wir uns links und fahren leicht bergauf geradeaus durch Haidbichl. Wir überqueren die Bundesstraße in den Feldweg und stoßen gleich darauf auf eine Nebenstraße. Auf ihr radeln wir links durch den schönen Mischwald und erreichen so die Badeplätze des idyllischen Hofstättersees. Das kleine Strandcafé lädt zur ersten Rast ein, die Liegewiese und der See natürlich verlocken zu einem Sonnenbad mit Badepause. Die können wir uns aber auch noch bis zum Rinsersee aufheben. Dafür geht es weiter auf der Teerstraße und an der Kreuzung rechts, leicht bergauf bis Aich. Dort biegen wir links ab, der Beschilderung Richtung Nendlberg/Straßwend folgend. Die wunderschönen Bauernhöfe in Nendlberg verdienen eine Beachtung, bevor wir über Straßwend hinunter bis zu einer T-Kreuzung radeln. Hier biegen wir links ein und sind schon am Nordende des Rinsersees. Gleich nach dem Hof Rins (mit Bauernhof-Eis!) wenden wir uns erneut nach links (Schild »Wasserburger Radweg«) und pausieren dann am Badegelände zum finalen Schwimmaufenthalt mit Seerosen. Für die Weiterfahrt bleiben wir auf der kleinen Straße, fahren am Kieswerk vorbei und an einem Bildstock im Linksbogen um den Bauernhof Spöck herum. Danach halten wir uns rechts, radeln vorbei an Seehub, dann links vorbei an Seeleiten, Farmach und Entberg. Dort endet die Straße an einem kleinen Entenweiher. Links versetzt sehen wir unseren Hinweg. Wir bleiben nun aber rechts und wechseln gleich am Wegkreuz links auf den schmalen Forstweg. Er führt uns in

In den Straßencafés am Max-Josefs-Platz in Rosenheim können wir den Tag entspannt ausklingen lassen.

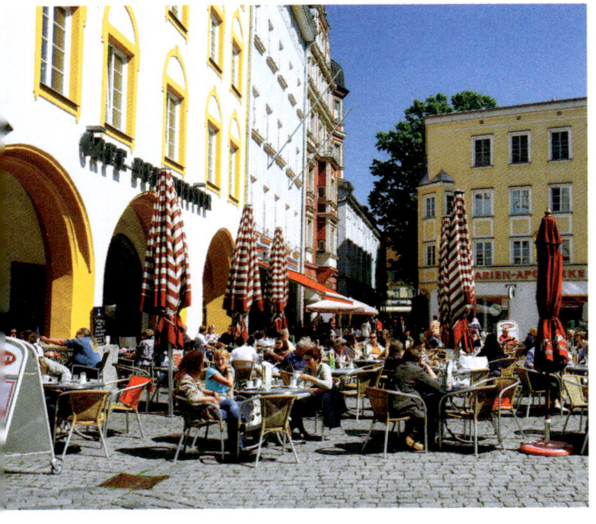

den Wald und wir radeln am Nordufer des Hofstättersees entlang. Nach dem einsamen Haus Kalkgrube und einem weiteren, versteckt liegenden Badeplatz halten wir uns an der Weggabelung links, folgen stets dem Hauptweg und verlassen beim Bauernhof Vettl den Wald. Unter uns liegt das Burger Moos und wieder werden wir mit herrlicher Aussicht belohnt. Wenige Meter vor der Bundesstraße biegen wir rechts in den Wiesenweg ein und queren diese dann vorsichtig in die Niederburgerstraße.

Zum gesunden Wasser Leicht bergauf kommen wir so nach Obernburg, wo wir uns links halten bis nach Haidbichl, den Weiler, den wir von der Hinfahrt kennen. Dort radeln wir zunächst an der Kreuzung nach rechts auf dem bekannten Hinweg. Dann fahren wir aber am Ortsende geradeaus in den Wald hinein. Leicht bergab verlieren wir wieder an Höhe und radeln etwas oberhalb der Altwasserbecken nach Süden. So

Das Tor zum Chiemgau

Die betriebsame Stadt Rosenheim liegt keine 60 Kilometer entfernt von München und stellt sozusagen das Tor zum Chiemgau dar. Im Zentrum rund um das Mittertor und am Max-Josefs-Platz liegen die ältesten und prächtigsten Häuser. Ihre Grundmauern reichen bis ins Mittelalter zurück. Auf dem Platz wurde früher Handel getrieben. Die in die Häuser eingebauten Gehsteige, die Lauben, nutzte man für hochwertige Güter, die vor Regen geschützt werden mussten. Mit seinem Nepomuk-Brunnen ist der Max-Josefs-Platz ein beliebter Treffpunkt in der Altstadt. In den vielen Straßencafés sitzen wir wie auf einer italienischen Piazza und dürfen die Szenerie genießen – am besten wählt man dafür das historische Kaffeehaus Bergmeister oder eines der kultigen In-Lokale wie das Kaffeehaus Aran.

erreichen wir die Quelle St. Leonhard von Bad Leonhardspfunzen. Der Brunnen war den Menschen in der Umgebung schon lange als Heilquelle wohlbekannt. Gerade nach dem Zweiten Weltkrieg, als durch die zahlreichen Bombenschäden die Rosenheimer Trinkwasserleitungen nur braunes Wasser lieferten, zogen ganze Kolonnen mit oft provisorischen

Rechte Seite: Im Riedergarten von Rosenheim

Behältern hierher, um das gute Wasser nach Hause zu schaffen. Dann geriet die Quelle wieder in Vergessenheit, bis Mitte der 90er-Jahre die Familie Abfalter die Wasserrechte und den Grund um die Quelle kaufte und eine moderne Abfüllanlage installierte. Heute ist das Wasser sehr populär geworden und wird wegen seiner Reinheit hoch gelobt und natürlich teuer verkauft. Wir jedoch können uns kostenlos direkt an der kleinen Kapelle unsere Trinkflaschen mit dem so beliebten Wasser auffüllen. Vorbei an den Quellhäusern und dem Gasthaus Baodwirt geht es über einen Rechtsknick abwärts und über ein kleines Stauwehr, bis wir wieder auf dem bekannten Innradweg sind. Nun ist es nicht mehr weit bis nach Rosenheim. Wir fahren entweder direkt zum Ausgangspunkt oder mit einem kleinen Umweg ins Zentrum der Altstadt rund um das Mittertor und den Max-Josefs-Platz.

Pizzeria

Wagenradgroße und leckere Pizzen gibt es in Rosenheim in der L'Osteria, Adlzreiterstr. 17, hinter dem Ballhaus in der Nähe des Mittertores. Netter Hof zum Freiluftsitzen.

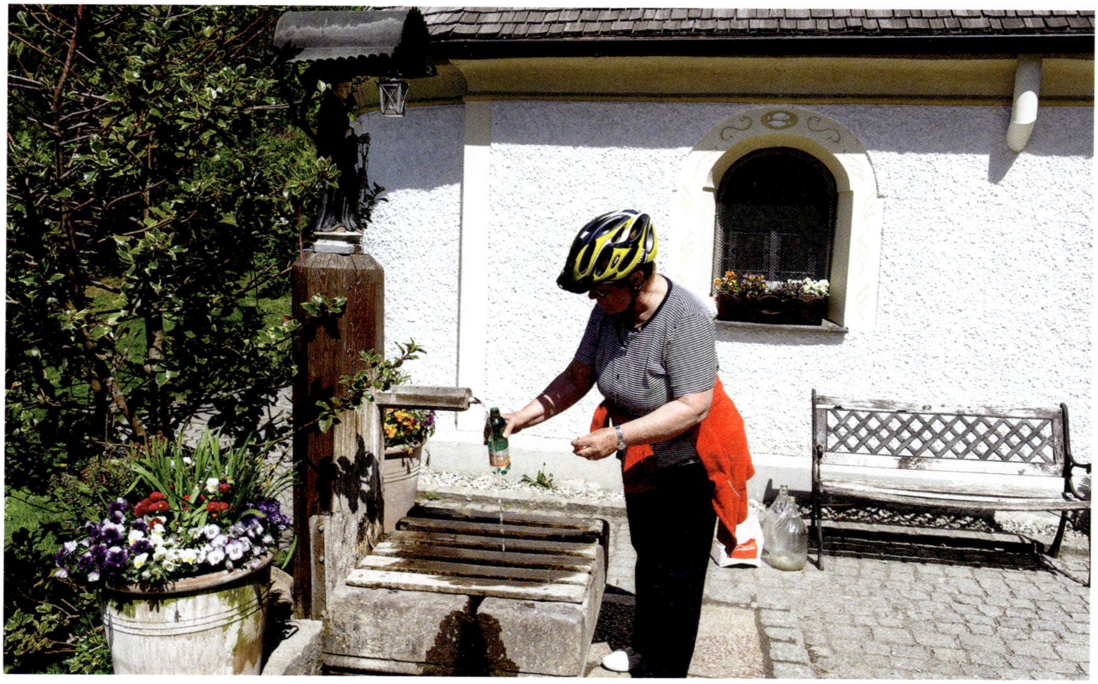

In Leonhardspfunzen kann man direkt an der St. Leonhardsquelle seinen Wasservorrat selbst auffüllen.

Wichtiges zur Tour

Ausgangs-/Endpunkt
Rosenheim, Hauptbahnhof

Anfahrt
GPS-Koordinaten: 47.8504, 12.1195
Auto: Von München auf der A 8 Richtung Salzburg, Ausfahrt Rosenheim, weiter nach Rosenheim Zentrum, der Beschilderung zum Bahnhof folgen, Parken gegen Gebühr direkt am Bahnhof. **Bahn:** Fast stündlich ab München

Tourencharakter
Rundtour zum Teil auf ungeteerten Rad- und Waldwegen, zum Teil auf wenig befahrenen Nebenstraßen. In Rosenheim erhöhtes Verkehrsaufkommen. Der Innradweg kann nach Regen in schlechtem Zustand sein.

E-Bike-Ladestation
Rosenheim: Kundenzentrum Stadtwerke Rosenheim, Bayerstraße 5

Einkehr
Direkt in Rosenheim gibt es unzählige Gaststätten, Restaurants und Cafés. Etwas Besonderes ist die Dinzler Kaffeerösterei mit zwei Filialen (Max-Josefs-Platz und Kunstmühle), eine traditionelle Kaffeerösterei gepaart mit überzeugendem Essen, das weit über das klassische Kuchenbuffet hinausgeht. Unterwegs gibt es am Hofstättersee und am Rinsersee während der Badesaison einen Strandkiosk.

Information
Tourist-Info Rosenheim, www.rosenheim.de

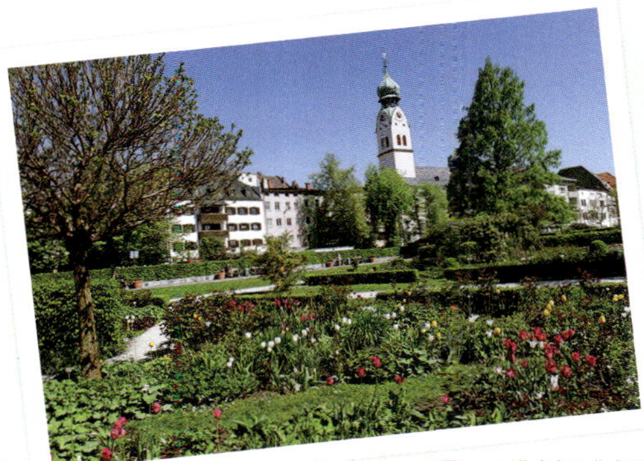

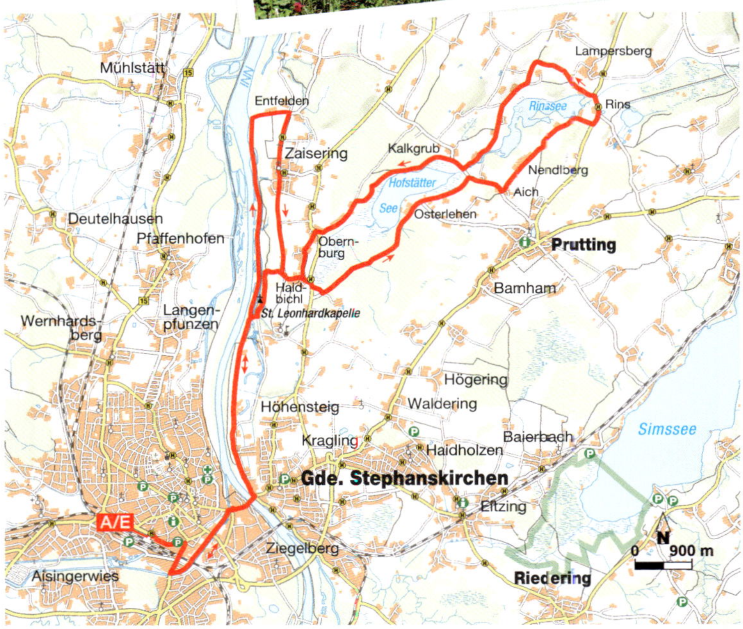

2 Historische Bäume südlich von Wasserburg

Von der Kosaklinde zur Prügellinde

Schwer
3 Std.
50 km
400 Hm

Wir radeln durch das aussichtsreiche Moränenland südlich von Wasserburg und besuchen sieben historische, alte und knorrige Bäume, die alle eine ganz eigene Geschichte erzählen. Dazwischen freuen wir uns über weite Fernsichten und interessante Dörfer mit viel Kultur und Geschichte.

Zum ersten Baum Die Orientierung bei dieser Radtour ist sehr leicht, das Signum »Von Baum zu Baum« führt uns sicher durch die Landschaft. Man muss nur den richtigen Einstieg finden und das ist, noch auf dem Grund der Stadt Wasserburg, die Kosaklinde.

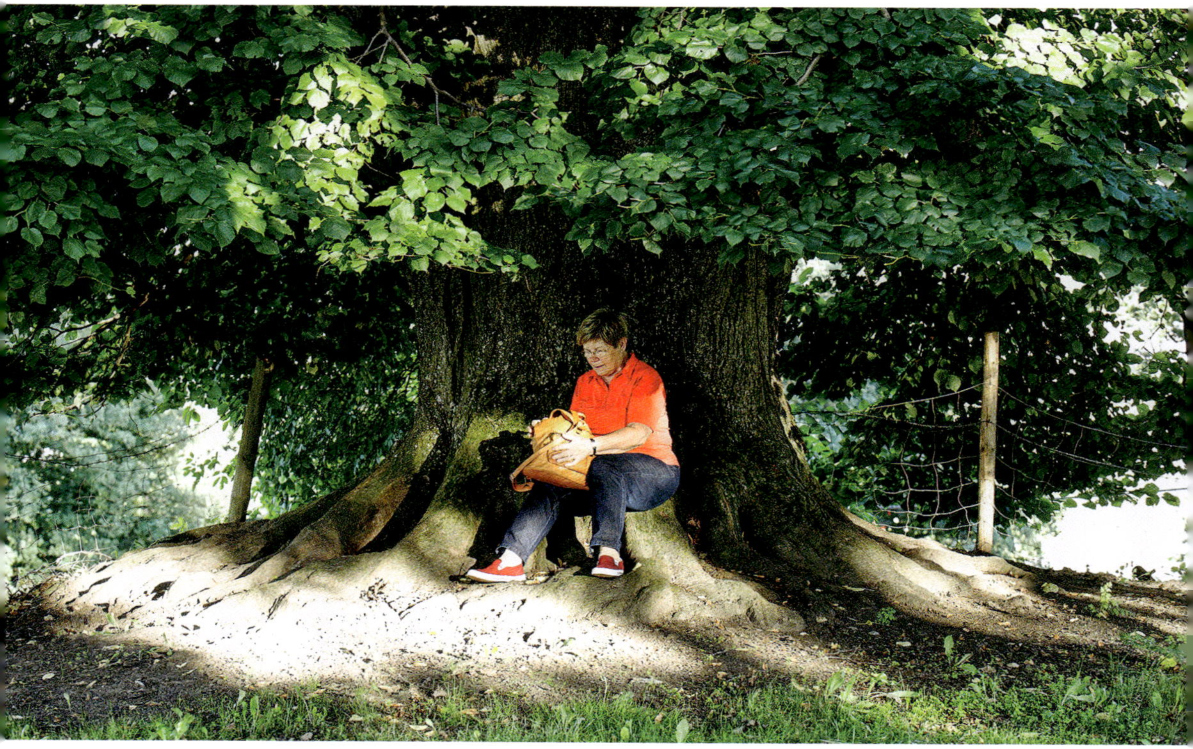

Um zu ihr zu gelangen, überqueren wir den Inn auf der »Roten Brücke« und fahren der Einbahnstraßenregelung wegen zuerst rechts auf die Rosenheimer Straße, um dann links in den Gimpelberg abzubiegen, der uns auf die Salzburger Straße bringt. Beim Achatiuskirchlein biegen wir links in die Achatzstraße ein und folgen ihr bergauf. Nach etwa 300 Metern verzweigt sich die Straße, hier finden wir den ersten Wegweiser unserer Tour. Wir biegen rechts in den Magdalenenweg ein, fahren gleich darauf nochmals rechts und dann geradeaus durch den Bauernhof auf den ehemaligen Burgstall hinauf, wo wir vor uns schon die große Baumgruppe mit der dicken Kosaklinde sehen. Der Baum erinnert an den Bezirksarzt Dr. Kosak, dessen Frau nach ihrem Tod nicht nur ihr Haus am Marienplatz der Stadt vermacht hat, sondern auch die enorme Summe von 100 000 Goldmark. Das entspricht, in heutige Kaufkraft umgerechnet, etwa einer Million Euro!

Wasserburger Museen

Zwei interessante Museen locken in die Stadt: das Museum Wasserburg mit seiner historischen Sammlung zur Stadtgeschichte (Di bis So 13–16 Uhr) und das Wegmachermuseum, in dem der Besucher erfährt, wie man früher im Vergleich zu heute Straßen gebaut hat (geöffnet nach Anmeldung, Tel. 08092/82 73-0).

Lindenbäume Wir radeln zum Magdalenenweg zurück und fahren dann stets den Wegweisern folgend weiter über Eiselfing nach Alteiselfing. Dort biegen wir links ab und erreichen über Ostermühl den nächsten interessanten Baum bei Kammerloh. Das ist eine gewaltige Linde mit über sieben Metern Stammumfang. Dieser bizarre Baum, der sich so schön vom Himmel abhebt, bestand bis vor 100 Jahren aus zwei Stämmen, hatte also den doppelten Durchmesser.

Die darauffolgenden Bäume sind ebenfalls alle Linden-Gedenkbäume, denn dieser Laubbaum kann sehr alt werden. Darum wählte man diese Art, um »auf ewig« an ein bestimmtes Ereignis zu erinnern. Über Praschlmühl und Aham kommen wir zur Straße von Alteiselfing nach Griesstätt. Links abgebogen sehen wir den Hof von Lochen, markiert von einer gut 100-jährigen Linde. Zur Einberufung 1914 in den Krieg haben der Bauer und sein Knecht noch zwei Linden gepflanzt. Einen

Linke Seite: Unter der Kosak-Linde auf dem Achatzberg bei Wasserburg lässt es sich gut Raster.

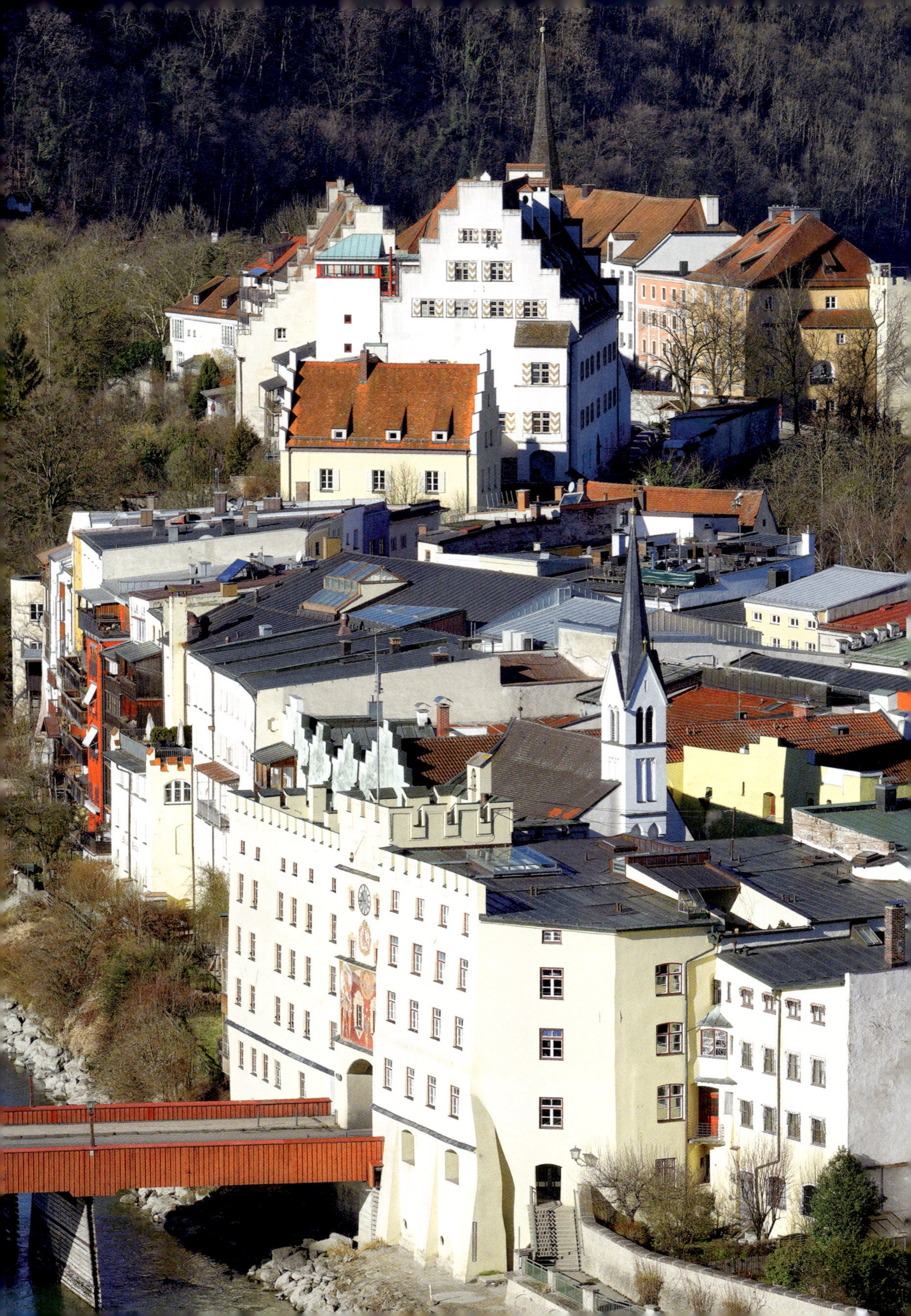

der beiden Bäume hat 1998 ein Sturm entwurzelt, der zweite steht, jetzt fast 100 Jahre alt, gesund an der Hofeinfahrt. Wir fahren auf der Straße weiter und biegen bei Kolbing links ab. In Halfing steht eine Friedenslinde, die 1871 zum Ende des deutsch-französischen Krieges gepflanzt wurde. 1914 ist sie kurz vor Ausbruch des Ersten Weltkrieges verdorrt. Kein Wunder, dass das die Menschen tief beeindruckte. 1919 haben sie schließlich den Baum neu gepflanzt, der heute noch als Friedenslinde in Halfing steht. Übrigens war der Ort zur Barockzeit ein bedeutendes Wallfahrtsziel. Das erklärt die ungewöhnlich reiche Ausstattung der großen Hallenkirche, die einen Besuch wert ist. Das ist aber auch das Gasthaus Hotel Kern neben der Kirche, das mit einer bodenständigen Speisekarte überrascht.

Von Halfing aus geht es geradeaus weiter nach Höslwang. An ein freudiges Ereignis soll die Königreich-Bayern-Linde erinnern. Die Höslwanger haben sie 1906 gepflanzt, als das Königreich Bayern 100 Jahre alt wurde. Im Dorf steht noch ein zweiter historischer Baum, die Pfarrhauslinde. Wann sie gepflanzt wurde, ist unbekannt. Sie war so groß, dass man im hohl gewordenen Stamm ein kleines Häuschen als Ort der Ruhe bauen konnte. Inzwischen ist der Baum praktisch zusammengebrochen.

Wasserburg

Die Stadt liegt auf einer vom Inn umflossenen Halbinsel und konnte sich ihr mittelalterliches Stadtbild bestens bewahren. Das Rathaus mit seinen zwei Stufengiebeln stammt aus der Mitte des 15. Jh., die Laubengänge der Häuser erinnern an Urlaubsreisen nach Italien. Die wuchtige Pfarrkirche St. Jakob hatte überregionale Bedeutung, als der Pilgerweg nach Santiago durch die Stadt führte. Die Kanzel der Kirche, von den Gebrüdern Zürn geschaffen, zählt zu den wertvollsten Schnitzwerken der Renaissance in Altbayern.

Pause in Amerang Von Höslwang aus geht es weiter nach Amerang. Die letzte unserer Linden steht dicht am Schloss Amerang. Wann sie gepflanzt wurde, ist unbekannt. Der Name »Prügellinde« erinnert an die Zeit, in der Amerang noch Hofmark war, in der also im Schloss noch Gericht gehalten wurde. Damals war die Prügelstrafe nichts Ungewöhnliches, sie wurde zur Abschreckung in aller Öffentlichkeit unter

Linke Seite: Über die Innbrücke und das Stadttor gelangen wir in die Wasserburger Altstadt.

der Linde vollzogen. Wer Zeit hat, sollte in Amerang unbedingt das kleine, aber feine Freilichtmuseum mit seinen historischen Bauernhöfen besuchen. Liebhaber historischer Autos wenden sich hingegen dem EFA Automobilmuseum von

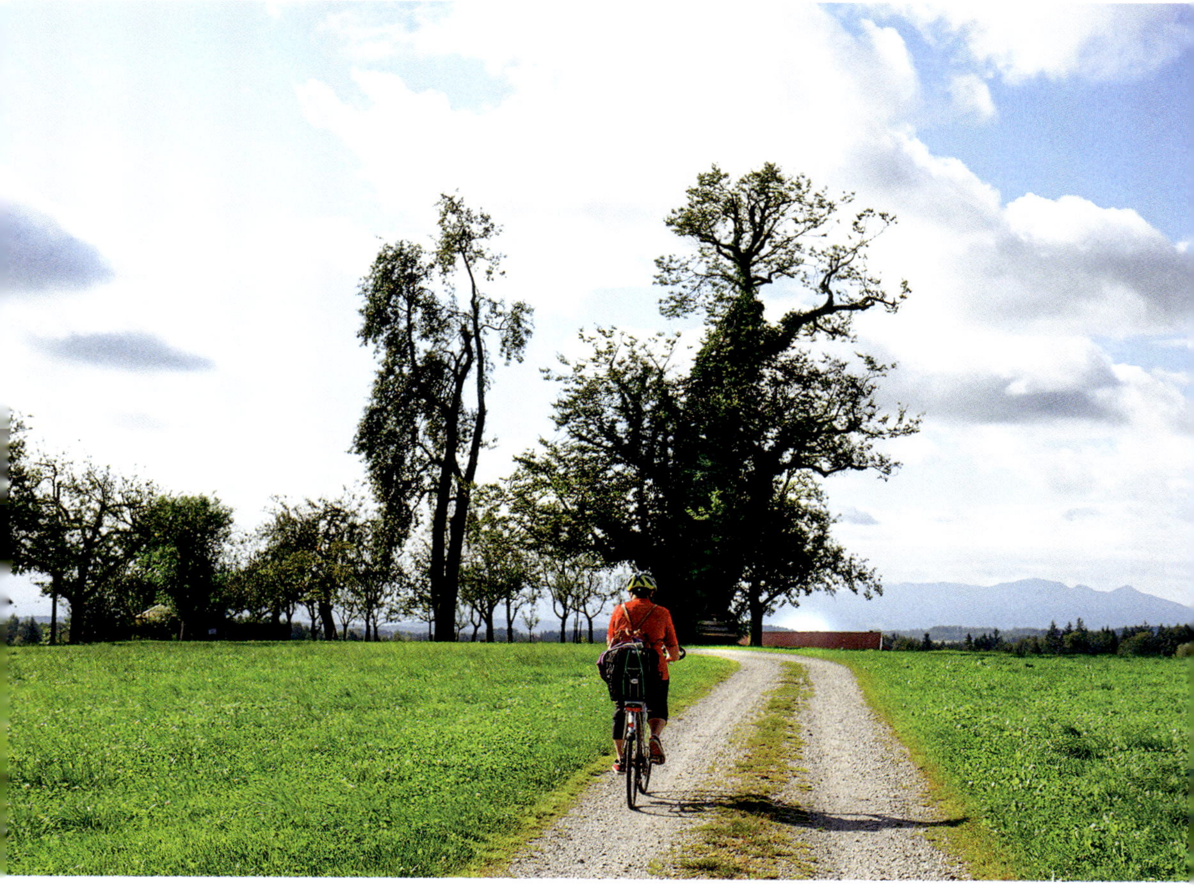

Auf dem Weg zum Naturdenkmal, der Linde in Kammerloh bei Eiselfing.

Rechte Seite: Die Wasserburger Altstadt am Inn

Amerang zu. Wer aber nur Lust auf eine Brotzeit hat, kann in Amerang auch hervorragend einkehren. Der kleine Ort ist eigentlich nicht nur eine Pause wert, sondern eine ganze Reise.

Schlussspurt Von Amerang führt unser Weg am Friedlsee vorbei und durch Evenhausen nach Fuchstal. Von hier aus kann man den Wegweisern weiter folgen, aber auch, etwas abkürzend, geradeaus weiter nach Eiselfing fahren und dort den schon bekannten Weg zurück nach Wasserburg nehmen.

Wichtiges zur Tour

Ausgangs-/Endpunkt
Wasserburg, Innbrücke

Anfahrt
GPS-Koordinaten: 48.0594, 12.2345
Auto: Von München auf der B 304 München nach Wasserburg, Parken am Parkplatz unter der Rampe, im Parkhaus 1 an der Überfuhrstraße und Parkhaus 2 an der Kellerstraße oder am Parkplatz am Gries.
Bahn: Von München und Rosenheim aus nach Wasserburg zum Bahnhof. Kurze Anfahrt zur Stadtmitte

Tourencharakter
Rundtour auf ruhigen Nebenstraßen, zum Teil auch ungeteerte Feld- und Forstwege, durch das Auf und Ab über die vielen Moränenhügel etwas anstrengend. Baden in Schonstett und am Friedlsee bei Amerang möglich

E-Bike-Ladestation
Wasserburg: Parkplatz am Gries, Amerang: Pfarrer-Fischer-Platz hinter dem Rathaus

Einkehr
Gasthäuser gibt es in jedem größeren Ort an der Strecke. Gut isst man in Halfing im Gasthaus Hotel Kern. In Amerang: Zum Augustiner oder, etwas edler aber sehr liebevoll, die Hofstub´n Amerang

Information
Tourist-Info Wasserburg, www.wasserburg.de

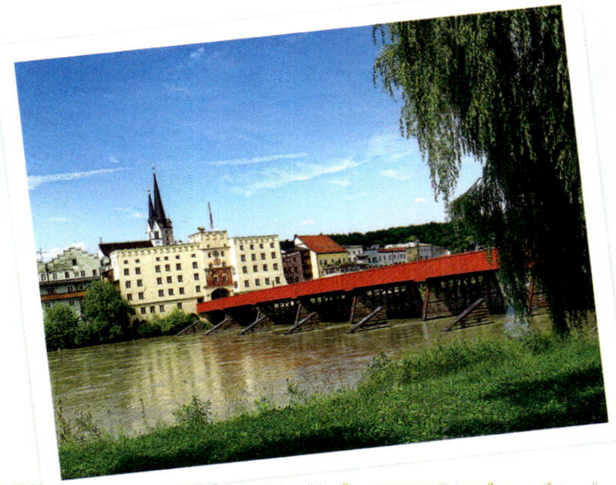

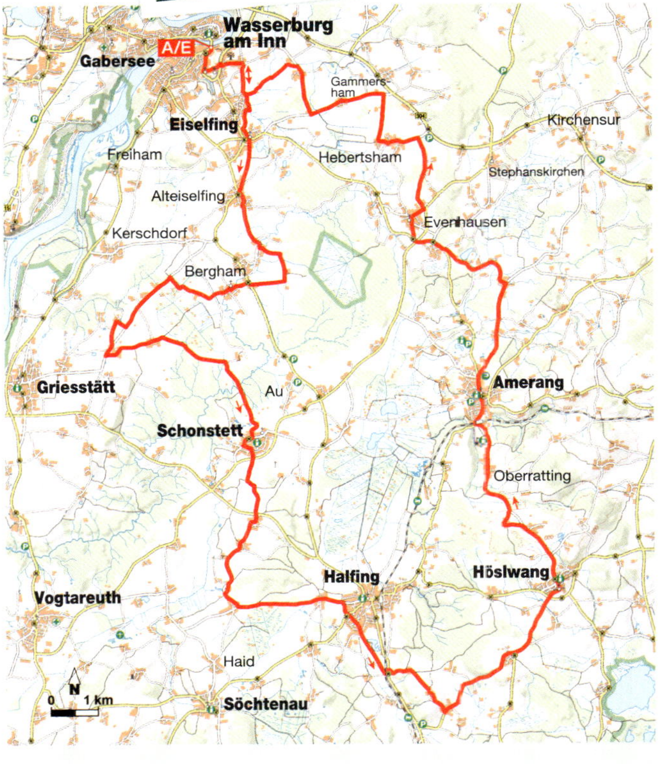

3 Rund um Riedering

Im Simsseer Süden

- Mittel
- 2:30 Std.
- 23 km
- 250 Hm

Der ganze Chiemgau ist hügelig, das können wir immer wieder feststellen. So kostet uns auch diese Tour einiges an Kraft. Dafür ist sie nicht sehr lang und wir werden mit herrlichen Ausblicken verwöhnt. Dazwischen liegen ruhige Weiler, ein weiterer Badesee und ein wildromantisches Tal.

Über den Tinninger See ins Aubachtal An der großen Straßenkreuzung in Riedering wenden wir uns nach Westen in Richtung Niedermoosen. Wir passieren die Kirche, verlassen den Ort und biegen dann an der nächsten Möglichkeit beim Wertstoffhof links ein. Über die Felder erreichen wir Gögging, wenden uns dann aber in der Ortsmitte nach links und umradeln, nun leicht bergab, den kleinen Tinninger See, der zu einer ersten Badepause lockt. Am Badeplatz an seinem Ostufer

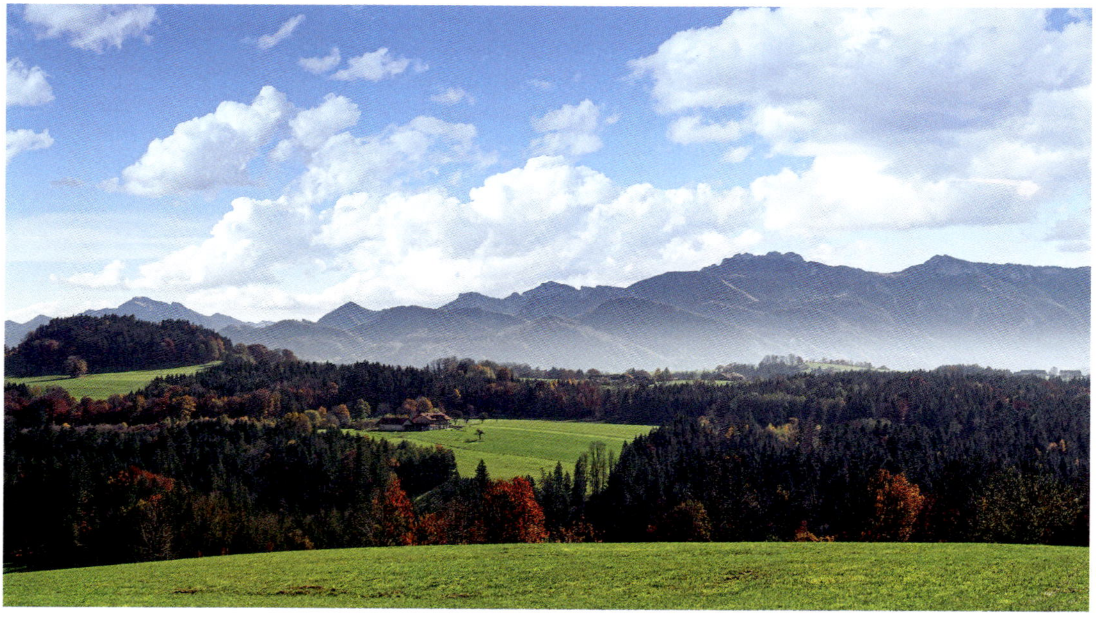

Herbstlicher Dunst bei Parnsberg mit der Kampenwand, Hochplatte und Hochfelln

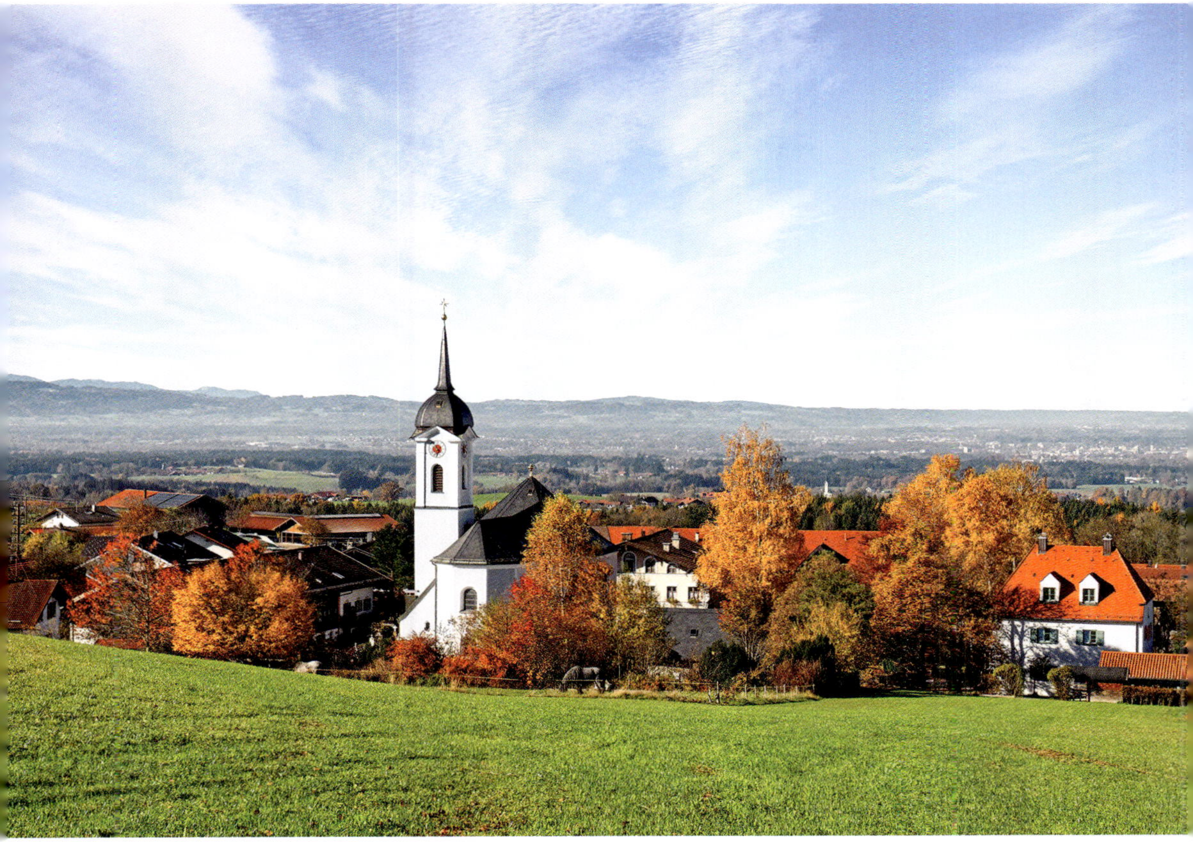

Die Pfarrkirche St. Rupert und Martin, erbaut 1766–69 nach Plänen von Johann Michael Fischer in Söllhuben bei Riedering

radeln wir dann zur Autostraße hinauf. Auf dem Radweg folgen wir ihr nach links bis zum Sportplatz. Unmittelbar nach dem Sport- und Parkplatz biegen wir rechts ein und es geht am Aubach entlang in ein sehr idyllisches kleines Tal. Hier herrscht schlagartig Ruhe, nur ein paar Vögel zwitschern und der Aubach plätschert leise vor sich hin. Fast wie auf einer Alm fühlen wir uns, ist das Tal doch durch Hügel begrenzt.

Bergauf nach Söllhuben Viel zu schnell sind wir durch den schönen Streckenabschnitt hindurch und stoßen an eine Teerstraße. Wenige Meter fahren wir nach rechts bis zur größeren Autostraße, der wir nun etwas schnaubend nach links bergauf folgen müssen. Für einen E-Bike-Fahrer kein Problem, ansonsten zwicken die Wadl oder wir schieben ein Stück. Bald hinter den Häusern von Aichen passieren wir noch die Abzweigung nach Patting und biegen dann links ein. Der steile Anstieg hat sich gelohnt, denn die Aussicht ist wunderschön. Jetzt radeln wir vorbei an Hetzenbichl nach Kohlstatt. Im Ort geht es nun links über Felder im leichten Auf und Ab nach Söllhuben. Wir dürfen uns weiter über die schönen Aussichten und auf eine Einkehr im großen Landgasthof Hirzinger freuen, der gegenüber der Söllhubener Kirche liegt.

Brotzeit

In Söllhuben lohnt sich die Einkehr im Gasthaus Hirzinger. Wer jedoch seine eigene Brotzeit mitgebracht hat, fährt über die Kapellenstraße noch hinauf zum schönsten Aussichtspunkt über die Gegend. An der kleinen Kapelle mit ihrer mächtigen Linde genießen wir die Pause erst recht.

Hinunter zum See Nach der verdienten Pause geht es an den Simssee und zum Glück stehen keine weiteren Steigungen mehr auf dem Programm. Wir radeln noch am Gasthof vorbei und biegen dann am Ortsende links in den kleineren Weg ein, der uns bergab nach Wolferkam führt. In Wolferkam geht es durch den Ort und dann der Straße nach weiter über Abersdorf, wo wir links nach Beuerberg weiterfahren. Dort biegen wir links auf den Radweg, der nach Riedering beschildert ist. Jetzt radeln wir parallel zur Autostraße, nach rechts ist ein Abstecher zum Simsseer Badegelände möglich. Der Radweg führt uns durch Ecking. An der Vorfahrtsstraße im Ort geht es rechts und wir treffen wieder auf die Autostraße, die wir geradeaus überqueren. Der Radweg wendet sich nach links und bald nach rechts. Bevor wir die Sims überqueren, geht es dann endgültig nach links und wir radeln entlang des Rotbaches nach Riedering zurück. An der Hauptstraße geht es kurz nach links und wir sind zurück in der Ortsmitte.

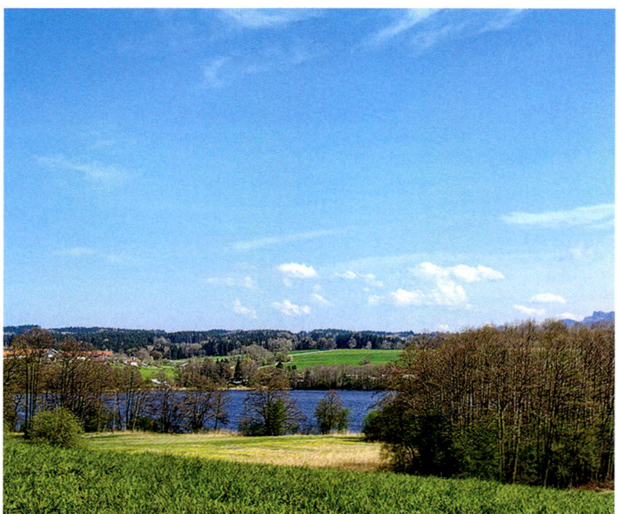

Der Tinninger Weiher bei Gögging

Rechte Seite: Über viele Felder führt die Radtour.

Wichtiges zur Tour

Ausgangs-/Endpunkt
Riedering, Große Straßenkreuzung

Anfahrt
GPS-Koordinaten: 47.8385, 12.2076
Auto: Von München auf der A 8 Richtung Salzburg, Ausfahrt Rohrdorf, weiter zum Südende des Simssees nach Riedering. Parkmöglichkeiten hinter der Gemeindeverwaltung an der Schule. **Bahn:** Keine Möglichkeit, nur in Verbindung mit Tour 5 und Anfahrt über das Westufer

Tourencharakter
Aussichtsreiche Rundtour auf zum Teil ungeteerten Radwegen und Nebenstraßen. Anfangs viele Hügel und Steigungen, ab Söllhuben dann abwärts und ebene Strecken. Eine gute Tour für ein E-Bike!

E-Bike-Ladestation
Riedering: Gemeindeverwaltung, Söllhuben: Gasthof Hirzinger

Einkehr
Söllhuben: Großer und traditionsreicher Gasthof Hirzinger. Riedering: Das bayerische Gasthaus Alter Wirt oder italienisch in der Osteria La Pignata

Information
Tourist-Info Simssee, www.simssee.org

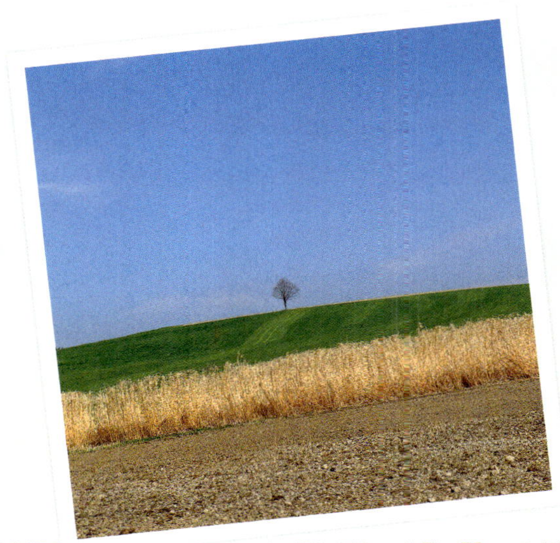

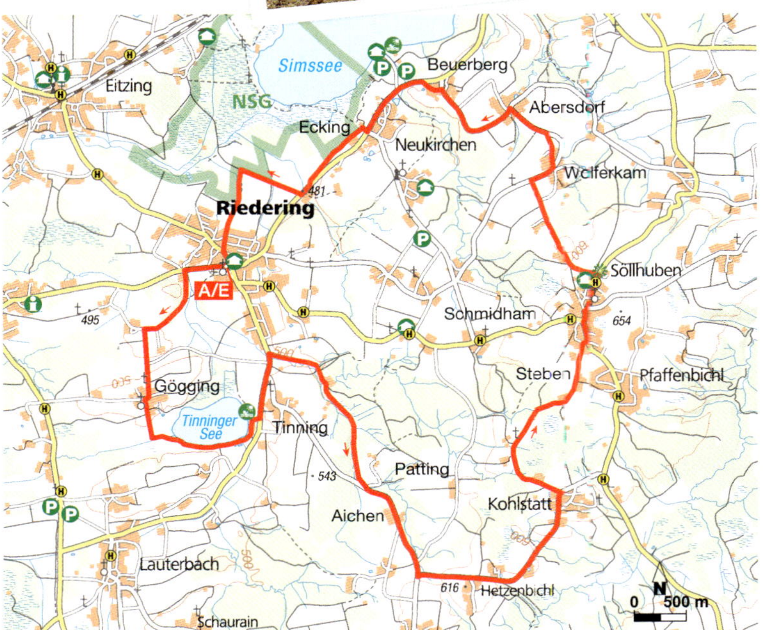

4 Von Frasdorf ins Sachranger Tal

Vom Spitzturm zur fetten Zwiebel

- Mittel
- 3:30 Std.
- 34 km
- 350 Hm

Am Fuße der Berge entlang geht es ins Sachranger Tal. Das prachtvolle Schloss Hohenaschau schaut auf unseren Weg herunter, bis wir im Süden unser Ziel, das kleiner Bergsteigerdorf Sachrang mit seinem raffiniert gebauten Zwiebelturm, erblicken.

Taleinwärts Schräg gegenüber der Kirche von Frasdorf mit dem steilsten Spitzturm Oberbayerns führt die Sagbergstraße Richtung Süden. Wir folgen ihr zum Waldrand, durchqueren den schmalen Waldstreifen, halten uns bei der ersten Straßengabel links und nehmen dann etwa 20 Meter weiter den rech-

An den vielen Fenstern lässt sich die Größe der Burg Hohenaschau gut erkennen.

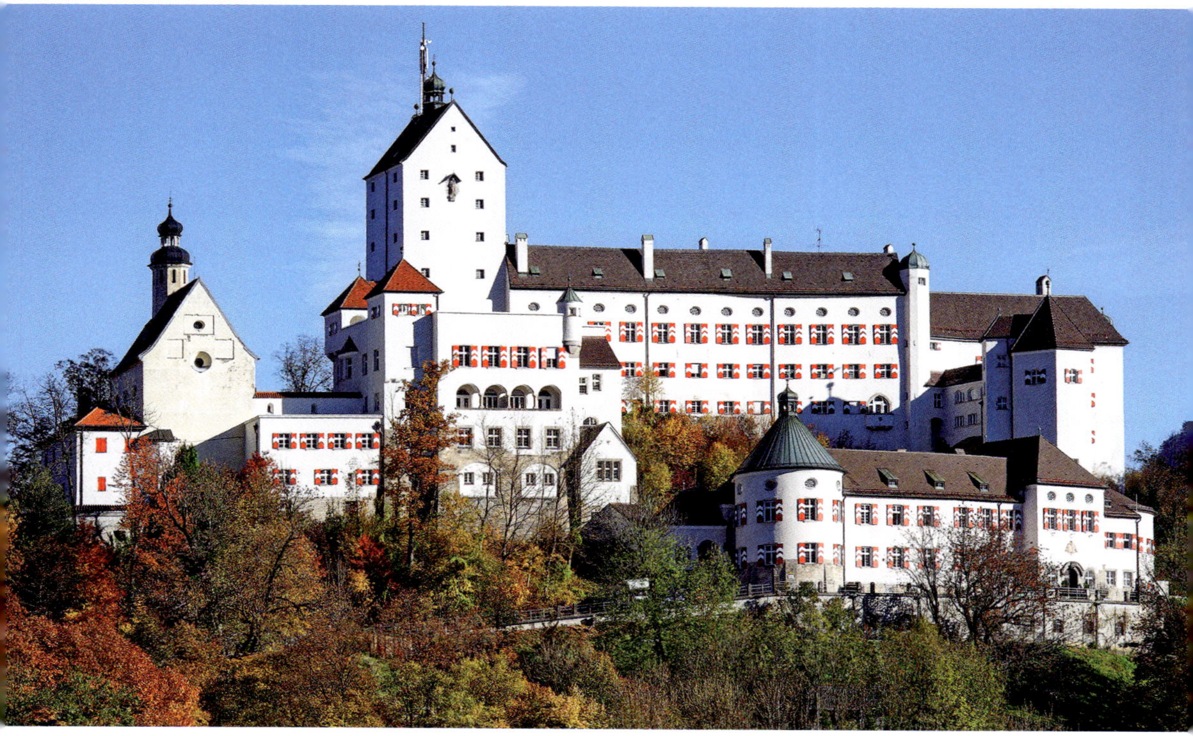

ten Weg. Er bringt uns zur Autostraße, die von Frasdorf nach Aschau führt, ein Radweg leitet uns direkt nach Aschau. Nach dem Friedhof fahren wir rechts auf der Frasdorfer Straße den Kirchberg hinauf, wo wir natürlich das prächtige Hotel Winkler bewundern, aber auch die Kirche nicht vergessen dürfen, die ihren zweiten Barockturm erst zu Beginn des 20. Jh. erhalten hat. Der Industriemagnat Baron von Cramer-Klett, der Herr auf Hohenaschau, hat ihn gestiftet.
Auf der Zellerhornstraße, der Verlängerung der Frasdorfer Straße, geht es den Kirchberg wieder hinunter, sie führt uns an der Prien entlang und an der Burg Hohenaschau vorbei zu einem Waldrand. Dann geht es links aufwärts, der Weg heißt »Kette«, weil er früher durch eine Eisenkette abgesperrt war. Er durfte nur von Fuhrwerken des nahen alten Hammerwerkes befahren werden. An seiner höchsten Stelle steht eine Kapelle, an der die Fuhrleute ein Gebet sprachen, um unfallfrei wieder ins Tal zu kommen. Damals war der Weg nicht so gut gesichert wie heute!
Von hier folgen wir den Wegweisern »grenzenlos wandern«, die uns auf schmalen Wegen stets weitab von der Fahrstraße sicher nach Sachrang bringen. Die Strecke hat es in sich, sie bringt uns manchmal ganz schön zum Schnaufen. Der Weg führt, auch wenn er sehr eben aussieht, fast immer leicht aufwärts!

Schloss Hohenaschau

Das Schloss wurde, natürlich als Burg, in der Mitte des 12. Jh. von den Herren von Hirnsberg erbaut. Ab dem 16. Jh. verwandelte es sich langsam zu einem Schloss. Knapp 200 Jahre war es im Besitz der Grafen von Preysing, 1875 kam es dann in den Besitz des Industriemagnaten Freiherr Theodor von Cramer-Klett. Er ließ es zu seiner heutigen Form umbauen, um es als private Wohnung und für Empfänge zu nutzen. Heute ist das Schloss in Staatsbesitz und dient als Erholungsheim. Es kann jedoch mit Führung zusammen mit dem Priental Museum, das im Schloss untergebracht ist, besichtigt werden.

Das Filmdorf In Sachrang ist es dann Zeit für eine Brotzeit oder ein Mittagessen. Auf keinen Fall sollte man jedoch einen Besuch im kleinen, aber feinen Heimatmuseum vergessen, das sich vornehmlich einem einzigen Mann widmet. Dieser lebte von 1766 bis 1843 in Sachrang und wurde als Müllner-Peter vor allem durch den Roman von C.O. Renner bekannt. Er hatte einige Jahre in München studiert, war aber dann als Müller nach Sachrang in die elterliche Mühle zurückgekehrt. Neben seiner Tätigkeit als Müller war er vor allem Musiker und Komponist, aber auch Restaurator und gelegentlich sogar Dorfarzt. Indirekt verdankt ihm Sachrang seinen von keinen modernen Bauten zerstörten dörflichen Charakter. Als der Bayerische Rundfunk 1977 einen Film über den Müllner-Peter drehte, hat man vorher alle unschönen An- und Ausbauten beseitigt oder zumindest gut kaschiert. Ein Filmdorf ist Sachrang bis heute geblieben – egal ob für »Die Rosenheim Cops«, »Der Alte« oder »Der Bergdoktor«, das hübsche Dorf und auch das nahe Aschau werden gerne als Kulisse benutzt. Aber auch die Dorfkirche mit ihrem raffiniert gebauten dicken Zwiebelturm ist einen Besuch wert. An ihrem Bau und ihrer Ausstattung waren bedeutende Künstler aus der Familie Zuccalli, denen wir zum Beispiel die Theatinerkirche in München verdanken, beteiligt.

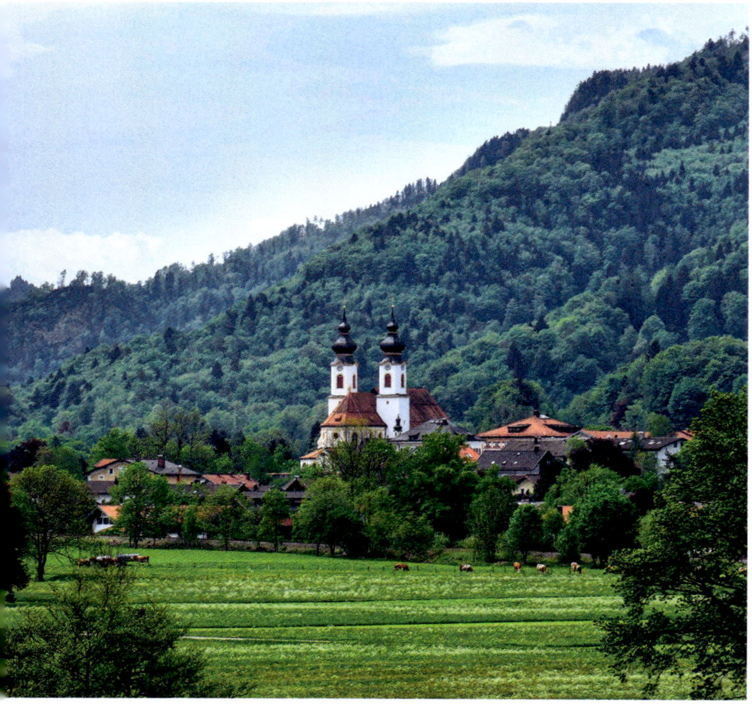

Aschau liegt am Beginn des Sachranger Tals.

Rechte Seite: Bauernhof in Sachrang

Talauswärts Der Rückweg macht jetzt richtig Spaß. Die Schweißperlen, die wir am Hinweg vergossen haben, werden nun belohnt. Zurück sausen wir, nun meist bequem sacht bergab, entlang der Fahrstraße sehr schnell nach Aschau. Unmittelbar nach dem Burgberg von Hohenaschau biegen wir links ab und fahren zur bekannten Zellerhornstraße und dann weiter auf dem Hinweg zurück nach Frasdorf.

Wichtiges zur Tour

Ausgangs-/Endpunkt
Frasdorf, Pfarrkirche St. Margaretha

Anfahrt
GPS-Koordinaten: 47.8031, 12.2861
Auto: Von München auf der A 8 Richtung Salzburg, Ausfahrt Frasdorf, auf der Hauptstraße an der Kirche vorbei, nach ca. 250 m Parkplatz zwischen Hauptstraße und Simsseestraße

Tourencharakter
Rundtour auf überwiegend ruhigen Nebenstraßen und schmalen Feldwegen, Rückweg auf Radweg neben der Fahrstraße

E-Bike-Ladestation
Sachrang: Ladestation am Hotel zur Post

Einkehr
Mehrere Gaststätten unterwegs. In Sachrang sind das Hotel zur Post (sehr gute italienische Küche!) oder der Sachranger Hof zu empfehlen.

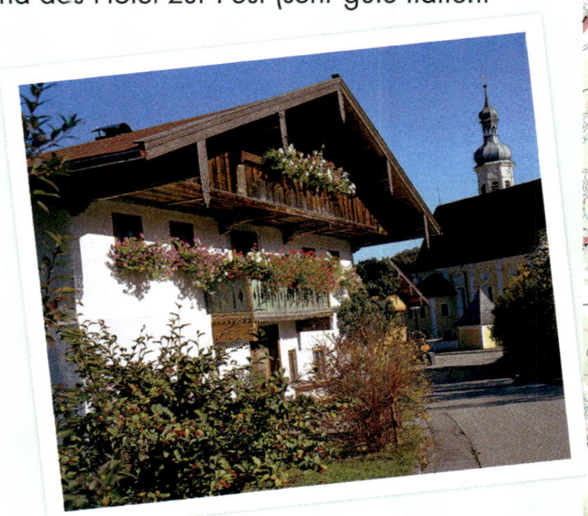

Information
Tourist-Info Frasdorf, www.frasdorf.de oder www.aschau.de

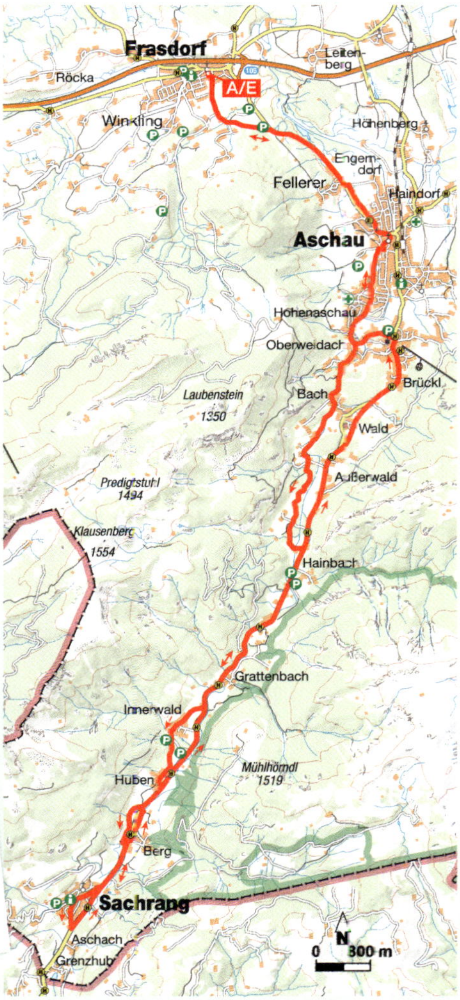

5 Über die Ratzinger Höhe zum Simssee

Mare e Monte

- Schwer
- 3:30 Std.
- 33 km
- 400 Hm

Wäre der Simssee ein Meer und die Ratzinger Höhe ein echter Berg, dann hieße die heutige Tour »Mare e Monte«. Von beiden ist genug vorhanden, aber ganz einfach ist die Tour nicht. Dafür werden wir mit sensationellen Rundumblicken, schönen Uferwegen und Badestränden verwöhnt.

Durch das Thalkirchner Moor Wir starten in der Mitte von Bad Endorf und radeln zwischen der großen St.-Jakobus-Kirche und dem Friedhof in die Friedhofsstraße hinein. So folgen wir der Beschilderung des Radwegs »20« unter der Bahn

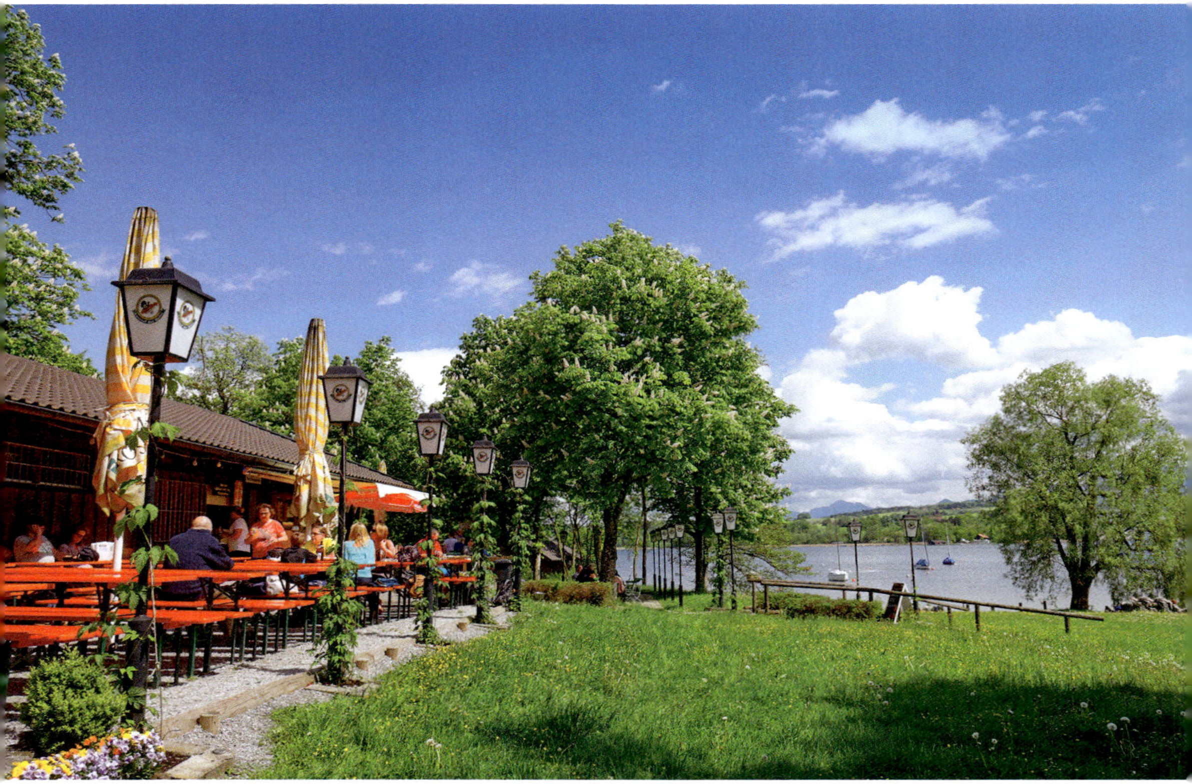

hindurch links ins Kurviertel. Wir umrunden das Thermalbad nach links und folgen der Beschilderung Richtung Prien an der Polizeischule vorbei. Nach wenigen Metern biegen wir noch vor der Weberei rechts in den Feldweg ein. Bis zu den nächsten Häusern in Kurf bleiben wir geradeaus und erhaschen unterhalb des Thermalbades den ersten Blick auf den Simssee, der ein gutes Stück tiefer in der Ebene liegt. In Kurf halten wir uns links, nun der Beschilderung »E3« folgend, in Richtung Thalkirchen. Der Radweg führt im Zickzack durchs herrliche Thalkirchner Moor. Der nächste Weiler ist Thalkirchen, wo wir gleich an der ersten Möglichkeit beim großen Walnussbaum nach rechts radeln. Wir kommen über eine Brücke, wenden uns gleich danach nach links und fahren zur nächsten großen Straße an der Ache entlang. Etwa 300 Meter folgen wir der Straße nach links und biegen dann nach dem Gasthaus Lettenwirt rechts in die kleinere Straße ein.

Die Weltuhr beim Gocklwirt

Ein absolutes Highlight beim Gocklwirt ist die Weltuhr, ein Wunderwerk der Mechanik, das zum Ende des 19. Jh. von dem Bauerssohn Josef Greß aus Trosendorf bei Waldmünchen gebaut wurde. 14 Zifferblätter zeigen die Zeiten an verschiedenen Orten der Welt an, 50 Figuren erscheinen und verschwinden zu verschiedenen Stunden oder Tagen. Die Weltkugel dreht sich in genau 24 Stunden und Schaltjahre sind bis zum Jahr 10 000 exakt programmiert.

Das steilste Stück Jetzt geht uns gleich die Puste aus, denn die Straße führt nicht nur steil nach oben, sondern wählt förmlich die Direttissima den Berg hinauf. Die schöne Aussicht von der Ratzinger Höhe will nun mal erkämpft werden. Da hilft aber alles nichts und die nächsten eineinhalb Kilometer müssen wir wohl schieben. Glücklich ist, wer hier mit einem E-Bike unterwegs ist! Immerhin gibt es einen informativen Obstbaum-Lehrpfad, sodass wir uns von einer fast vergessenen Apfelsorte zur seltenen Zwetschgen- oder Birnenart bewegen. Ab und an hilft dann auch umdrehen, denn mit jedem Höhenmeter öffnet sich der Blick über die Hirnsberger Kirche auf den Simssee und dann weiter hinüber nach Westen. Bei Gattern haben wir es dann geschafft.

Linke Seite: Am Simssee Kiosk bei Baierbach in Stephanskirchen können wir im Sommer gut einkehren.

Aussichtsplatz Ratzinger Höhe An der Weggabelung biegen wir links ein und folgen der Beschilderung auf den »Ratzinger Höhe Rundweg«. Die Ratzinger Höhe zieht sich als langer Höhenrücken zwischen Prien und Rohrdorf hin. Schon jetzt können wir einen Blick auf den Chiemsee erhaschen. In Dirnsberg biegen wir rechts nach Weingarten ab. Unser Weg senkt sich etwas und die Aussicht erreicht ihren Höhepunkt kurz vor dem Gasthaus Weingarten. Links öffnet sich der Blick über den Chiemsee mit seinen Inseln bis hin zu den Berchtesgadener Bergen. Bei klarem Wetter sieht man sogar bis zu den Bergen des Salzkammerguts. Im ganzen Chiemgau gibt es kaum eine zweite Stelle, die einen so weiten Blick ins Land erlaubt! Wir biegen rechts zum Gasthof ein und überqueren den Parkplatz zur nächsten Teerstraße, sodass wir nicht an Höhe verlieren. In die Autostraße biegen wir erneut rechts ein und müssen uns ein letztes Stück bergauf quälen. Kaum haben wir den Kamm erreicht, rollen wir wieder bergab. Kurz nach Ratzing lohnt sich links ein Abstecher zum Aussichtsturm, dann kommen wir über Hitzing an Haimling vorbei zu einer größeren Autostraße. Hier biegen wir für ca. 400 Meter rechts ein und wählen dann die erste Möglichkeit nach links, mit der Beschilderung »Anisag«.

Herrliche Aussicht

Das Gasthaus Weingarten mit seiner Panoramaterrasse auf der Ratzinger Höhe bietet bei einer Rast die schönste Aussicht auf dieser Tour.

Zum Simssee Wir fahren geradeaus, bis wir in Sichtweite des Schlosses Farnach sind. Kurz vorher biegen wir an der großen Eiche rechts ab. In Wurmsdorf überqueren wir die Autostraße, bleiben geradeaus und kommen über Mühlham nach Abersdorf. Geradeaus durch den Ort ist unser nächstes Ziel Beuerberg. Hier halten wir uns links und folgen dem Schild »Ecking/Siemsee«. Auf einem Radweg radeln wir parallel zur Autostraße, dann führt uns der Weg durch Ecking. An der Vorfahrtsstraße im Ort geht es nach rechts und wir treffen wieder auf die Autostraße, die wir geradeaus in den Radweg queren. Der Weg wendet sich nach links und nun bleiben wir stets auf dem mit der Nr. 16 ausgeschilderten Simsseerundweg. Es geht nach rechts, wir befinden uns nun im Naturschutzgebiet »Südlicher Simssee«. Gleich überqueren wir die Sims, die bei Rosenheim in den Inn mündet. Nach dem Waldstück halten wir uns am Wegedreieck mit dem Schild Richtung Baierbach rechts. Wir passieren die große Villa Sonnenholz, halten uns links und kommen an den Gleisen rechts zum Ortsteil Weinberg. Hier lockt der Gocklwirt zu einer Rast. Er entstand 1955 aus einer Hühnerfarm, inzwischen hat

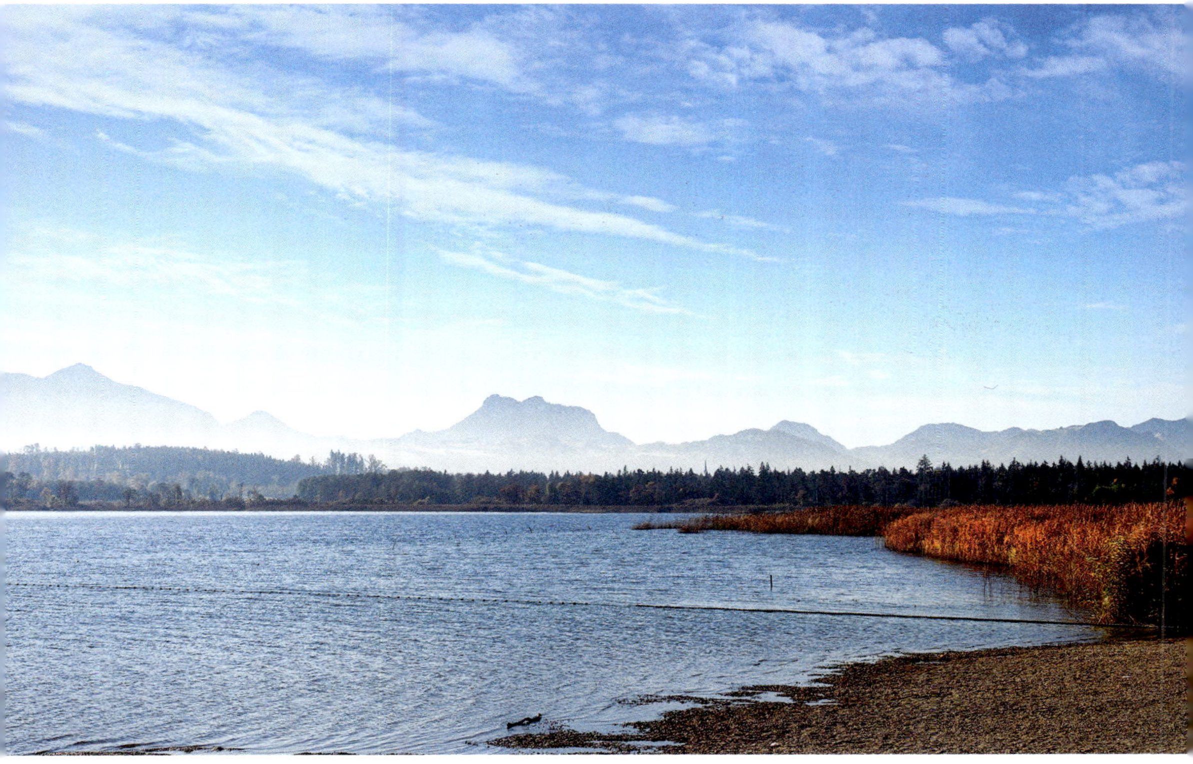

Blick über den Simssee auf die Chiemgauer Berge

er sich aber zu einem beliebten Restaurant entwickelt. Doch die eigentliche Attraktion neben der sehr guten Küche ist die ungewöhnlich reiche Sammlung an alten bäuerlichen Geräten, die rund um das Haus aufgestellt sind.

Über das Westufer Für die Rückfahrt bleiben wir nun parallel zu den Gleisen stets auf dem Simsseeradweg. Wir

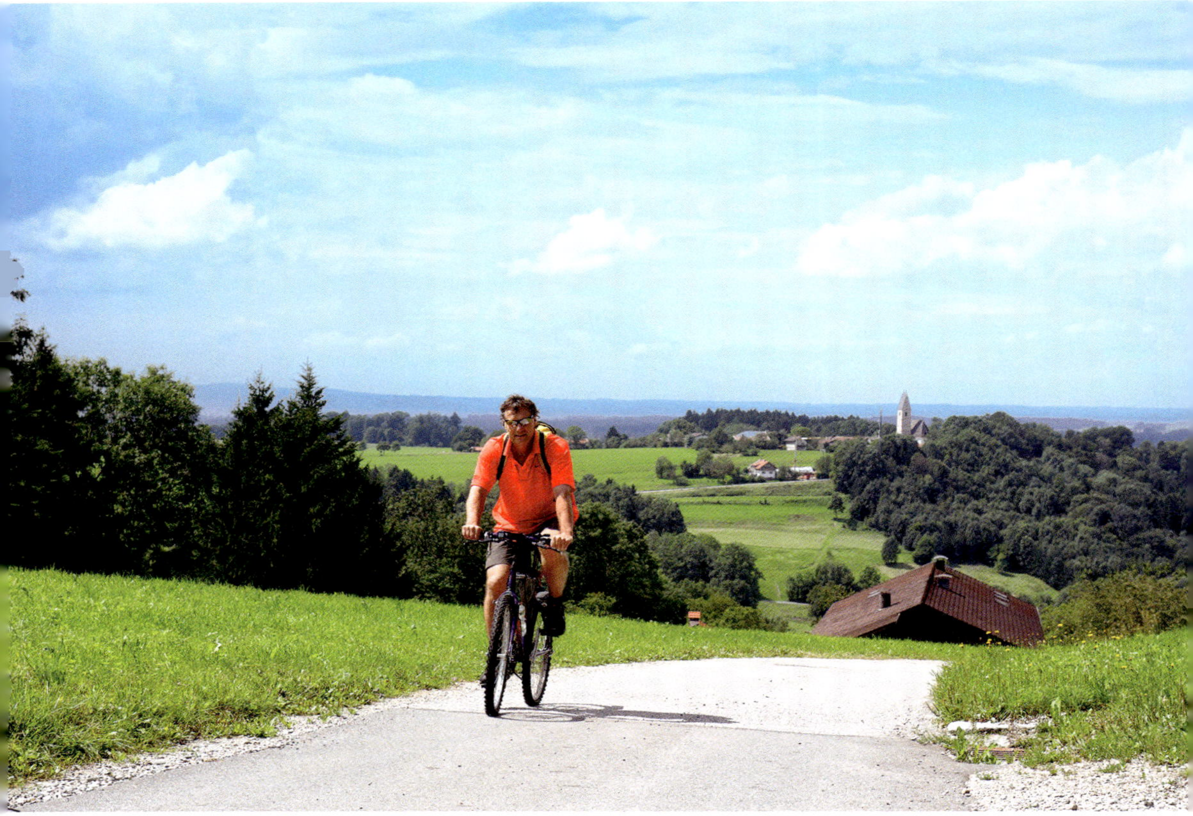

Die Auffahrt auf die Ratzinger Höhe ist für uns Radfahrer etwas anstrengend.

Rechte Seite: Am Simssee

passieren das Simssee-Strandbad und vier Kilometer später Krottenmühl, wo wir einen letzten Badestopp im Strandbad einlegen können. Immer noch entlang der Gleise endet unsere Seestraße in einer Vorfahrtsstraße, in die wir rechts einbiegen. Nun haben wir das Nordende des Sees erreicht. Wir passieren ein paar Fischer- und Bauernhäuser und biegen 200 Meter nach dem letzten Haus in den kleinen Feldweg links ein. Über Felder geht es langsam aufwärts, Richtung Bergham. Kurz vor dem Weiler halten wir uns rechts und fahren dann zwischen den Häusern nochmals rechts. So kommen wir am Rand eines Wiesenhügels zu den ersten Häusern von Kurf. An der Weggabelung biegen wir links ein und radeln nun immer in Gleisnähe auf dem Simsseeweg nach Bad Endorf hinein. Alle Abzweigungen ignorierend treffen wir wieder auf die Unterführung, die wir vom Hinweg kennen. Nun sind es nur noch wenige Meter zurück zum Startpunkt unserer Runde.

Wichtiges zur Tour

Ausgangs-/Endpunkt
Bad Endorf, Kirche

Anfahrt
GPS-Koordinaten: 47.908809, 12.29781
Auto: Von München auf der A 8 Richtung Salzburg, Ausfahrt Rosenheim, weiter auf der B 15 Richtung Rosenheim, dann der Beschilderung nach Bad Endorf folgen, Parken am Theaterparkplatz in der Nähe der Kirche. **Bahn:** Bad Endorf liegt an der Bahnstrecke München–Salzburg und ist fast stündlich ab München erreichbar.

Tourencharakter
Rundtour auf zum Teil ungeteerten Radwegen und Nebenstraßen. Eine ca. 1,5 Kilometer lange Strecke muss man schieben, denn es geht sehr steil bergauf. Eine gute Tour für ein E-Bike!

E-Bike-Ladestation
Gocklwirt bei Baierbach, Bad Endorf: Vorplatz der Chiemgau Thermen, Ströbinger Str. 18

Einkehr
Unterwegs verschiedene Möglichkeiten, der Gocklwirt mit seinem urigen Ambiente liegt direkt am Weg. Besonders schön sitzt man in Krottenmühl in der Simsseestuben unmittelbar am Wasser mit Bademöglichkeit. In Bad Endorf hat man vom Cucina S an den Thermen den besten Blick über den See zu den Bergen.

Information
Tourist-Info Bad Endorf, www.bad-endorf.de

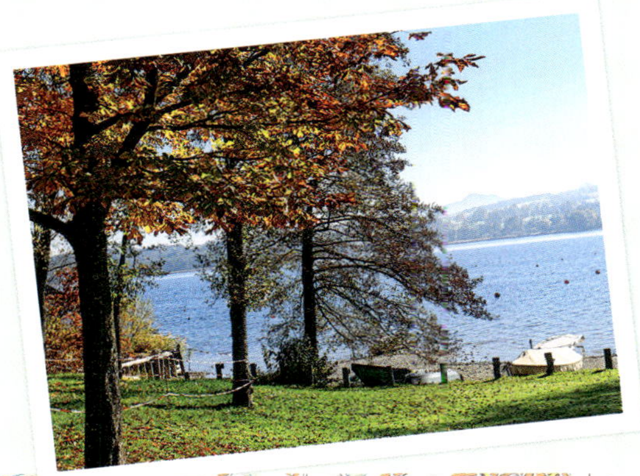

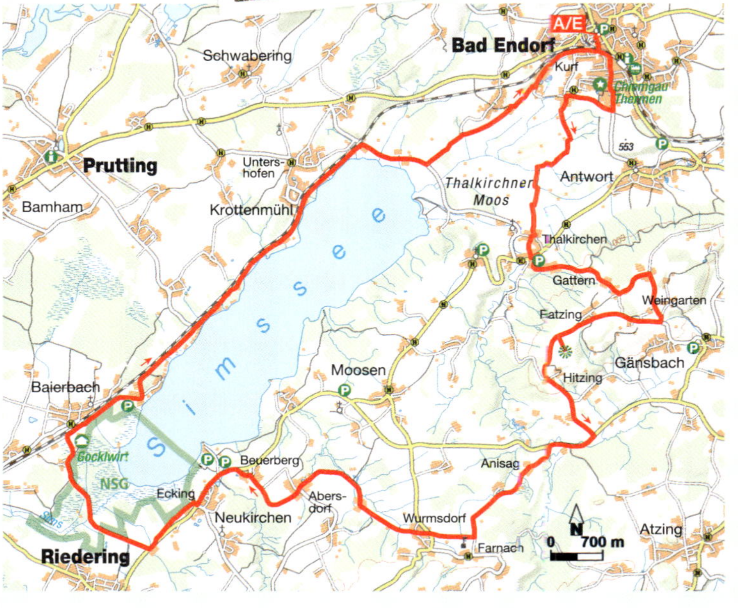

6 Von Obing nach Schnaitsee

Bauernhöfe mit Bergblick

- Schwer
- 3:15 Std.
- 39 km
- 450 Hm

Weite Aussichten auf das Tote Gebirge, die Salzburger Berge, den Dachstein und die Berchtesgadener und Chiemgauer Alpen überraschen uns auf dieser Radtour. Dazwischen fahren wir durch Bauernland, gespickt mit überaus prächtigen Höfen.

Obinger Skulpturenweg und Bauernhofsafari Wir starten an der großen Kirche St. Laurentius in Obing und radeln auf

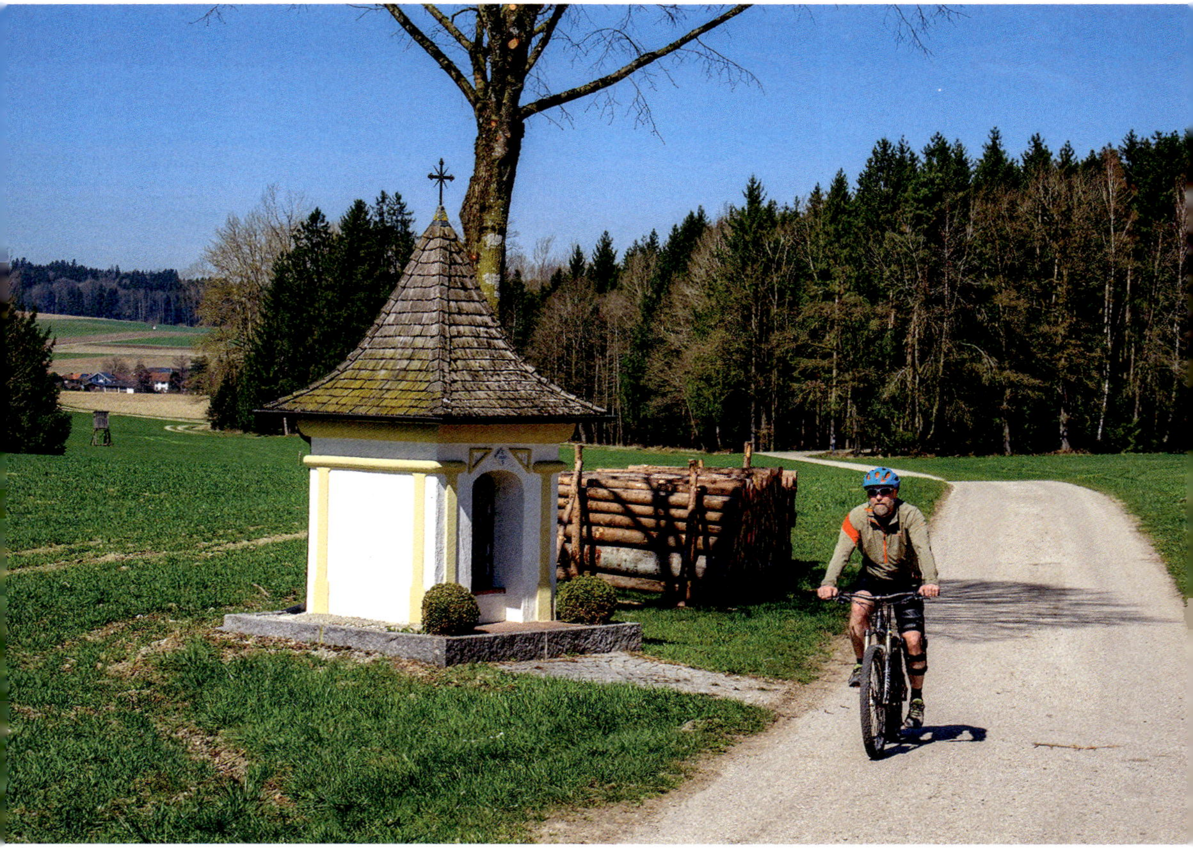

der Kienbergerstraße zur großen Kreuzung in der Ortsmitte. Nach links geht es ein kurzes Stück auf der Altenmarkterstraße, dann biegen wir links ein, hinunter zum Minigolf- und Verkehrsübungsplatz, wo der Radweg um den Obinger See beginnt. Wir sind nun auf dem Skulpturenweg unterwegs und stoßen alle paar Meter auf die verschiedensten modernen Kunstwerke. Am Ostufer radeln wir weiter um den See, durch Jepolding, am Strandbad vorbei und biegen dann im Ortsteil Pfaffing rechts in den Jägerweg ein. Erneut nach rechts geht es in die Schalkhamerstraße und gleich darauf sind wir auf einem Radweg. Bis Schnaitsee ist die Tour nun identisch mit dem Themenradweg »Bauernhofsafari«. Es geht über Felder und durch einen Wald am Obinger Golfplatz vorbei, bis wir auf eine Straße am Weiler Schalkham stoßen. Hier fahren wir nach links, durch den Weiler hindurch und folgen nun immer stur der Beschilderung nach Kienberg über Siboling. Den Ortsrand von Kienberg erreichen wir bald auf einem Radweg, der parallel zur Autostraße verläuft. Wir müssen gar nicht in den Ort hinein, ab jetzt bringen uns die Radwegschilder nach Schnaitsee auf die richtige Spur.

Schnaitsee

Der kleine Ort gilt als nördlicher Balkon des Chiemgaus. Etwas zu Unrecht liegt er abseits der großen Chiemgauer Touristenströme, denn allein schon der Aussicht wegen ist er einen Besuch wert. Wunderschön sind aber auch die vielen umliegenden Weiler mit ihren mächtigen Bauernhöfen. Rund um Schnaitsee liegen einige sehr schöne Moorseen mit Blumenwiesen und Feuchtbiotopen. Auch bierkulinarisch gibt es in Schnaitsee etwas zu entdecken. Das kleine Baderbräu braut hier sein Bier. Es lässt sich aber nur jeden Montag und Donnerstag ab 19 Uhr im Schnaitseer Baderbräustüberl verkosten.

Auf nach Schnaitsee Kurz hinter Kienberg lohnt ein Abstecher zur Kapelle rechts auf dem kleinen Hügel. Innen gibt es eine kleine Kreuzigungsgruppe und davor steht eine nette, sonnige Rastbank. Kurz verschnaufen tut gut, denn wenige Meter später steht die erste längere Auffahrt bevor. Das Schild nach Schnaitsee lotst uns dazu nach links hinauf zu den Höfen von Holzhausen. Die Mühe lohnt sich jedoch, wir müssen uns nur umdrehen. Im Süden breitet sich die Alpenkette vor uns

Linke Seite: Radfahrer an einer kleinen Kapelle bei Schnaitsee

aus, ein wunderbares und weites Panorama. Über Feldwege geht es wieder abwärts, die kleine, einsam gelegene Magdalenenkirche ist im Tal schon gut zu sehen. Die Kirche gehört zu den ältesten Kirchen der Diözese München und Freising und geht bis ins 12. Jh. zurück. Leider ist sie abgeschlossen, und so brauchen wir gar nicht hinzuradeln und genießen nur den Anblick von Weitem. Im Tal mündet unser Feldweg nämlich unweit der Kirche in eine Bundesstraße, die wir für die Weiterfahrt nur ein Stück nach rechts überqueren. Wieder geht es aufwärts über die Höfe von Kirchstätt zum Bauernhof in Steineck. Dort wendet sich unser Radweg nach links und wird zu einem etwas holprigen Wald- und Wiesenweg, der erneut ein Stück aufwärtsführt. Dann stoßen wir wieder auf geteerte Sträßchen, wo wir weiter der Beschilderung nach Schnaitsee folgen. Im Zickzack geht es über Offenham an einem Erdgasspeicher vorbei, zunächst bergab und dann wieder steiler bergauf, eine Autostraße querend bis nach Schnaitsee hinauf. Den hohen Kirchturm fixierend kommen wir in die Ortsmitte am Marktplatz. Hier ist nun Zeit für eine Pause. Die gewaltige Aussicht auf die Berge muss gebührend gewürdigt werden. Wer Lust hat, kann noch durch die Törring-Jettenbach-Straße zum Fernsehturm radeln. Daneben liegt ein kleiner Aussichtsturm mit einer Panoramakarte, welche den Gipfelreigen genau erklärt. Ansonsten verlassen wir den Ort in östlicher Richtung auf der Wasserburger Straße und radeln mit bester Aussicht leicht bergab bis zum Weiler Rinkertsham.

Kühles Nass

Im Sommer Badesachen nicht vergessen! Bademöglichkeiten gibt es auf der Tour im Obinger See oder im Weitsee bei Schnaitsee.

Wallfahrtskirche oder Abkürzung? Hier müssen wir uns entscheiden: Radeln wir noch gegen Norden bis Kirchloibersdorf und St. Leonhard am Buchat oder wenden wir uns hier schon dem Rückweg zu. (Für den Rückweg bleiben wir in Rinkertsham geradeaus und biegen dann links in die Straße nach Pfaffenham ein. In Pfaffenham treffen die Wege dann wieder aufeinander.)

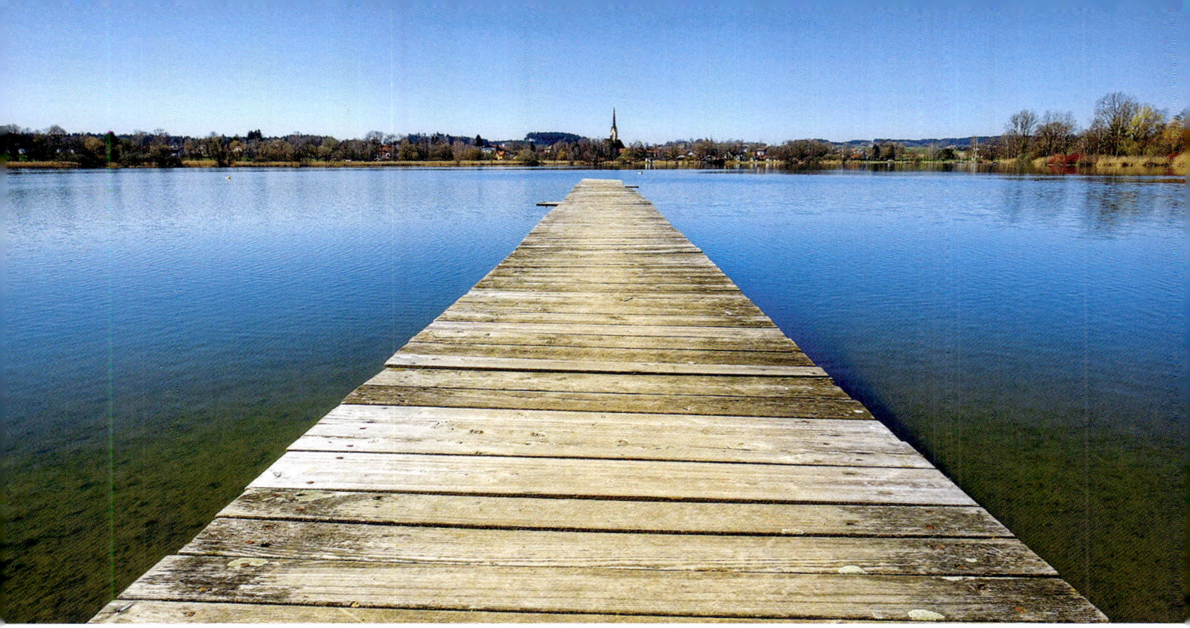

Steg am Strandbad des Obinger Sees

Sehr anstrengend ist die Runde nach Norden nicht mehr, versprochen! Aber leider ist die wunderbare Kirche St. Leonhard mit ihrem meisterlichen Flügelaltar meist geschlossen und kann so nur selten besichtigt werden. (Am besten ginge das immer nach dem Sonntagsgottesdient so gegen 10.30 Uhr oder man hat Glück und findet unter der Woche den Mesner.) Aber auch ohne die Besichtigung ist die Weiterfahrt landschaftlich sehr reizvoll. Dafür biegen wir in Rinkertsham rechts ab und folgen der Beschilderung nach St. Leonhard über Zansham und Berg. Die Strecke ist schnell zu schaffen, denn meist rollen wir bergab. So erreichen wir Kirchloibersdorf, einen Ort mit einer ebenfalls sehr schönen Dorfkirche. Links einbiegend sind wir kurz darauf an der Kirche St. Leonhard am Buchat. Gegenüber der Kirche radeln wir in das kleine Sträßchen rechts vom Gemischtwarenladen. Leicht bergauf wird der Weg nach den letzten Häusern zum Feldweg, der uns wieder zur Straße bringt, die wir vom Hinweg bereits kennen. Hier biegen wir rechts ein, nur um gleich wieder rechts in einen kleineren Weg zu fahren. So kommen wir in den Wald zum Berger See. Wir halten uns rechts, passieren das große Anwesen und folgen dann an der Wegegabelung im Wald dem Weg geradeaus. Wieder sind wir flott, weil leicht abwärts unterwegs und stoßen an zwei Bauernhöfen auf die Autostraße. Nach links müssen wir noch einmal etwas bergauf, dann sind wir in Kling. Im Wald über uns, am Schlossberg, sehen wir die Reste der Burgruine von Kling. In Kling biegen wir rechts ein und radeln über Hochschatzen, dann links nach Pfaffenham. Hier treffen wir wieder auf die erste Beschilderung nach Obing, sodass wir der Straße nach rechts folgen.

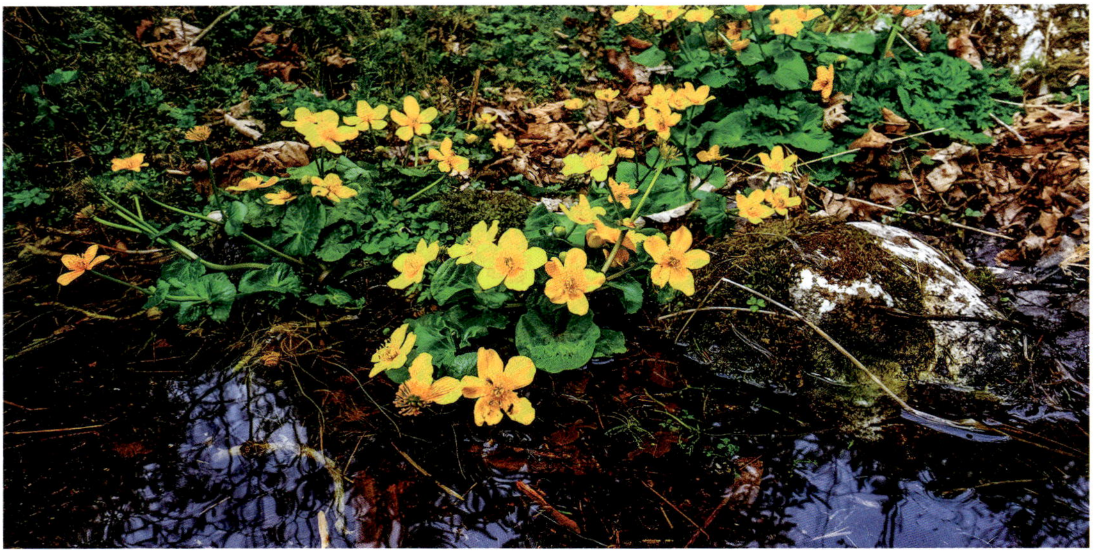

Sumpfdotterblume am Berger See bei Kirchloibersdorf

Rechte Seite: Mächtig ist das Kirchenportal in Schnaitsee.

Über Dörfer und Weiler zurück Nun geht es über Altersing und Ginzing einen letzten längeren Anstieg hinauf nach Gallertsham und weiter nach Frabertsham. Auch hier können wir uns wieder entscheiden. Der schnellste und bequemste, weil meist abwärts verlaufende Rückweg führt auf einem Radweg parallel zur B 304 nach Obing zurück. Definitiv ruhiger geht das auch auf kleinen Nebenstraßen, die nur etwas länger sind. Dafür biegen wir vor dem Gasthof Reiter in Frabertsham rechts in die Rosenheimerstraße und folgen ihr durch Allertsham bis zur Abzweigung nach links, die nach Albertaich/Ilzham führt. In Albertaich wenden wir uns dann nach der Kirche links in den Feldweg, der uns fast schnurgerade bergab nach Ilzham bringt. In Ilzham bleiben wir einfach in Fahrrichtung und erreichen ebenfalls Obing am Ortsrand. Nun fahren wir nur noch rechts auf der Wasserburger Straße zurück in die Ortsmitte von Obing, wo wir uns ein leckeres Eis in der Eisdiele an der Kirchenkreuzung verdient haben.

Wichtiges zur Tour

Ausgangs-/Endpunkt
Obing, Kirche

Anfahrt
GPS-Koordinaten: 48.0014, 12.4047
Auto: Von München auf der A 8 Richtung Salzburg, Ausfahrt Bernau am Chiemsee, über Prien, Rimsting, Eggstätt und Seeon nach Obing, großer Parkplatz am Parkdeck, Bahnhofstraße

Tourencharakter
Schöne Rundtour fast ausschließlich auf Nebenstraßen, Radwegen und Feldwegen. Viele kleine und größere Hügel. Mit E-Bike sehr einfach, ansonsten schon eine etwas anstrengendere Runde.
Vor und nach Schnaitsee gilt es kurze steilere Steigungen zu bewältigen. Der Rückweg ist leichter. Die Tour lässt sich aber auch um elf Kilometer verkürzen.

E-Bike-Ladestation
Obing: Eisboutique Venezia, Schnaitsee: Tafernwirt St. Leonhard am Buchat

Einkehr
In Schnaitsee ist der Oberwirt zu empfehlen. Im Tafernwirt an der Wallfahrtskirche St. Leonhard gibt es nur Getränke. Direkt am Rückweg liegt der Gasthof Reiter in Frabertsham.

Information
Tourist-Info Seebruck,
www.seeon-seebruck.de

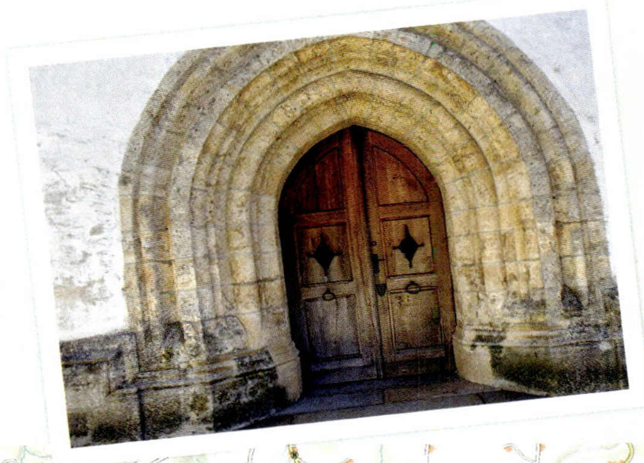

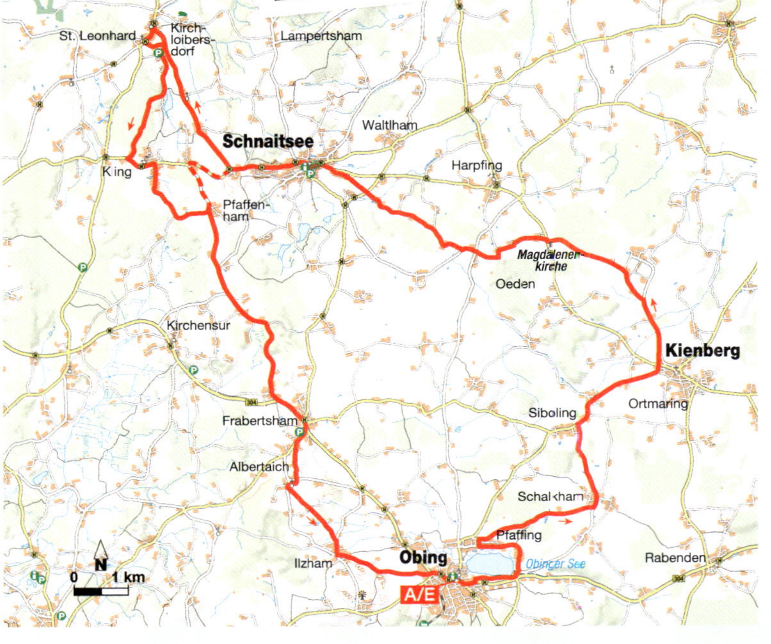

7 Rund um Seeon

Zwischen Eiszeitseen und der Alz

Leicht

2:15 Std.

20 km

250 Hm

In einem großen Kreis geht es rund um Seeon mit seinem Kloster und dem See. Dabei stoßen wir auf unbekannte Moore, große Kunstwerke von Heinrich Kirchner, die Alzschleife, keltische Ausgrabungen und eizeitliche Seen. Letztere eignen sich hervorragend zum Baden.

Kleiner Altar mit dem Gnadenbild des »Wies Heilands« in der Ischler Martinskirche

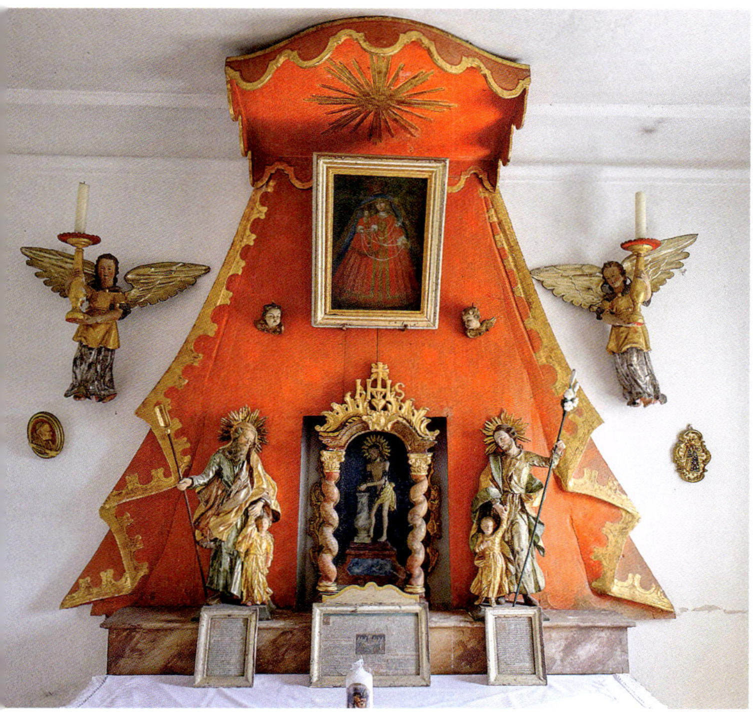

Im Moor Wir starten am großen Parkplatz vor dem Kloster Seeon und fahren, das Kloster im Rücken, geradeaus auf der kleinen Straße in Richtung Wattenham. Gleich zu Beginn steigt der Weg minimal an; Wattenham, das etwas links von uns liegt, passieren wir einfach geradeaus. Immer im leichten Auf und Ab geht es in Richtung Westen. Kurz vor Oberbrunn biegen wir links ein, der Beschilderung nach Karlswerk folgend. Die Straße führt hinunter zur Hammerschmiede. Dahinter sind wir schon auf einem Waldweg durch das Moor unterwegs. Es lohnt sich, kurz abzusteigen und auf einem der Trampelpfade wenige Schritte nach rechts zu gehen. Gerade im Herbst blühen hier sehr viele Erikabüsche zwischen kleinen Birken und Kiefern und das Moor duftet würzig und harzig zugleich. Unser Moorweg endet in einer kleinen Autostraße, der wir nach links folgen.

Kunst in Pavolding So kommen wir nach Pavolding, ein kleiner Weiler, in dem der sehr bekannte Chiemgauer Künstler Heinrich Kirchner wohnte. Mehrere seiner großen Skulpturen finden sich rund um die große, mächtige Linde am Mühlrad. Aber auch vor dem Kloster Seeon stehen drei seiner Figuren. Nach einer kurzen Rast folgen wir weiter der Straße über eine Kurve und kommen leicht bergauf in den nächsten Weiler

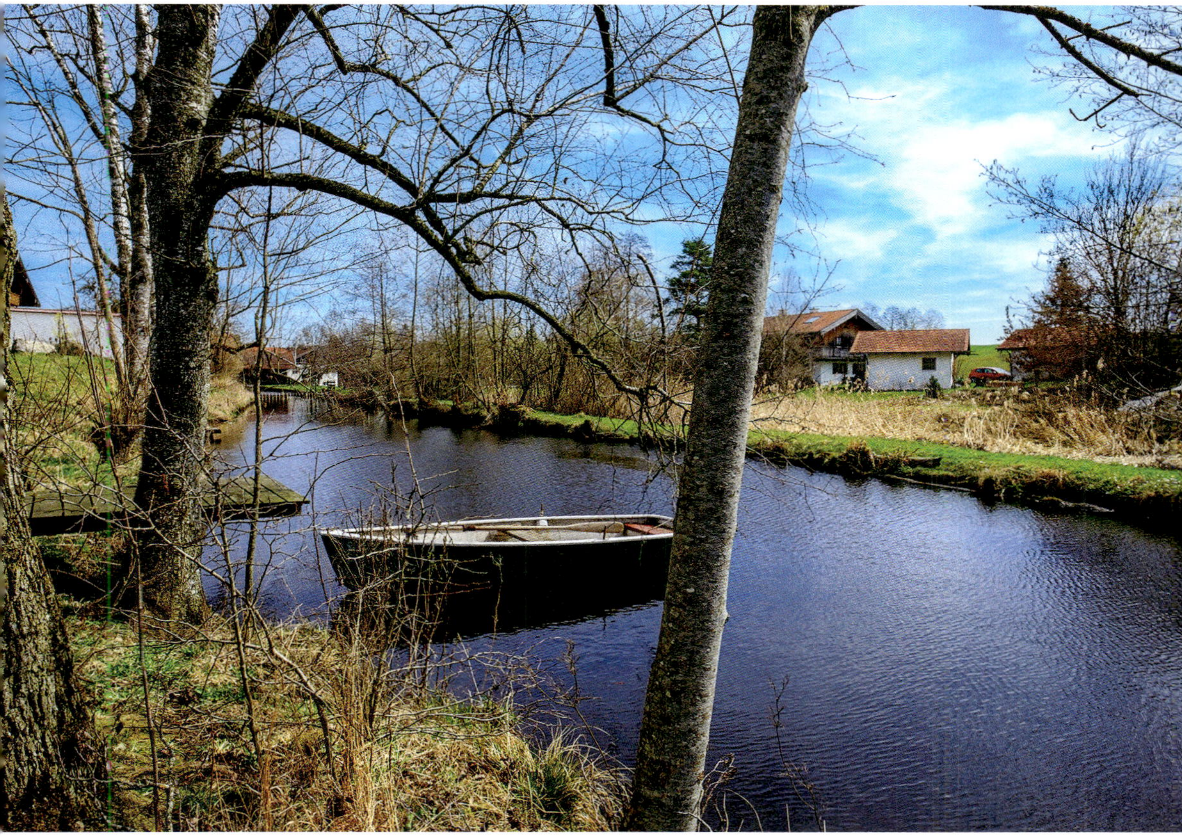

Roitham. An der Kapelle fahren wir geradeaus und stoßen kurz darauf auf die größere Autostraße. Dieser müssen wir für ca. 300 Meter nach rechts bergab folgen, dann biegen wir gleich an der ersten Möglichkeit nach links ein und folgen der kleineren Straße.

Die verträumte Ischler Ache

Entlang der Ischler Ache Wir radeln an den Häusern von Maisham vorbei, und schon geht es mit etwas Abstand an der

Ischler Ache entlang. Am Sägewerk bleiben wir geradeaus und erreichen Ischl mit seiner hübschen Kirche St. Martin, in deren Innenraum noch ein spätgotisches Netzrippengewölbe zu finden ist. In Ischl treffen wir auf eine Autostraße, deren parallel verlaufenden Radweg wir nach links benützen.

Rechte Seite: In Pavolding lebte der Künstler Heinrich Kirchner, auf dessen Werke wir oft im Chiemgau stoßen.

Ein kurzer Wegabschnitt verläuft auch auf dem Archäologischen Radrundweg Bedaium aus der Tour 13 und so treffen wir auf das offene Hügelgrab.

Archäologische Funde Gleich darauf können wir rechts einen Abstecher zu einem Gräberfeld unternehmen (siehe Tour 13). Weiter dem Radweg folgend werfen wir noch einen Blick auf die kleine Alzschleife, bevor wir in den Wald verschwinden. Die nächste große Autostraße queren wir geradeaus, erneut nach rechts können wir mit einem Abstecher ein rekonstruiertes Hügelgrab besichtigen. Dann folgen wir den Radwegschildern nach Seeon, die uns bald nach links über die Felder an den Ortsrand von Seeon lotsen. Übrigens ist in vielen Karten an dieser Strecke noch der Eglsee eingezeichnet. Dieser Toteissee ist heute so gut wie verlandet, wer genau hinsieht, entdeckt noch seine ursprüngliche Form, auch wenn auf seinem Grund inzwischen eine saftige Wiese wächst. Nur nach einer langen Regenperiode sammelt sich dort noch etwas Wasser. In Seeon am großen Kreisverkehr müssen wir uns dann entscheiden. Nach links geht es direkt zurück zum Klos-

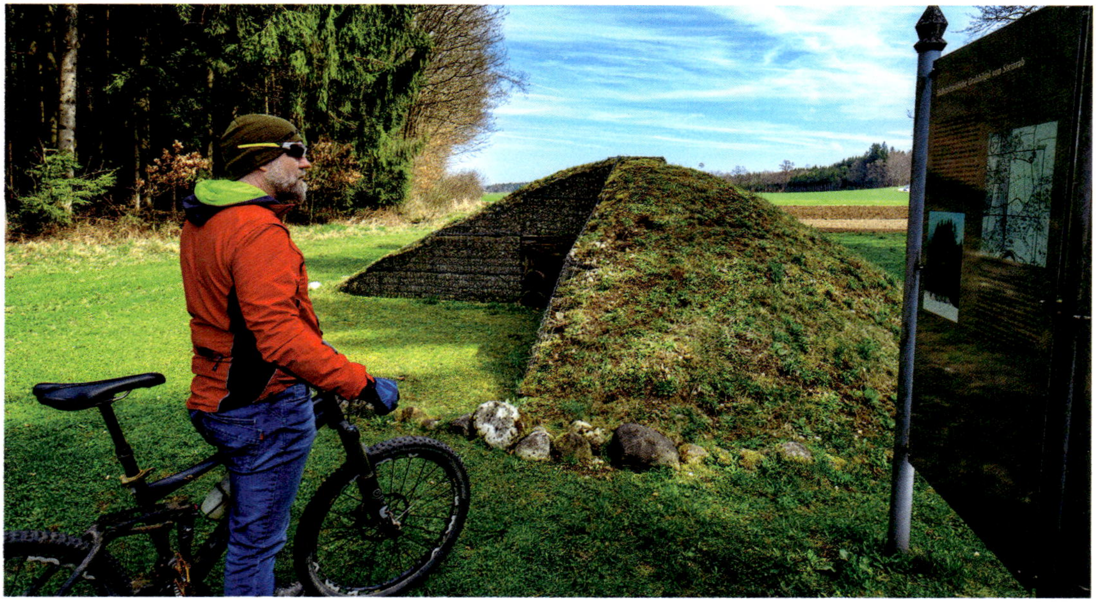

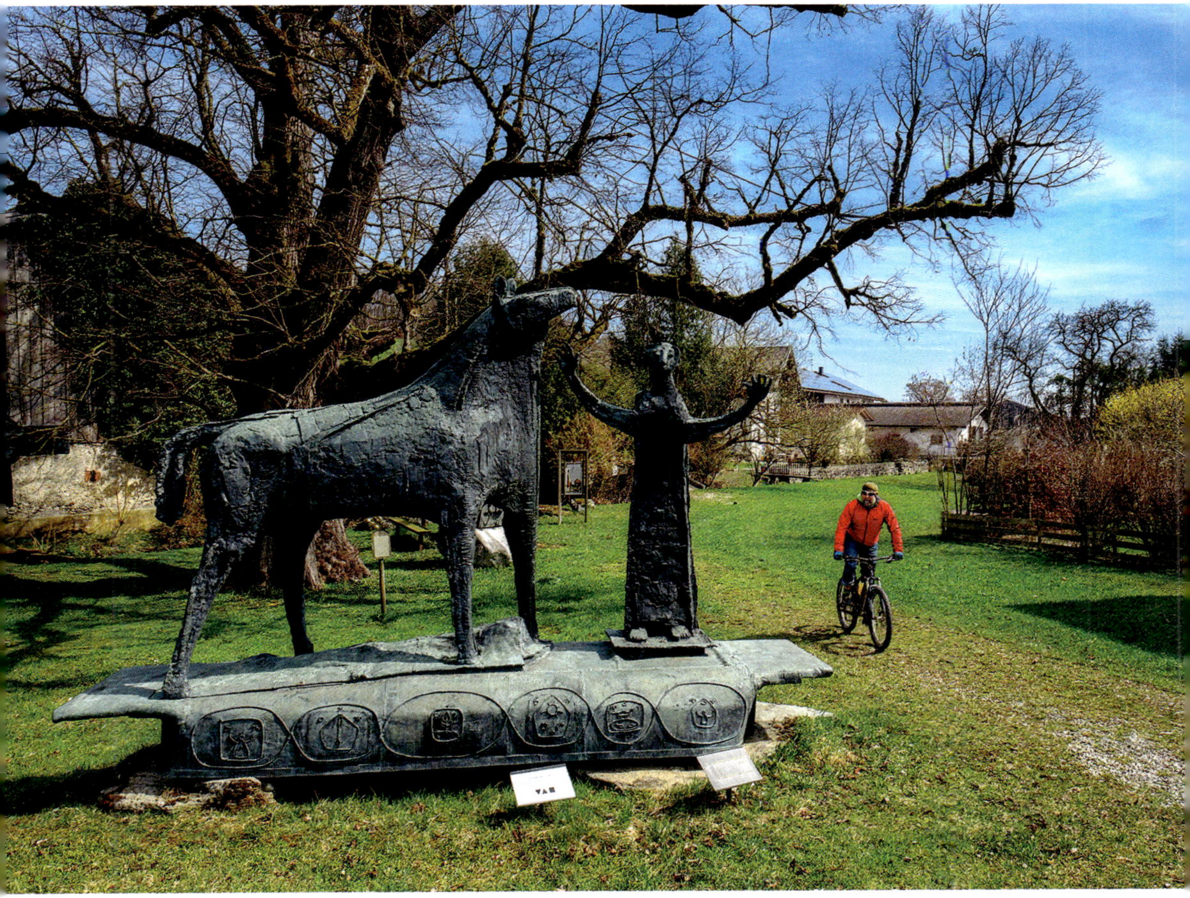

ter Seeon, geradeaus können wir die Radtour noch mit einem Besuch des Griessees verlängern.

Zum Griessee Dafür folgen wir dem Radweg in nördlicher Richtung und biegen dann kurz nach der kleinen Wegkapelle in die Nebenstraße ein. Der Griessee ist bereits ausgeschildert. Alle Abzweigungen ignorierend – sie sind nur für Wanderer

Heinrich Kirchner

1902 in Erlangen geboren, war Heinrich Kirchner einer der großen deutschen Künstler des 20. Jh. Er lebte nach dem Krieg bis zu seinem Tod 1984 in Pavolding. Seine Plastiken von Menschen und Tieren sind stark reduziert. Weil nichts ablenkt, besitzen sie eine ungeheure Ausdruckskraft und wirken auch auf große Entfernung. Es gibt einen 20 Kilometer langen Heinrich-Kirchner-Skulpturenradweg zwischen Seeon, Truchtlaching und Seebruck sowie ein eigenes Museum in Seebruck.

Unten: Besonders im Sommer lohnt sich die Verlängerung der Radtour für einen Badestopp am Griessee.

Rechte Seite: Am Kloster Seeon startet die Tour.

geeignet – folgen wir dann der größeren Straße nach links und erreichen den Parkplatz. Hier können wir nach links zum Griessee radeln. Ein kleines Strandbad mit einer grünen Liegewiese und einigen bequemen Stegen ermöglicht so einen wunderbaren Radtourausklang beim Baden. Gleich neben dem Griessee liegt der Brunnensee, beide Seen gehören wie die Eggstätter Seenplatte (Tour 11) zu den Toteisseen. Sie lassen sich am besten auf einem kleinen Spaziergang erkunden.

Kloster Seeon

Das Kloster wurde 994 vom Pfalzgrafen Aribo I. auf einer Insel im Seeoner See gegründet und war seither ein bedeutendes Kulturzentrum. Seit 1989 gehört das Kloster dem Bezirk Oberbayern und fördert die Kultur durch wechselnde Konzerte, Ausstellungen und Seminarangebote; www.kloster-seeon.de.

Rückfahrt Weiter folgen wir der kleinen Straße nach Großenbergham. Dort bremst uns der Landgasthof Griessee zu einer Pause aus. Für die Rückfahrt wählen wir nach links die Straße, die direkt nach dem Gasthof beginnt. Sie bringt uns über Felder durch ein Waldstück in südlicher Richtung zu einer größeren Autostraße, die wir geradeaus überqueren. Nach den Häusern von Thalham halten wir uns links und erreichen wieder die Autostraße. Dieser folgen wir nun nach rechts, biegen dann aber links in den Seeleitenweg ein. Er führt uns zum Seeoner See, wo wir jetzt nur noch nach rechts dem Seerundweg folgen bis zur kleinen Halbinsel, auf der das Kloster Seeon liegt. Nun ist noch Zeit für eine Besichtigung. Vor allem die doppeltürmige Klosterkirche und der Wirt sind einen Stopp wert. Ansonsten geht es schließlich an der kleinen St. Walburgiskirche rechts zum Startplatz zurück.

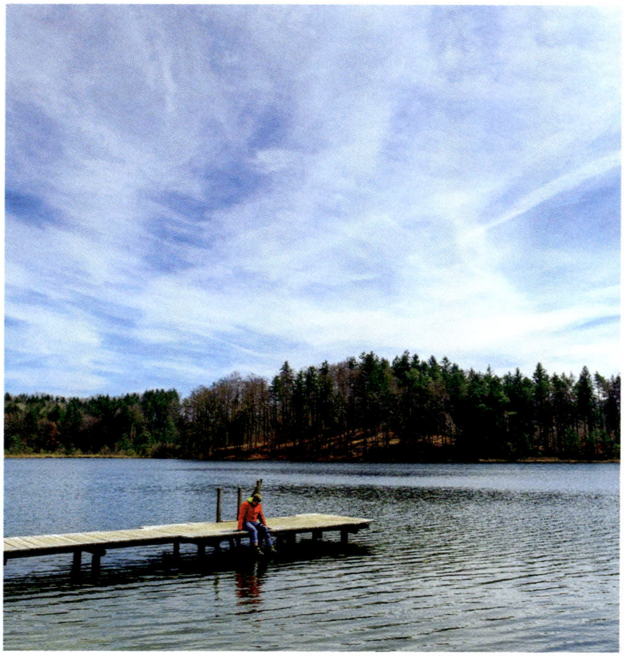

Wichtiges zur Tour

Ausgangs-/Endpunkt
Kloster Seeon, Parkplatz

Anfahrt
GPS-Koordinaten: 47.9735, 12.4445
Auto: Von München auf der A 8 Richtung Salzburg, Ausfahrt Bernau am Chiemsee, über Prien, Rimsting, Eggstätt nach Kloster Seeon, großer Parkplatz neben der Straße

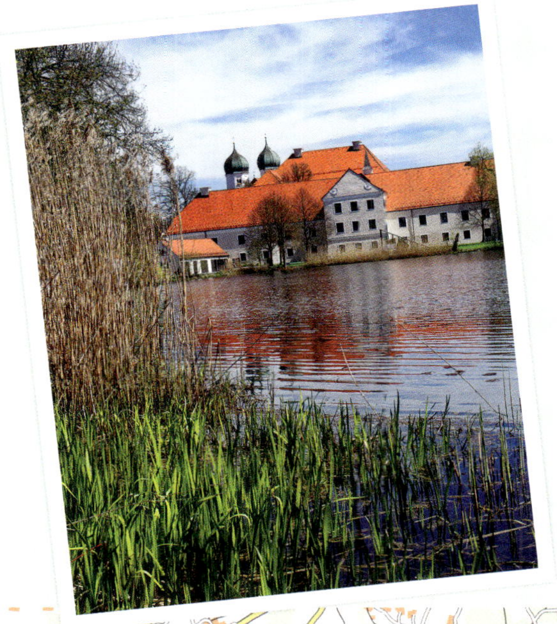

Tourencharakter
Schöne Rundtour fast ausschließlich auf Nebenstraßen oder Radwegen durch das leicht hügelige Seeoner Land. Die Tour lässt sich abkürzen. Bademöglichkeiten im Sommer!

E-Bike-Ladestation
Am Kloster Seeon

Einkehr
In Seeon mehrere Möglichkeiten, auch direkt am Kloster. Unterwegs Landgasthof Griessee (Mo Ruhetag)

Information
Tourist-Info Seebruck, www.seeon-seebruck.de

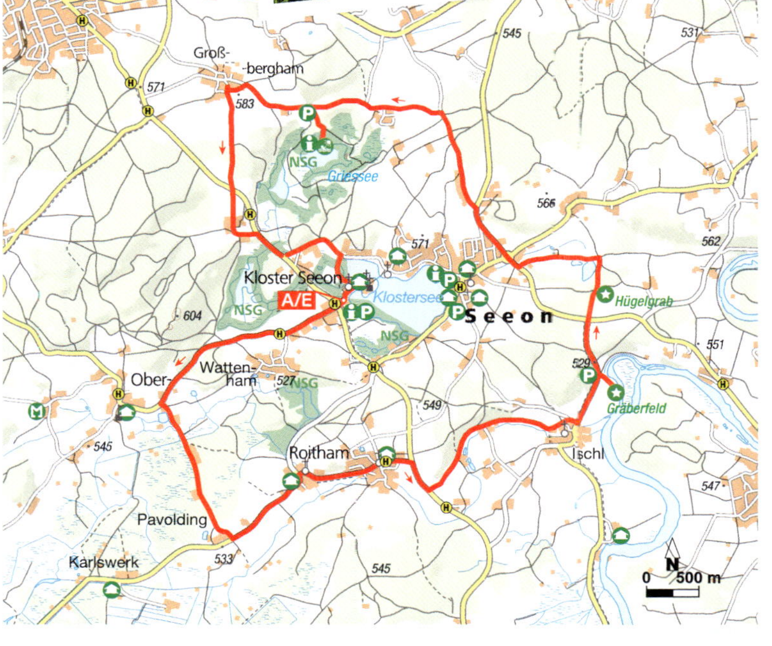

8 Über das Land nördlich des Chiemsees

Seeon, Rabenden und das Trauntal

Mittel

3:15 Std.

34 km

300 Hm

Wir radeln durch die uralte Kulturlandschaft nördlich des Chiemsees. Dafür lohnt es sich den ganzen Tag einzuplanen, denn es liegen sehr viele Besichtigungsmöglichkeiten am Wegesrand.

Auf dem Mozart-Radweg Wir starten am großen Parkplatz vor dem Kloster Seeon und fahren als Erstes auf die Halbinsel zum Kloster. Wenn viele Besucher unterwegs sind, müssen wir hier gleich das erste Stück schieben. Vor dem Kloster halten wir uns links und schieben dann auch über den schmalen Holzsteg nach Bräuhausen mit der kleinen Kirche St. Maria hinüber. Von hier aus führt uns der »Mozart-Radweg« Richtung Obing. Dafür wenden wir uns bei der Kirche nach links und radeln am Nordende des Sees entlang. Wir erreichen die Autostraße, fahren auf ihr knapp 400 Meter nach rechts und biegen dann nach links zum Einödhof Thalham ab. Der Weg führt am Hof vorbei in nördlicher Richtung. Wir passieren das große Solarfeld und eine Kiesgrube und fahren dann, die Autostraße querend, geradeaus nach Großbergham. Jetzt geht es links über die Berghamer Straße und noch einmal eine größere Autostraße querend weiter ins Zentrum von Obing.

Nach Rabenden Im Ort überqueren wir die Bundesstraße B 304 und fahren zur Kirche, in der wir am Hochaltar, im Vorgriff auf Rabenden, drei Figuren des Meisters von Rabenden finden. Weiter geht es am Maibaum vorbei und dann am Ortsende rechts auf dem »Skulpturenweg« nach Pfaffing. Wir passieren das Strandbad am Obinger See und kommen über Jepolding wieder an die B 304. Auf dem Radweg neben der Straße erreichen wir Rabenden. Für das so unscheinbar aussehende Kirchlein St. Jakob mit seinen gotischen Altären planen wir den ersten längeren Zwischenstopp ein.

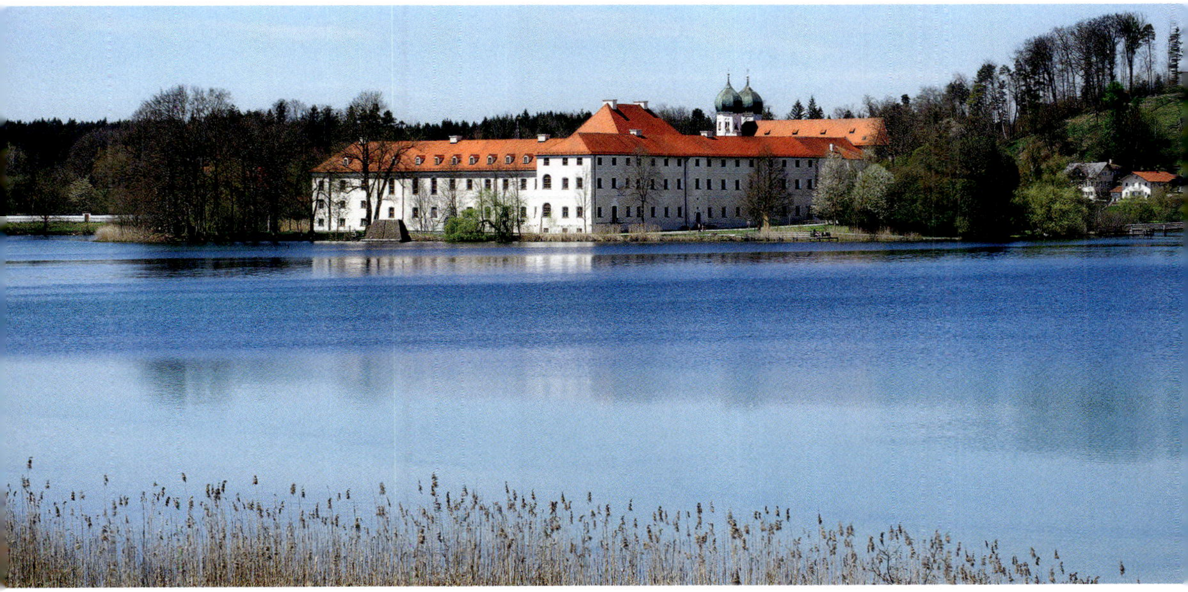

Kloster Seeon liegt malerisch auf einer Halbinsel.

Baumburg und sein Kloster Nach der Besichtigung folgen wir weiter dem Radweg neben der Bundesstraße und erreichen Altenmarkt. Die Alzfälle gehören bewundert, dann biegen wir nach der Brücke rechts in die Hauptstraße ein. Nach etwa 500 Metern bringt uns rechts die Baumburger Straße zum alten Augustinerchorherrenstift Baumburg mit seiner mächtigen Barockkirche hinauf. Die Auffahrt verlangt ein bisschen Kondition, aber die hübschen Deckenfresken in der Kirche, auf denen sich zahlreiche Putten tummeln, sind es allein schon wert. Überdies locken die schöne Aussicht auf das Trauntal und die nicht zu verachtende Küche in der Klosterbrauerei.

Von Baumburg aus geht es zurück nach Altenmarkt, wir überqueren die Hauptstraße und fahren vor dem Bahnhof rechts durch die Steiner Straße, bis sie an der B 304 endet.

Badespaß

Im Sommer Badesachen nicht vergessen! Bademöglichkeiten gibt es im Obinger See und in der Alz in Truchtlaching.

Höhlenburg in Stein an der Traun Dieser folgen wir nun ein kurzes Stück nach Stein an der Traun. Wenn noch Zeit ist, lohnt ein Besuch der Höhlenburg (Info über Besichtigungszeiten unter Tel. 08621/983 20 oder 08621/98 32 98). Nach dem Burgenbesuch, den man auch noch durch eine Brauereibesichtigung ausweiten kann, fahren wir auf dem Radweg neben der Bundesstraße weiter nach St. Georgen. Der Weg führt schräg aufwärts zur Kirche und dann zurück ins Trauntal zur Abzweigung nach Irsing.

Über Truchtlaching zurück Auf der Irsinger Straße überqueren wir nach der Siedlung die Traun, dann steigt unser Weg auf das Hochufer an. Wir radeln an Irsing vorbei nach Haßmoning. Im Ort, etwas nach links versetzt, beginnt die Straße,

Rabenden und sein Meister

Das unscheinbare kleine Kirchlein St. Jakob in Rabenden wird leicht übersehen. Doch das ist ein gewaltiger Fehler, denn das Innere des Kirchleins prangt in kostbarster Gotik. Der Hochaltar birgt in seinem mit filigranem Flechtwerk überzogenen Schrein drei Heiligenfiguren: den Kirchenpatron Jakobus und die Apostel Simon und Judas Thaddäus. Der Altar besitzt vier Flügel: zwei bewegliche, mit denen man ihn verschließen konnte, und zwei Standflügel. Sie sind bemalt, geöffnet zeigen sie Bilder aus dem Marienleben und geschlossen die Kirchenväter und wichtige Heilige. Es wird vermutet, dass sie von einem Salzburger Maler geschaffen wurden. Der Altar, seine Figuren und die Bilder werden auf die Zeit zwischen 1510 und 1515 datiert, aber die Kunsthistoriker konnten bis heute noch nicht den Meister identifizieren, der diesen Altar gefertigt hat. Deshalb hat man ihn nach seinem bedeutendsten Werk einfach »Meister von Rabenden« genannt. Figuren von ihm findet man in ganz Südostbayern. Die nächsten, eine Madonna, ein Laurentius und ein Jakobus, stehen am Hochaltar der Pfarrkirche von Obing.

die uns über flache Moränenhügel nach Truchtlaching wieder zur Alz bringt. An der Kirche folgen wir der Straße über die Traun, im Sommer kann man hier herrlich in einem Strandbad im Fluss baden. Wir verlassen Truchtlaching auf der Seeoner Straße und folgen nun nur noch dem Radweg nach Seeon. Am Kreisverkehr links geht es dann gleich auf der Seestraße zurück zu unserem Startplatz am Kloster Seeon.

Rechte Seite: Kloster Baumburg im letzten Abendlicht

Wichtiges zur Tour

Ausgangs-/Endpunkt
Kloster Seeon, Parkplatz

Anfahrt
GPS-Koordinaten: 47.9735, 12.4445
Auto: Von München auf der A 8 Richtung Salzburg, Ausfahrt Bernau am Chiemsee, über Prien, Rimsting, Eggstätt nach Kloster Seeon, großer Parkplatz neben der Straße.
Bahn: Mit dem Zug nach Altenmarkt an der Alz, dann beginnt die Runde dort.

Tourencharakter
Schöne Rundtour fast ausschließlich auf Nebenstraßen oder Radwegen, wenig Schatten

E-Bike-Ladestation
Obing: Venezia Eisboutique, Truchtlaching: Alte Mühle oder Biererlebniswelt Camba, am Kloster Seeon

Einkehr
Unterwegs viele Möglichkeiten, besonders gut ist das Bräustüberl im Kloster Baumburg mit seinem unfiltrierten Bier. Aber auch die Biererlebniswelt Camba in Truchtlaching direkt an der Alz ist etwas ganz Besonderes.

Information
Tourist-Info Seebruck,
www.seeon-seebruck.de

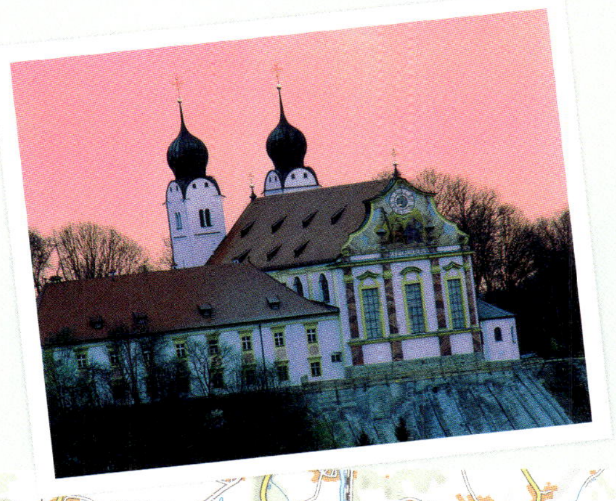

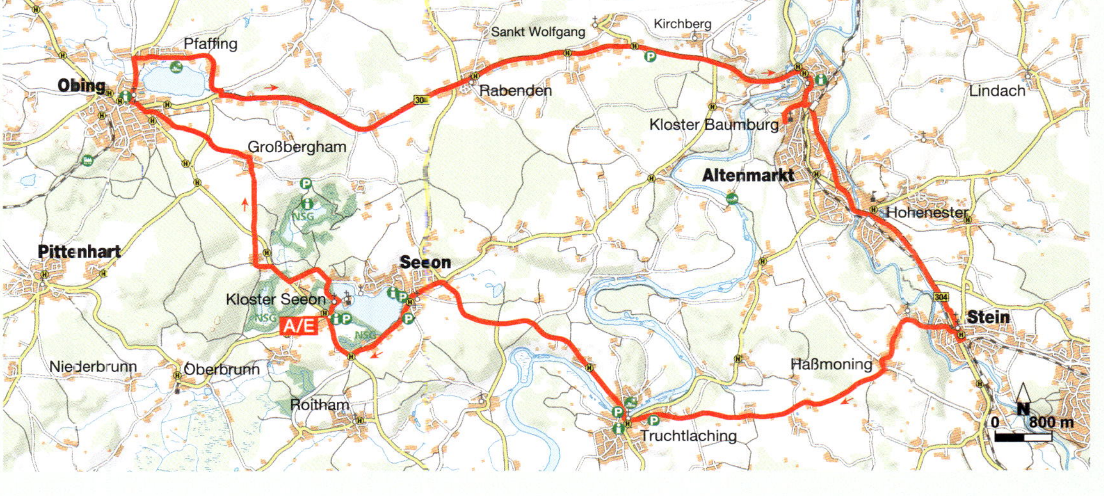

9 Über Urschalling und Frasdorf nach Bernau

Gotische Fresken und Chiemgauer Sacherl

Leicht

2:30 Std.

33 km

250 Hm

Auf dieser kurzen Runde gibt es viele Anlässe zum Absteigen: Es locken das Urschallinger Kirchlein und die Mesner Stubn sowie das Höhlenmuseum von Frasdorf, und die Aussicht bei Hittenkirchen lässt uns die Zeit vertrödeln. Aber das macht das Radeln erst richtig schön!

Zu den gotischen Fresken von Urschalling Wir beginnen am Bahnhof in Prien und radeln vom Bahnhofsplatz auf der Hochriesstraße in Richtung Süden. Kurz vor dem Netto-Supermarkt biegen wir rechts in die Kampenwandstraße ein

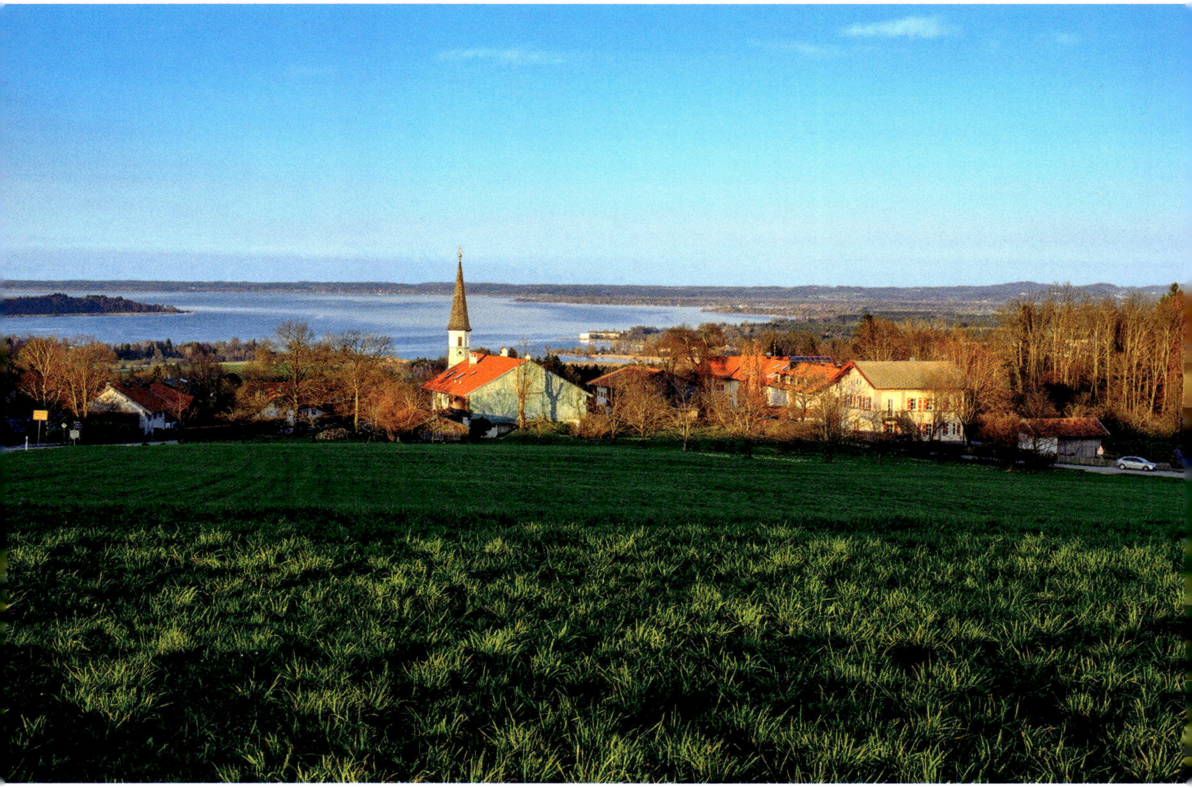

und folgen ihr geradeaus in die Sackgasse, die für Radler frei ist. So treffen wir auf die große Staatsstraße, die wir vorsichtig queren, um auf dem parallel dazu verlaufenden Radweg nach links zu fahren. Kurz nach dem Priener Ortsende-Schild folgen wir rechts der kleinen Nebenstraße hinauf nach Urschalling. Das ist gleich zu Beginn der wirklich anstrengendste Teil der ganzen Radtour. Zum Glück ist die Strecke überschaubar, so wäre es auch kein Problem, wenn wir schieben müssten. Oben angekommen sollten wir nicht nur verschnaufen, sondern uns vor allem einmal umdrehen. Vor uns liegt der Chiemsee ausgebreitet wie ein blaues Tuch, im Sommer tanzen Segelboote in Form von weißen Dreiecken auf dem Wasser, und auch die Inseln sind deutlich zu erkennen. In Urschalling planen wir natürlich den ersten Besichtigungsstopp ein, denn die kleine Kirche St. Jakob ist kunsthistorisch ein echtes Kleinod.

Das bayerische Sacherl

Auf bayerisch ist »a Sach« ein Ding, aber auch Besitz bzw. Vermögen. Das Sacherl ist somit nichts anderes als eine nette Umschreibung eines kleinen Anwesens. Meist waren es Handwerker, die in solchen Häusern wohnten und nur eine kleine Nebenerwerbslandwirtschaft betrieben. Auf unserer Radtour dürfen wir zahlreiche dieser oft liebevoll restaurierten Häuschen bewundern und so auch ein bisschen davon träumen, wie das wohl mit einem eigenen Chiemgauer Sacherl so wäre.

Nach Frasdorf An der Kirche stoßen wir auch auf das Jakobswegzeichen, dem wir anschließend zur Weiterfahrt über die Felder folgen. Unmittelbar vor dem Bahnübergang wenden wir uns nach links und passieren die Häuser von Schmieding. Immer noch das Jakobswegzeichen im Blick kommen wir durch den Wald nach Hittenkirchen. Wenige Meter radeln wir auf der größeren Straße nach rechts, folgen dann aber links zunächst der Radwegbeschilderung »Von Baum zu Baum«. Bei der Dorfdurchfahrt treffen wir nun auf die ersten romantischen Kleinstbauernhöfe, von denen aber noch einige folgen werden. Dabei hat Hittenkirchen wirklich eine herausragende und geradezu einmalige Lage im Chiemgau. Von der Kirche oder den darüberliegenden Feldern hat man einen einzigartigen Blick über den Chiemsee. So ist es kein Wunder,

Linke Seite: Der Aussichtsbalkon in Hittenkirchen erlaubt den weiten Blick auf den Chiemsee.

Urschallinger Jakobskirche

Das Kirchlein in Urschalling wurde in den Jahren 1160–1200 erbaut und steht an der bayerischen Jakobswegstrecke. Der Innenraum ist mit gotischen Fresken aus dem 14. Jh. bemalt. Eine der bedeutendsten, aber auch umstrittensten Darstellungen in der Kirche ist ein Bild der Dreifaltigkeit im Gewölbezwickel. Sie zeigt Gott Vater, seinen Sohn Jesus Christus und den Heiligen Geist. Dieser wird üblicherweise als Taube, Licht oder als ältere Person abgebildet, aber hier zeigt er eindeutig feminine Züge. Forscher sind sich uneins, ob es sich hierbei um eine Frau handelt oder doch nur um einen jungen Mann. Die Idee des weiblichen Heiligen Geistes ist natürlich viel spannender und revolutionärer. Auf jeden Fall ist das Kirchlein einen längeren Stopp wert. Vor allem, wenn man sich im Anschluss an die Besichtigung in der Mesner Stubn mit seiner guten bayerischen Küche verwöhnen lässt.

dass der Sonnenaufgang über dem See zusammen mit dem Hittenkirchner Kirchturm auf keinem Chiemgau-Prospekt fehlen darf. Am Ortsende folgen wir weiter der Baumradwegbeschilderung nach links und rollen hinab durch Kothöd nach Pfaffing. Das herrliche Panorama mit dem See und den Chiemgauer Bergen bleibt uns dabei erhalten. Wir queren die Autobahn, halten uns an der T-Kreuzung rechts und erreichen den Wald. Hier folgen wir nun nicht mehr den Schildern »Von Baum zu Baum«, sondern bleiben geradeaus, fahren unter der Autobahn hindurch und dann über die Gleise leicht aufwärts nach Umrathshausen. An der Kirche vorbei geht es nun dem Schild nach Frasdorf folgend nach links. Unsere Straße mündet in einer größeren, in die wir aber nur für wenige Meter links einbiegen, um sie dann an der nächsten Möglichkeit nach links und gleich wieder nach rechts zu verlassen (Schild »Leitenberg«). Im Süden sehen wir nun über dem Moor das Sachranger Tal mit seinem Wahrzeichen, der großen Burg Hohenaschau. Rechts von uns liegt einsam auf den Feldern das Kirchlein St. Florian mit seinem berühmten gotischen Flügelaltar. (Wer möchte, kann von Frasdorf einen Abstecher dorthin unternehmen.) Hier in Leitenberg treffen wir wieder auf das Jakobswegzeichen, dem wir erneut folgen. So verlassen wir den kleinen Ort auf einem Feldweg abwärts.

An der Feldwegabzweigung bleiben wir geradeaus, verlieren nochmals an Höhe (Vorsicht, holpriger und steiler Abschnitt) und treffen wieder auf eine befahrene Straße. Es geht nach links, hier ist der Weg für Fußgänger und Radler freigegeben. Wir überqueren die Prien, passieren kurz danach die Autobahnauffahrt und sind anschließend schon in Frasdorf. In der Ortsmitte können wir nun einen Blick in die Kirche werfen oder, sofern der letzte Sonntag im Monat ist, das Höhlenmuseum besuchen.

Im Sachranger Tal Zur Weiterfahrt radeln wir an der Kirche links in die Wendelsteinstraße und dann nach dem Museum erneut links in die Linsemannstraße. Schon finden wir

Malerisch ist der Balkon des Gasthof Mesnerstubn in Urschalling dekoriert.

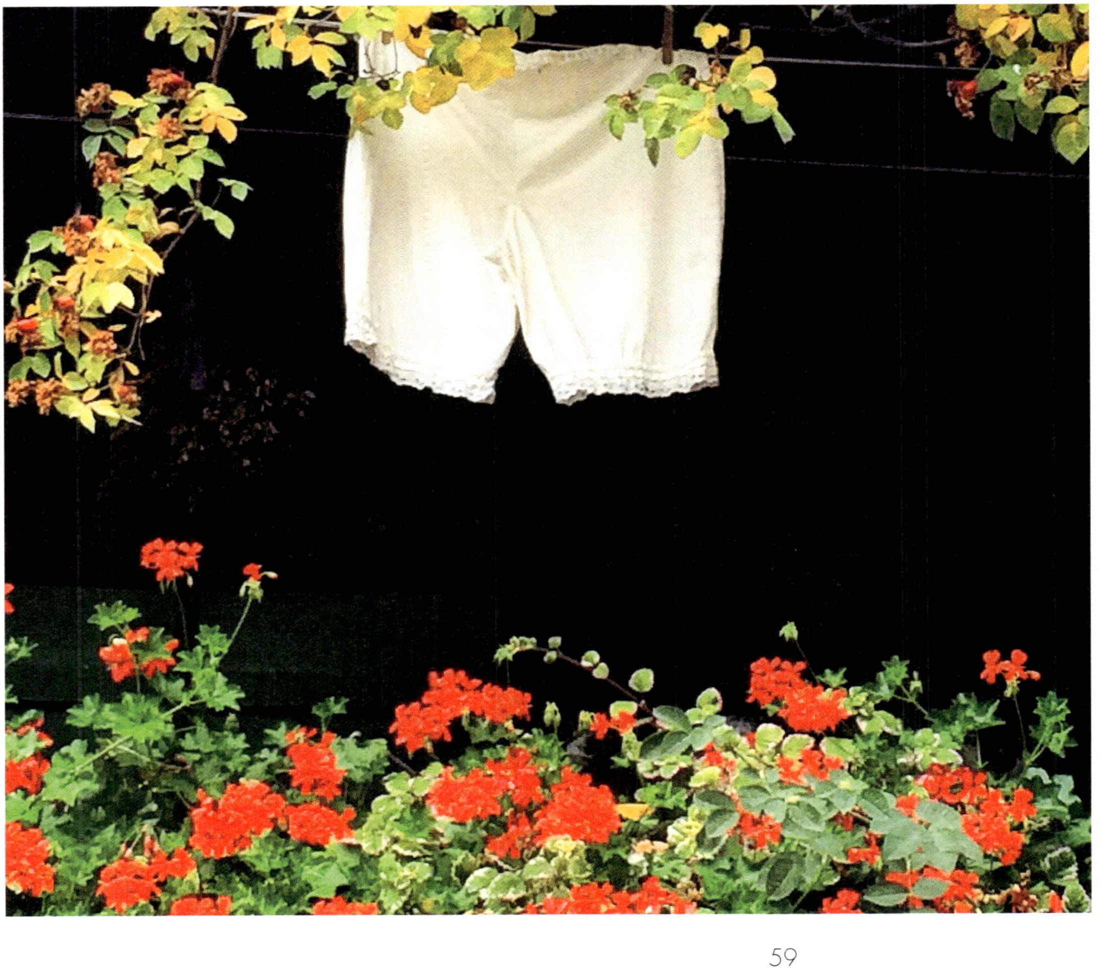

den ersten Hinweis auf den Königsee-Bodensee-Radweg, dessen Beschilderung wir ab hier bis Bernau treu bleiben. So erreichen wir nun auf einem Radweg parallel zur Staatsstraße den Ort Aschau. Wir überqueren wieder den kleinen Fluss Prien und biegen gleich danach links ein, an der Kinderklinik vorbei. Wer gern einkehren möchte, dem empfehlen wir, von hier einen Abstecher zum gut ausgeschilderten Café Pauli zu unternehmen. Die Lage ist wunderschön, direkt hinter dem sonnigen Biergarten erhebt sich die gesamte Bergkette mit der Kampenwand und dem Klausenberg. Außerdem gibt es eine immense Kuchenauswahl (mit selbst getestetem und als äußerst lecker empfundenem Apfel- und Zwetschgenstrudel). Überdies liegt nur 150 Meter weiter ein angenehm temperiertes Moorschwimmbad, in das wir im Sommer zur Abkühlung springen können.

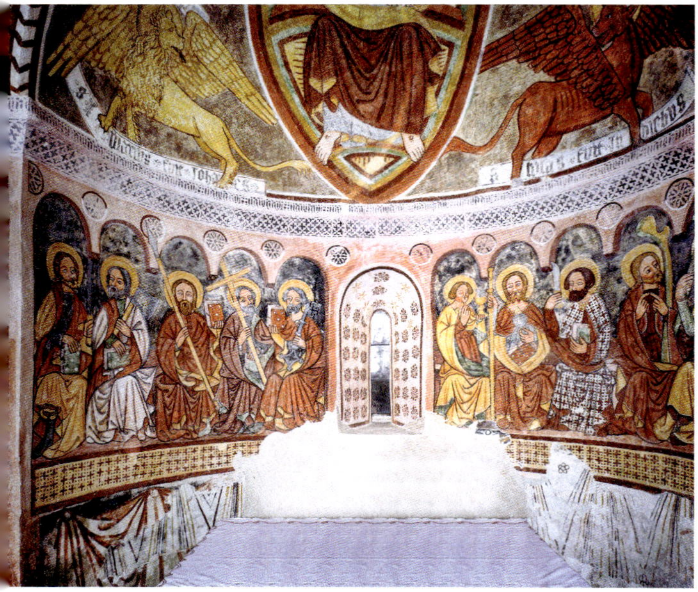

Die gotischen Fresken in der kleinen Dorfkirche Urschalling sind etwas ganz Besonderes.

Rechte Seite: Der Chiemseeuferweg bei Prien

Entlang des Chiemseeufers Zur Fahrt nach Bernau bleiben wir aber auf dem bald beginnenden Radweg, der sich nun am Fuße der letzten Ausläufer der Kampenwand entlangwindet. So sind wir schnell in Bernau. Im Ort biegen wir an der großen Kreuzung mit der Ampel links in die Prienerstraße ein, bald beginnt wieder ein Radweg (auf der linken Seite) und wir unterqueren so erneut die Autobahn. Dann biegen wir in der Höhe des Autohauses Saur nach rechts über die Straße in den Feldweg ein, der uns schnurgerade zum Chiemseeuferweg führt. Nun radeln wir noch ein Stück auf dem Chiemseeradweg nach links und erreichen stets in Ufernähe bleibend über den Ortsteil Harras und Stock die Steganlagen am Hafen von Prien. Von hier nach links über die Seestraße sind wir dann schnell am Parkplatz in Prien zurück.

Wichtiges zur Tour

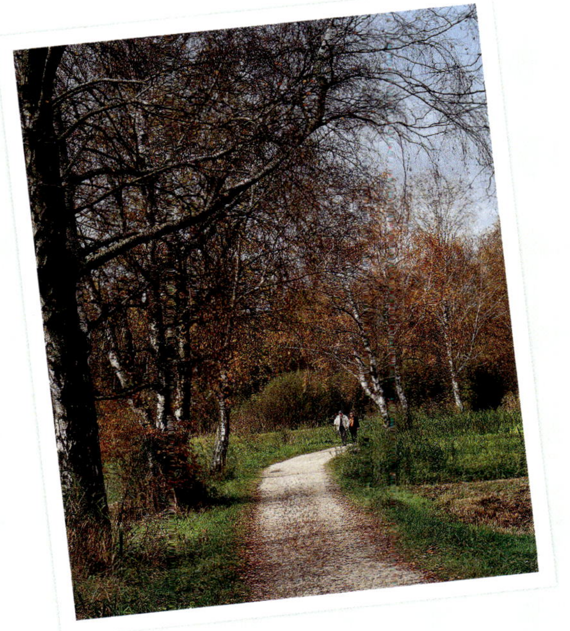

Ausgangs-/Endpunkt
Prien, Bahnhof

Anfahrt
GPS-Koordinaten: 47.8542, 12.3467
Auto: Von München auf der A 8 Richtung Salzburg, Ausfahrt Prien/Bernau. Die Parkplätze und der Bahnhof sind ausgeschildert.
Bahn: Prien liegt an der Zugstrecke München–Salzburg.

Tourencharakter
Eine einfache, kurze Rundtour mit nur einer anstrengenden Steigung zu Beginn. Vorwiegend auf geteerten Radwegen, nur wenige Kilometer auf Feldwegen

E-Bike-Ladestation
Frasdorf: Bäckerei Weber, Schulstr. 2, Aschau: Radverleih Aschau, Innerkoy 5

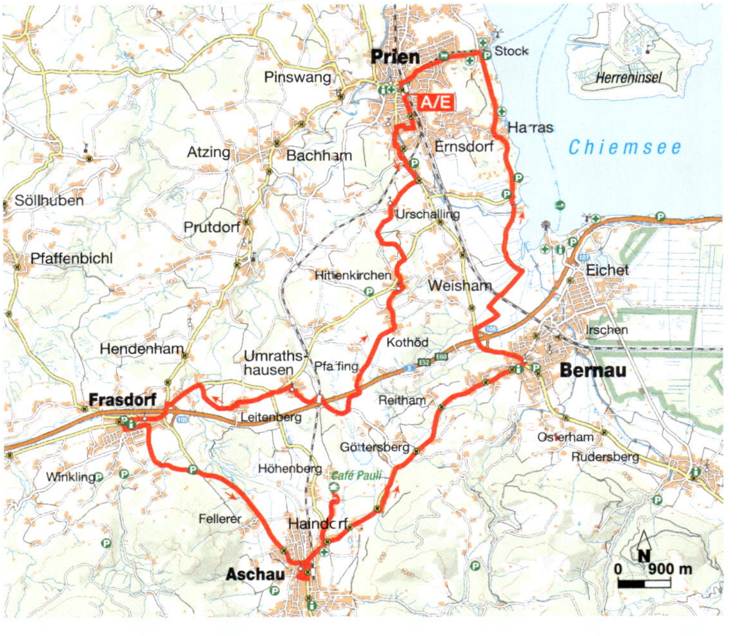

Einkehr
Unterwegs treffen wir auf jede Menge Wirtshäuser, Biergärten und Cafés. Mit einem kleinen Abstecher empfehlen wir Café Pauli bei Aschau, von November bis März aber geschlossen.

Information
Tourismusbüro Prien,
www.prien.de

10 Am Chiemsee-Nordufer

Die schönsten Seiten des Sees

Leicht

1:30 Std.

13,5 km

20 Hm

Nirgendwo anders erlebt man den Chiemsee so unmittelbar und vielfältig. Die Radtour führt meist dicht am Ufer entlang und schenkt uns herrliche Ausblicke auf die Chiemseeinseln. Bei der Kürze der Tour bleibt noch genügend Zeit, die Herreninsel und die Fraueninsel zu besichtigen.

Zur Schafwaschener Bucht Unsere Radtour beginnt am kleinen Bahnhof der Bockerlbahn im Priener Ortsteil Stock. Wir radeln in Richtung Freizeitbad Prienavera, den See zu unse-

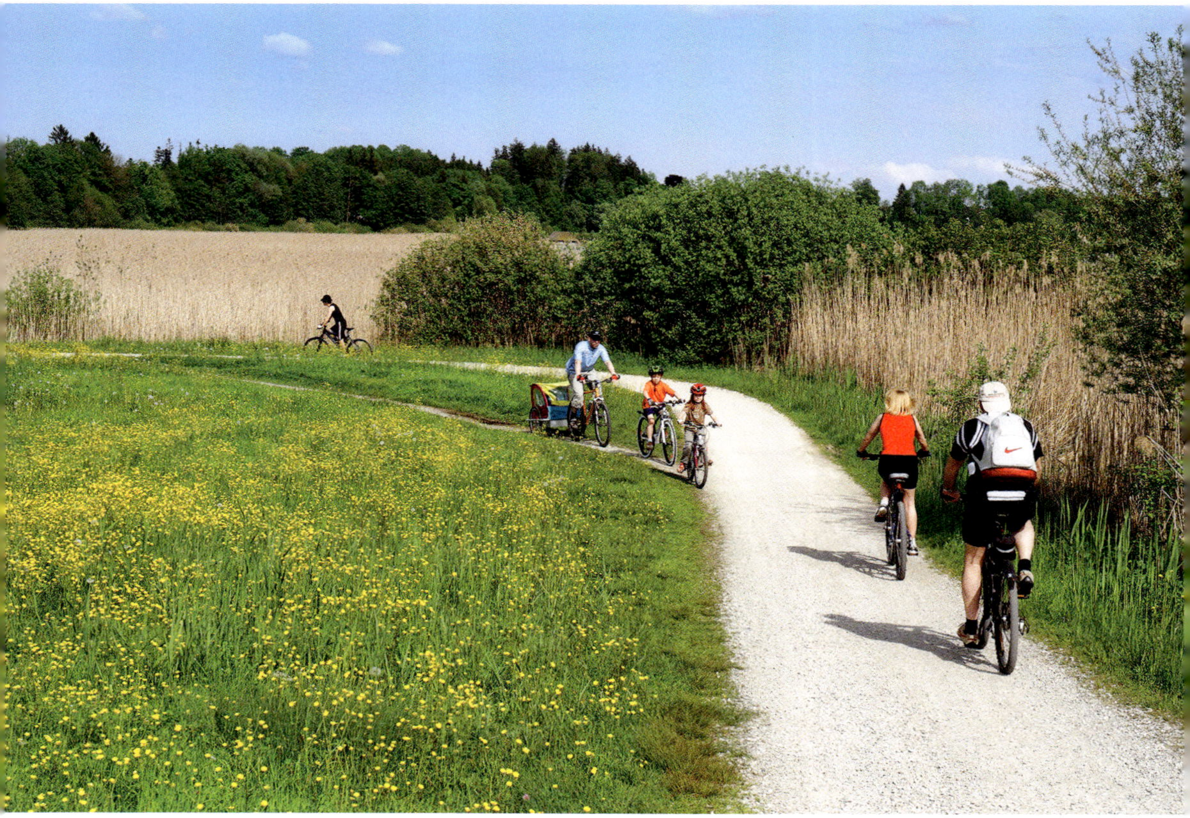

rer rechten Seite. Hier beginnt der Chiemseeufer-Radweg, der uns bis Gstadt führen wird. Gleich zu Beginn erhaschen wir einen wundervollen Blick hinüber zur Herreninsel, wo wir durch eine künstliche Schneise das Königsschloss sehen. Das war von König Ludwig II. durchaus so gewollt. Man sollte sein Schloss von Weitem bewundern können. Näher durfte man allerdings nicht kommen, die Insel war zu seiner Zeit für jeden Besuch gesperrt.

Wir passieren die Fischräucherei Winklfischer und kommen zur Fischhüttn. Beides sind einfache Fischgaststätten mit Selbstbedienung, die aber unglaublich guten und absolut fangfrischen Fisch aus dem See bieten. Wir können sie uns für den Rückweg vormerken. Bei der Fischhüttn knickt der Weg links vom See ab, wir treffen auf die Kläranlage, die wir nach rechts umgehen. Dann radeln wir wieder parallel zum Seeufer auf einer Birkenallee über den verlandeten Seegrund. Auf einer hohen Brücke überqueren wir einen Seitenarm der Prien, danach geht es nach links zwischen den beiden Prienarmen zur nächsten Brücke, die uns über den Hauptarm der Prien bringt. Die Prien hat hier eine große Landzunge angeschwemmt, die im Sommer als Badeplatz sehr beliebt ist. So kommen wir nach Norden bis Schafwaschen. Am Gasthof Seehof vorbei erreichen wir eine Teerstraße, neben der wir einen knappen Kilometer entlangradeln müssen. Wir stoßen auf die Hauptstraße von Rimsting nach Seebruck, und dann hat der Autoverkehr auch schon ein Ende. An der Einmündung steht rechts ein Ferienhaus der Bayerischen Landesbank. Dahinter beginnt ebenfalls rechts wieder der Radweg durch das Schilf zur Halbinsel Sassau. Der Teil des Sees, den wir nun umradelt haben, wird Schafwaschener Bucht genannt. Hier ist das Wasser sehr flach und damit schon im Frühsommer angenehm warm, ideal für eine Badepause.

Chiemseeringlinie

Mit dem Bus »Chiemseeringlinie« lassen sich auch Räder transportieren. Er fährt von Pfingsten bis Oktober und hält an 35 Stationen rund um den See, sodass man die Runde um den Chiemsee weiterradeln könnte, denn flexibel abkürzen lässt sie sich dann immer.

Linke Seite: Rund um die Schafwaschener Bucht ist der Chiemsee Radweg gut frequentiert.

Von Gstadt zu den Inseln An einem Wanderparkplatz überqueren wir die Zufahrt nach Sassau, eine Halbinsel, die weit in den Chiemsee hineinragt und die wir leider nicht betreten dürfen. Wir bleiben also geradeaus auf dem Uferweg stets in Ufernähe. Kurz danach biegen wir rechts in das Landschaftsschutzgebiet ab. Am Seeufer entlang passieren wir in Keilbach ein paar Fischerhäuser, die sich zu respektablen Pensionen gemausert haben. Weiter geht es am Ufer um die Spitze der Halbinsel Urfahrn. Wir sind jetzt genau gegenüber der Herreninsel, durch die Bäume schaut der alte Inseldom zu uns herüber: Ein Gedenkstein erinnert daran, dass von hier aus König Ludwig II. zum ersten Mal auf die Insel übergesetzt ist. Weiter am Ufer entlang, passieren wir das Café Restaurant Oberleitner und einige prächtige Villen, die schon zu Breitbrunn gehören. Dann kommen wir nach Gstadt, wo wir uns entscheiden müssen: Entweder setzen wir von hier mit den Fahrrädern auf die Inseln hinüber, setzen die Chiemseeumrundung wie in Tour 12 beschrieben fort oder treten nach einer Pause den Rückweg auf der gleichen Route an. Wenn man sich für die Inseln entscheidet, lässt sich die Wartezeit auf das nächste Schiff hervorragend in einem der vielen Cafés wie Am Hofanger oder im Wirtshaus am See überbrücken.

Herreninsel

Für das Schloss und alle Museen gibt es am Anlegersteg eine Gesamtkarte. Das Schloss kann man nur mit Führung besichtigen. Die letzte ist so terminiert, dass das späteste Schiff noch erreicht werden kann.

Fraueninsel Die Insel kann man in jeder Richtung umrunden. Alle Wege führen zur altehrwürdigen Benediktinerinnenabtei, die ihren Ursprung im ausgehenden ersten Jahrtausend hat. Die Torhalle stammt noch aus dem 9. Jh., aber auch der Campanile neben dem Münster blickt als eines der ältesten Gebäude über den See. Durch das alte Torhaus erreichen wir die höchste Stelle der Insel, einen kleinen Park mit alten Linden über einer Kriegerkapelle, in der ein Bild des frühen Expressionisten Hiasl Maier-Erding zu finden ist. Der Blick rundum zeigt, dass die Insel praktisch völlig zugebaut ist. Sieht man vom Kloster ab, ist sie ein einziges Dorf. Die niedrigen Häuser sind zum Teil sehr alt, aber wunderschön renoviert und modernisiert, sodass der weitere Rundgang eine wahre Freude ist. Natürlich gibt es auch jede Menge Einkehrmöglichkeiten und kleine Handwerksbetriebe wie die

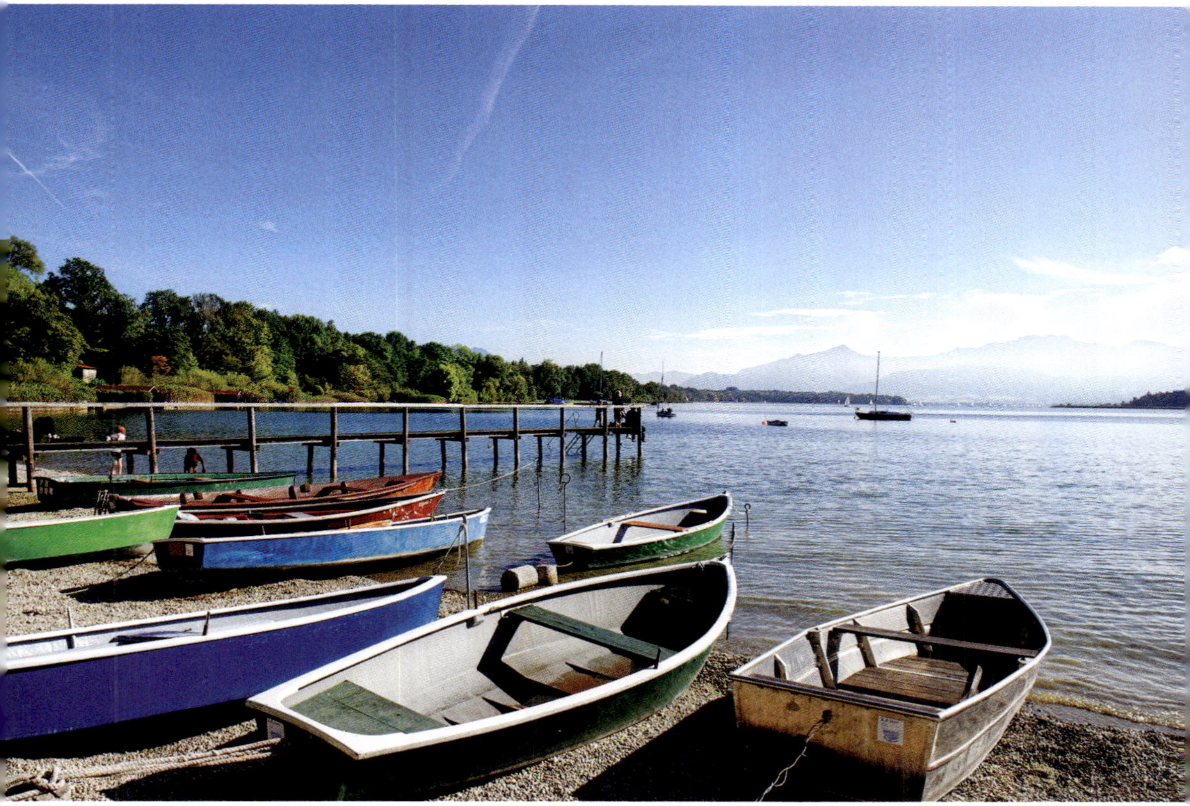

Boote am Chiemseeufer bei Kailbach

Inseltöpferei der Klampfleuthners. Urkunden berichten, dass 1609 die Äbtissin Irmengard II. von Scharfstedt eine Töpferei gegründet hat, gut 100 Jahre später übernahm die Familie Klampfleuthner den Betrieb. Ihre Nachfahren fertigen noch heute Keramik, deren Ruf weit über den Chiemgau hinaus reicht.

Die prominenteste Persönlichkeit des Klosters ist wohl Irmengard, die Tochter König Ludwigs des Deutschen, die zwischen 831 und 866 gelebt hat. Sie war mit ihren Schwestern in Kloster Buchau im Federsee erzogen worden und ging 857 nach Frauenchiemsee, das damals ziemlich verwahrlost war.

Innerhalb von neun Jahren brachte sie nicht nur das Kloster zur Blüte, sondern prägte sich durch ihr Wirken so tief in die Herzen der Menschen ein, dass sie heute noch, inzwischen seliggesprochen, als Patronin des Chiemgau gilt.

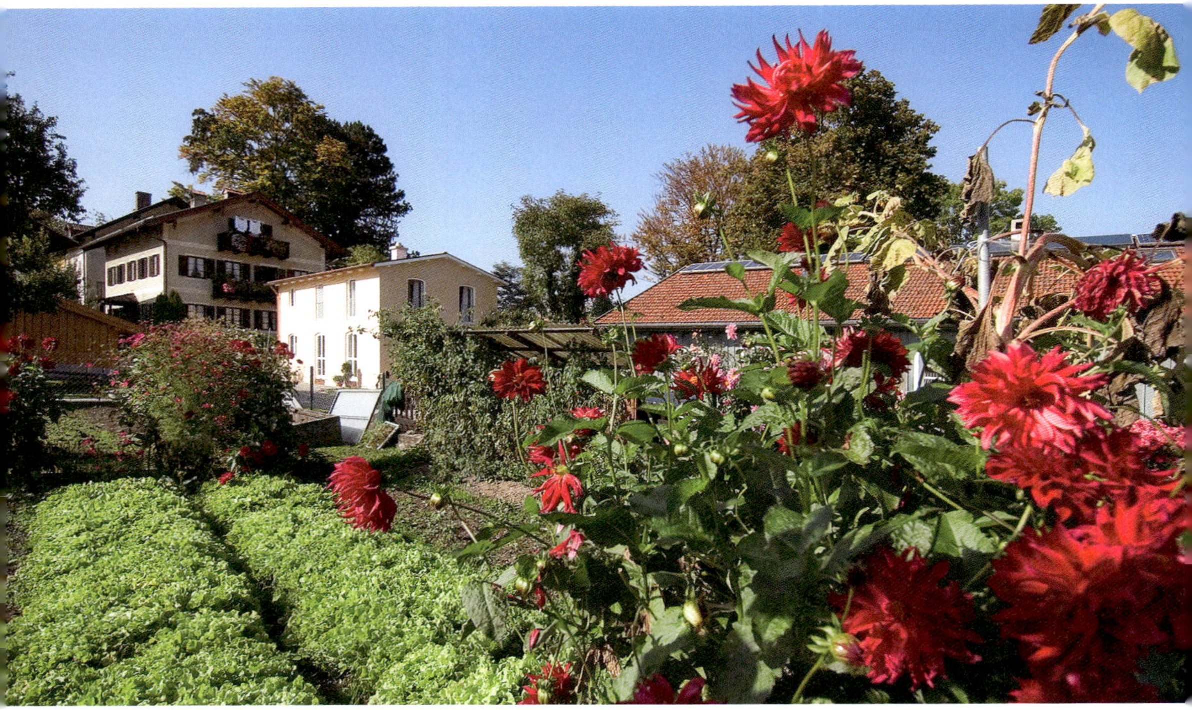

Es kommt einem Lustwandeln gleich, wenn wir über die Fraueninsel flanieren.

Rechte Seite: Die Schafwaschener Bucht mit der schneebedeckten Kampenwand

Herreninsel Der Name Herreninsel geht ebenfalls auf ein Kloster zurück, auf ein Stift der Augustinerchorherren, das allerdings im Rahmen der Säkularisation aufgelöst wurde. Dabei blieben die ehemaligen Klostergebäude weitgehend erhalten.

Im Zentrum der Insel liegt das Schloss des bayerischen Königs Ludwig II., das die Insel weltweit bekannt gemacht hat. Die Räume des Schlosses mit dem berühmten Spiegelsaal oder die prächtige Parkanlage mit dem Latona-Brunnen sind tausendfach beschrieben. Weniger bekannt ist das Museum im Südflügel des Schlosses, das in zwölf modern eingerichteten Räumen die Lebensstationen des Märchenkönigs beschreibt. Der Besucherstrom zum Schloss setzte übrigens bereits kurz nach dem tragischen Tod des Königs 1886 ein.

Wichtiges zur Tour

Ausgangs-/Endpunkt
Prien, Ortsteil Stock

Anfahrt
GPS-Koordinaten: 47.8605, 12.3640
Auto: Von München auf der A 8 Richtung Salzburg, Ausfahrt Prien/Bernau. In Stock gibt es gebührenpflichtige Parkplätze. **Bahn:** Prien liegt an der Zugstrecke München–Salzburg. Kurze Anfahrt durch die Seestraße zum Hafen in Stock

Tourencharakter
Eine einfache, kurze und ebene Radtour. Die Rückfahrt erfolgt auf dem gleichen Weg oder besser mit dem Schiff oder dem Ringbus. Vorsicht, nicht jedes Schiff befördert Räder. Unbedingt vorher in Stock am Hafen erkundigen. Im Sommer Badesachen nicht vergessen!

E-Bike-Ladestation
Prien: Vor der Tourist-Info, Gstadt: Surfcenter und E-Bike-Verleih, Strandbad Hofanger

Einkehr
Unterwegs treffen wir auf jede Menge Biergärten, Strandcafés und Restaurants direkt am See.

Information
Tourismusbüro Prien, www.prien.de, www.chiemsee-schifffahrt.de

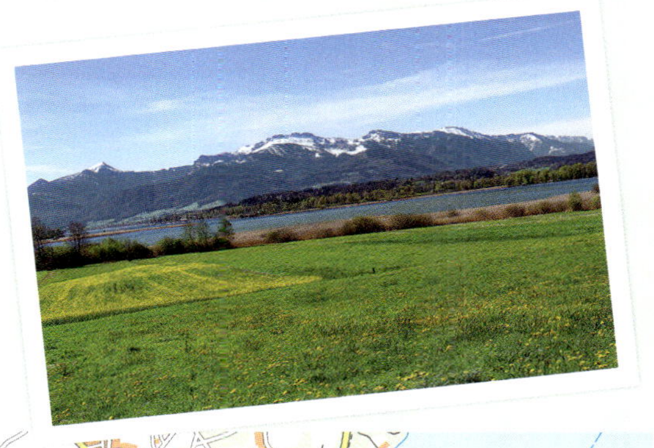

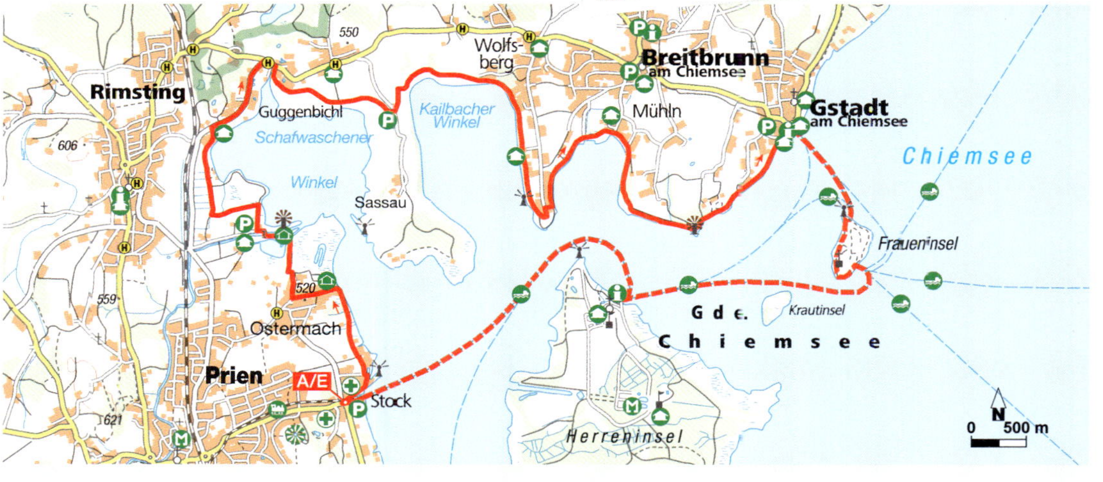

11 Um die Eggstätter Seenplatte

Toteisseen und feuchte Moorwiesen

- Leicht
- 3 Std.
- 34 km
- 200 Hm

Eine Radtour weit ab vom Mainstream der klassischen Chiemsee-Radrouten. Sie führt mitten hinein ins idyllische Naturschutzgebiet der Eggstätter-Hemhofer Seenplatte, die mit ihren mystischen Toteisseen zwischen Hoch- und Niedermooren und dichten Wäldern liegt.

Ins Libellenparadies Vom Parkplatz aus radeln wir auf der Seestraße bis zum Chiemseeufer im Priener Ortsteil Stock. Dort halten wir uns links, am Warmfreibad Prienavera vorbei, und folgen der Chiemseeufer-Radweg-Beschilderung. Bald überqueren wir auf einer schmalen Brücke den Fluss Prien, der hier in den Chiemsee mündet. Gleich danach passieren wir das Rimstinger Badegelände und radeln dann durch herrliche Feuchtwiesen entlang der Schafwaschener Bucht bis zum Gasthof Seehof, an dem wir auf eine geteerte Straße treffen. Jetzt verlassen wir den Chiemsee, folgen der kleinen Straße ca. 150 Meter nach links und biegen dann gleich rechts auf den ungeteerten Feldweg, der am Bahnwärterhäuschen vorbei parallel zu den Gleisen verläuft. Nun fahren wir stur geradeaus. Dabei überqueren wir eine Autostraße und müssen ab dort wieder mit Straßenverkehr rechnen, der sich jedoch zum Glück in Grenzen hält. Rechts von uns liegt im schattigen Wald der Langbürgner See, von dem jedoch nicht viel zu sehen ist. Kurz vor Hemhof überqueren wir erneut eine Straße und durchqueren dann den Ort auf der Hauptstraße. Sie bringt uns durch Stephanskirchen, und dann auf einem Radweg bis zum Pelhamer See. Hier lockt der Steg mit dem Badebereich zu einer längeren Rast, auch der schöne Biergarten des Gasthauses Pelham erschwert unser Vorwärtskommen erheblich.

Weiter geht es am Hochseilgarten vorbei bis in den kleinen Weiler Gachensolden. Hier fahren wir nach rechts, nun zunächst bis Unterulsham der Beschilderung Richtung Eggstätt folgend. In Unterulsham verlassen wir den Radweg und biegen rechts in den kleinen Feldweg zwischen den Häusern ein. Mit herrlichem Blick über Wiesen und den Pelhamer See radeln wir in den Wald. An der Weggabelung halten wir uns links und an der nächsten Kreuzung fahren wir nach rechts. Nun geht es mitten durch den Wald und über kleine Holzbrü-

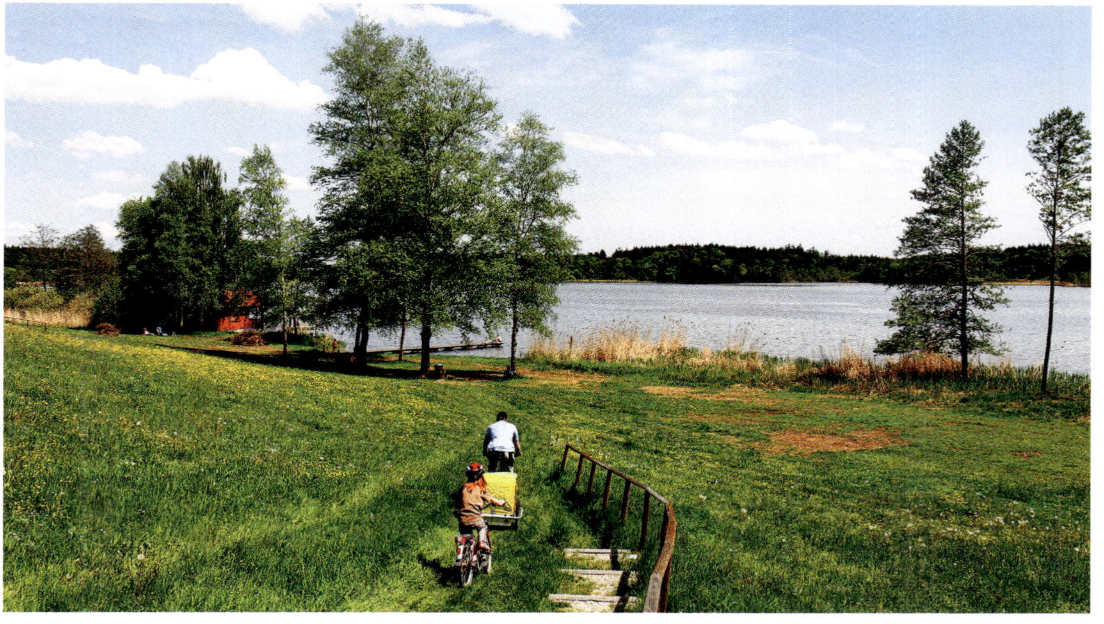

Der Pelhamer See lockt zu einer ersten Badepause.

cken zwischen all den vielen Seen der Eggstätter Seenplatte hindurch. Nur auf diesem Weg können wir mitten in das Naturschutzgebiet eintauchen. Es lohnt sich sehr, auch einmal vom Fahrrad abzusteigen, um die vielen bunt schillernden Libellen zu beobachten. Die scheinen sich hier besonders wohl zu fühlen, denn die Eggstätter Seenplatte ist für ihre Libellenvielfalt bekannt.

Wir bleiben immer geradeaus (nicht nach Stephanskirchen!) und kommen so direkt auf die Römerstraße Via Julia. Noch im Wald biegen wir wieder Richtung Norden ab und erreichen so das Badegelände am Hartsee bei Eggstätt. Hier lohnt sich ebenfalls eine Einkehr im vor allem bei Familien beliebten Hartseestüberl.

Badefreuden in Eggstätt Nach der Pause radeln wir vom See weg, passieren die Parkplätze und kommen so zur Ortsdurchgangsstraße von Eggstätt. Dieser folgen wir nach rechts, passieren die Kirche und bleiben weiter in Fahrtrichtung. Ein Radweg verläuft zum Glück verkehrsberuhigt parallel zur Straße. So verlassen wir Eggstätt und folgen dem Radweg in südlicher Richtung, bald auch geradeaus über den Kreisverkehr, leicht aufwärts bis zum Radwegende. Dann überqueren wir vorsichtig die Autostraße in die kleine Straße Richtung Zell/Kitzing. In Oberkitzing fahren wir geradeaus in die Kitzingerstraße (Schild »Naturweg«), bis wir auf die große Vorfahrtsstraße stoßen, die von Rimsting nach Breitbrunn verläuft. Ein sicherer Radweg bringt uns ca. einen Kilometer nach rechts. Dann biegen wir links in den kleinen Feldweg hinunter zum Uferweg an den Chiemsee. Wir passieren die Halbinsel Sassau und umrunden nun wieder die Schafwaschener Bucht. An der Autostraße halten wir uns links auf dem Radweg und stoßen bald wieder auf den vertrauten Hinweg, dem wir nun in umgekehrter Richtung bis zum Ausgangspunkt zurück folgen.

Badestellen

Zum Schutz und Erhalt der Natur ist das Baden nur an den ausgewiesenen Badestellen am Langbürgner See, am Hartsee und am Pelhamer See erlaubt.

Rechte Seite: Hartseestüberl am Freizeitgelände Hartsee

Das Schilf leuchtet im letzten Abendlicht am Hartsee in der Eggstätter Seenplatte.

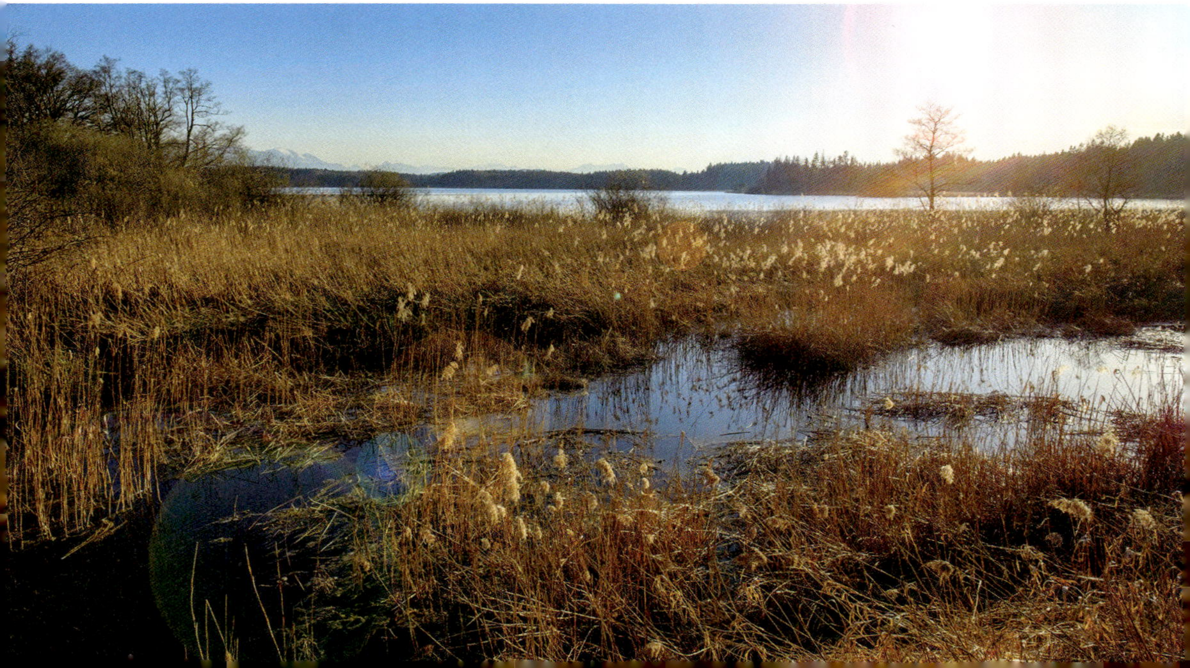

Wichtiges zur Tour

Ausgangs-/Endpunkt
Prien, Parkplatz P6 »Großer Kursaal«

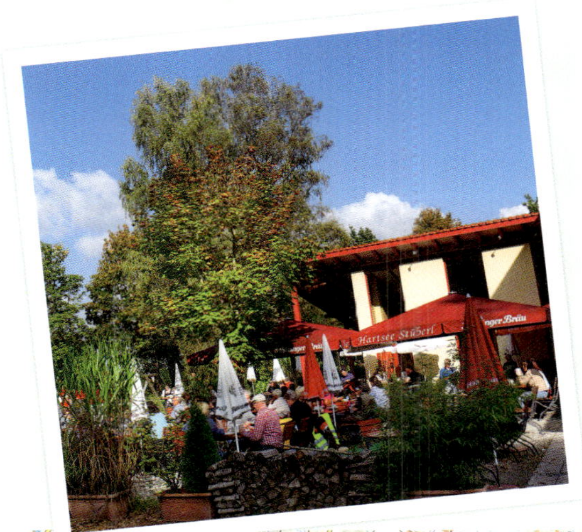

Anfahrt
GPS-Koordinaten: 47.8583, 12.3502
Auto: Von München auf der A 8 Richtung Salzburg, Ausfahrt Prien, Weiterfahrt bis Prien, der Parkplatz befindet sich in der Seestraße/Ecke Stauden und ist ausgeschildert.
Bahn: Von München über Rosenheim nach Prien

Tourencharakter
Fast ebene Rundtour auf überwiegend ruhigen Nebenstraßen und Radwegen und zum Teil ungeteerten Feld- und Forstwegen. Badesachen nicht vergessen!

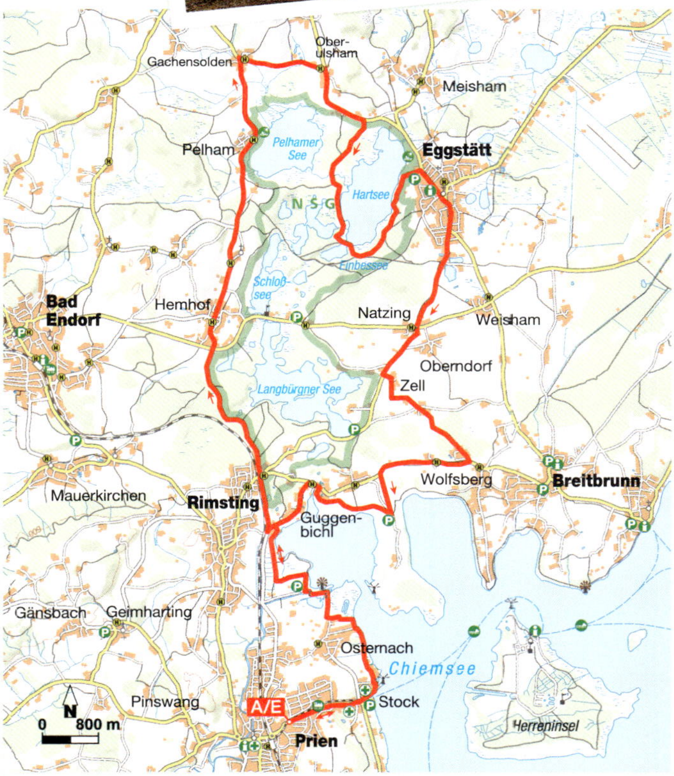

E-Bike-Ladestation
Prien: Vor der Tourist Info,
Rimsting: Strandkiosk

Einkehr
Auf halber Strecke liegt das Hartseestüberl, besonders gegen Ende der Tour bei Prien stoßen wir auf viele Räucherfisch-Biergärten und Gasthäuser.

Information
Tourismusbüro Prien,
www.prien.de

12 Von Breitbrunn nach Chieming

Chiemsee-Rundfahrt zweiter Teil

Leicht

2 Std.

20 km

20 Hm

Das ist der zweite Streckenabschnitt auf dem Chiemseeradweg. Mit guter Kondition oder mit dem E-Bike lassen lassen sich natürlich auch beide Abschnitte auf einmal schaffen. Ansonsten gibt es auch eine schöne Rückfahrt durch das Hinterland.

Höhenweg nach Gstadt Wir beginnen unsere Radtour am kleinen Dorfweiher unterhalb der Breitbrunner Kirche und folgen der Hauptstraße am Gasthaus Zur Post vorbei. Gleich danach biegen wir links in die Seestraße ein, die uns leicht bergab in den Ortsteil Mühln bringt. Wer möchte, kann geradeaus zum See hinunterradeln und dort am kleinen Jachthafen links auf den Seerundweg einbiegen. Sehr schön ist es aber, bereits vor den Häusern nach links zu radeln, um auf

Bequem ist der Radweg beim Landgasthof Schalchen und seiner Kapelle.

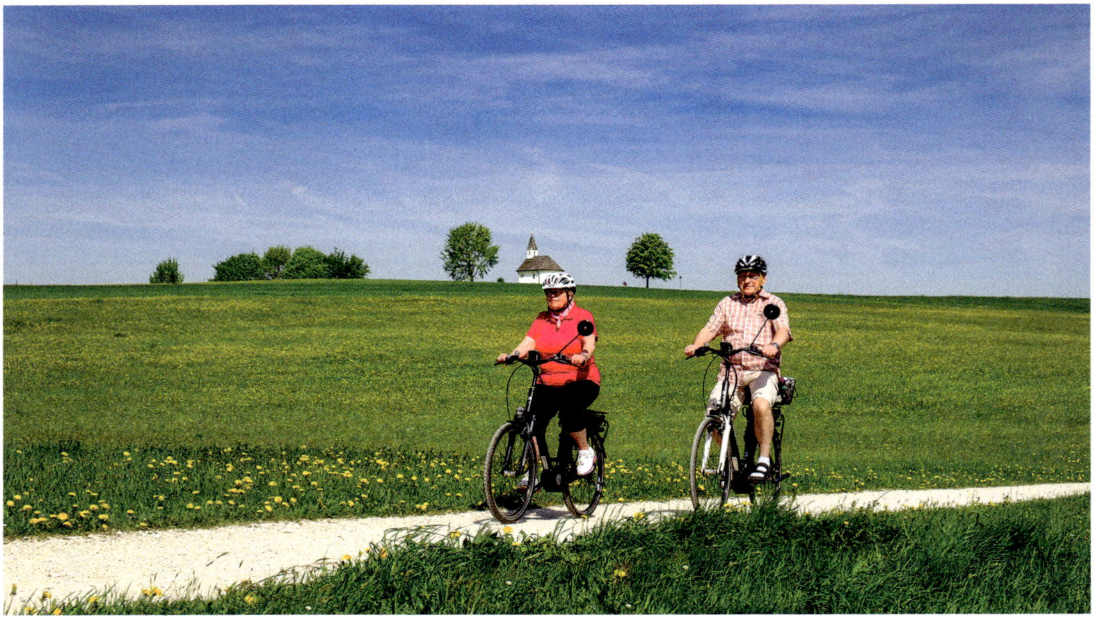

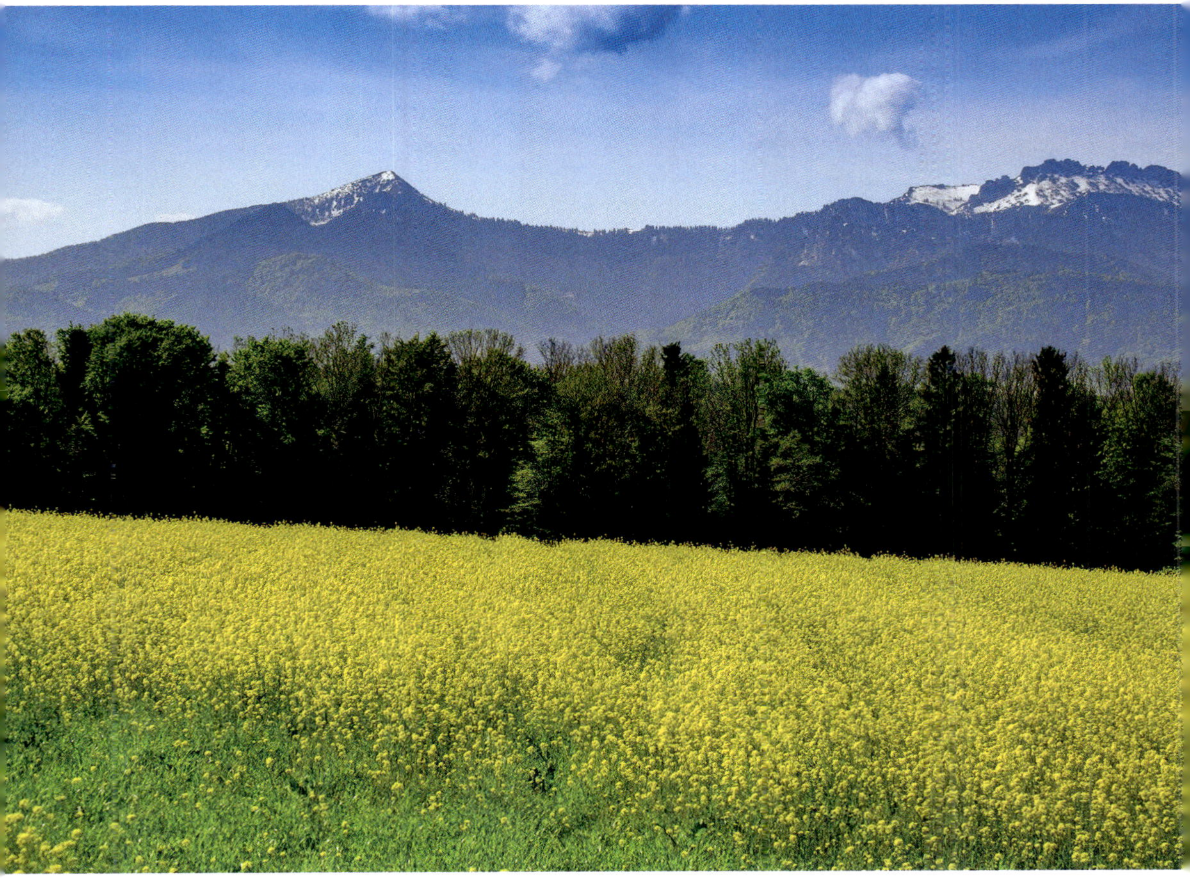

Die Kampenwand grüßt hinter dem Rapsfeld bei Weingarten.

dem Plötzinger Höhenweg nach Gstadt zu gelangen. Dafür müssen wir zwar wieder etwas bergauf strampeln, werden aber mit einer sehr schönen Aussicht belohnt. Vorbei am Gut Weingarten, wo wir uns links halten, geht es über Aisching schließlich bergab nach Gstadt.

Uferfreuden Ab jetzt gibt der See die Richtung vor. Man kann sich eigentlich nicht mehr verfahren. Freuen wir uns über die abwechslungsreiche Radstrecke, die mal mehr und mal weniger nah entlang des Chiemsees führt. Im Sommer kann es mitunter zwischen den Schilfflächen ganz schön heiß werden. Gut, dass Badestellen für Abkühlung sorgen. Vorbei am Landgasthof Schalchen mit seiner netten Kapelle geht es durch Gollenhausen und weiter nach Seebruck, wo die Schilf-

Chiemsee-Umrundung

Wir lieben die Chiemsee-Umrundung und bevorzugen, über das nördliche Ufer zu radeln. So erlebt man den schönsten Streckenabschnitt als Erstes. Das ist wichtig, falls man die Runde doch nicht schafft und mithilfe der Chiemseeschifffahrt (Achtung, nur begrenze Anzahl an Rädern werden transportiert) oder mit dem Bus »Chiemseeringlinie« (nur Pfingsten bis Oktober) vorzeitig den Rückweg antreten muss. Wichtig ist nur, sich einen Tag unter der Woche auszusuchen, denn ansonsten ist von der Idylle aufgrund der Menschenmassen nicht viel zu spüren.

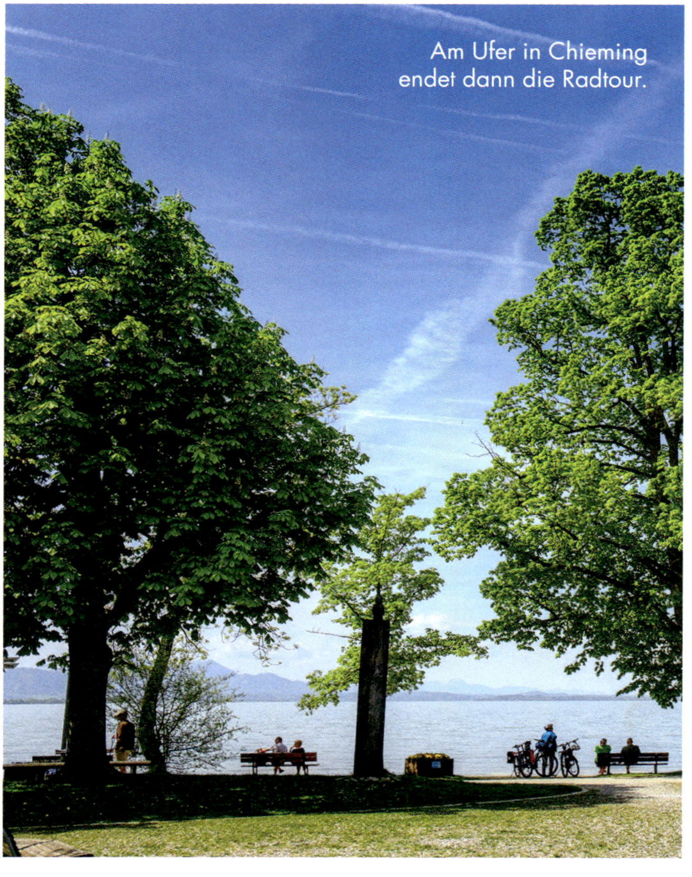

Am Ufer in Chieming endet dann die Radtour.

zone sich schon ganz schön weit ausdehnt. In Seebruck gibt es natürlich auch viel zu sehen (siehe Tour 13). Dort überqueren wir die Alz, werden kurz vor der Uferpromenade in die zweite Reihe umgeleitet, aber nach dem Campingplatz hat uns der See wieder. Vorbei an Rene´s Café wendet sich der Weg dann bei Schützing ins Landesinnere. Nach der einsam stehenden Kirche St. Johann erreichen wir Stöttham und schließlich das gar nicht so kleine Chieming. Am besten folgt man hier der Beschilderung zum Dampfersteg, von dem aus wir bequem die Rückfahrt antreten können.

Variante Wer möchte, kann die Rückfahrt sehr abwechslungsreich durch das Hinterland antreten. Streckenverlauf: Chieming – Egerer – Tabing – Truchtlaching, dort Richtung Seeon, aber dann links nach Ischl – Heimhilgen, und dann immer geradeaus durch den Wald nach Fembach und Stetten.
Zunächst entlang der Via Julia geht es dann links über Preinersdorf und Mooshappen zurück nach Breitbrunn (25 km, 350 Hm).

Wichtiges zur Tour

Ausgangspunkt
Breitbrunn, Dorfweiher

Endpunkt
Chieming

Anfahrt
GPS-Koordinaten: 47.8894, 12.3999
Auto: Von München auf der A 8 Richtung Salzburg, Ausfahrt Prien/Bernau. Über Prien und Rimsting nach Breitbrunn. Einige wenige Parkplätze gleich zu Ortsbeginn. Man kann auch gegen Gebühr direkt in Gstadt parken. In Stock gibt es gebührenpflichtige Parkplätze. **Bahn:** Prien liegt an der Zugstrecke München–Salzburg. Weiter mit dem Ringbus, er transportiert auch Räder bis Breitbrunn.

Tourencharakter
Eine einfache, kurze und fast eben Streckentour. Die Rückfahrt erfolgt mit dem Schiff oder wie als Variante beschrieben. Im Sommer Badesachen nicht vergessen!

E-Bike-Ladestation
Gstadt: Strandbad Hofanger, Seebruck: Tourist-Info, Chieming: am Minigolfplatz beim Radverleih oder »Tourme Radverleih«, aber beide nur zu Öffnungszeiten

Einkehr
Unterwegs treffen wir auf jede Menge Biergärten, Strandcafés und Restaurants, viele davon liegen direkt am See, z. B. Restaurant Malerwinkel, Rene's Café in Arlaching, Haus am See am Dampfersteg in Chieming.

Information
Tourist-Info Chieming, www.chieming.de, www.chiemsee-schifffahrt.de

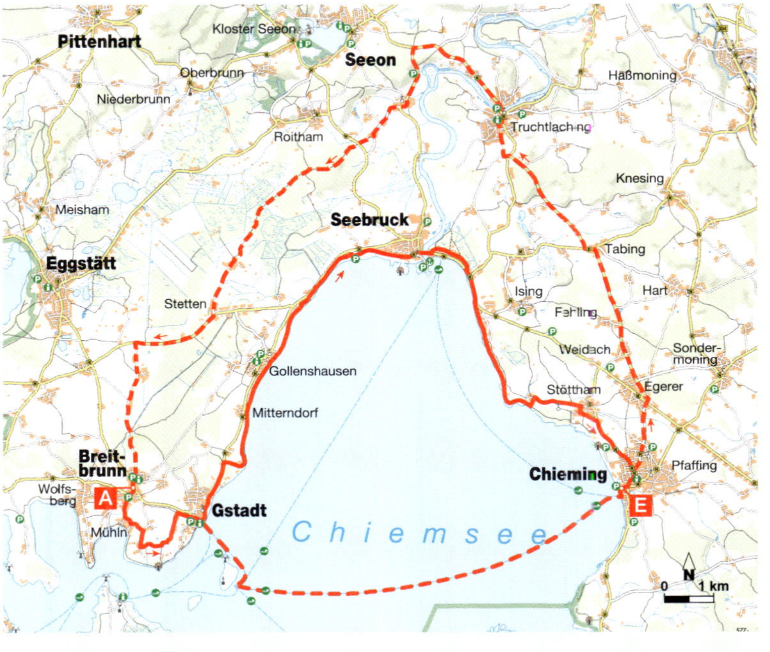

13 Rund um Seebruck

Auf den Spuren unserer Urahnen

Leicht

2:30 Std.

21 km

200 Hm

Wir radeln durch lichte Wälder und kleine Moore, entlang von Bächen und schließlich am Ufer der Alz in weitem Bogen um Seebruck herum. Unterwegs erfahren wir, wie unsere Vorfahren, die Kelten und Römer, vor zwei Jahrtausenden gelebt haben.

Der Steinbock führt Der Weg, er heißt offiziell »Archäologischer Rundweg Bedaium« beginnt am Römermuseum Bedaium gegenüber der Pfarrkirche von Seebruck. Die Rund-

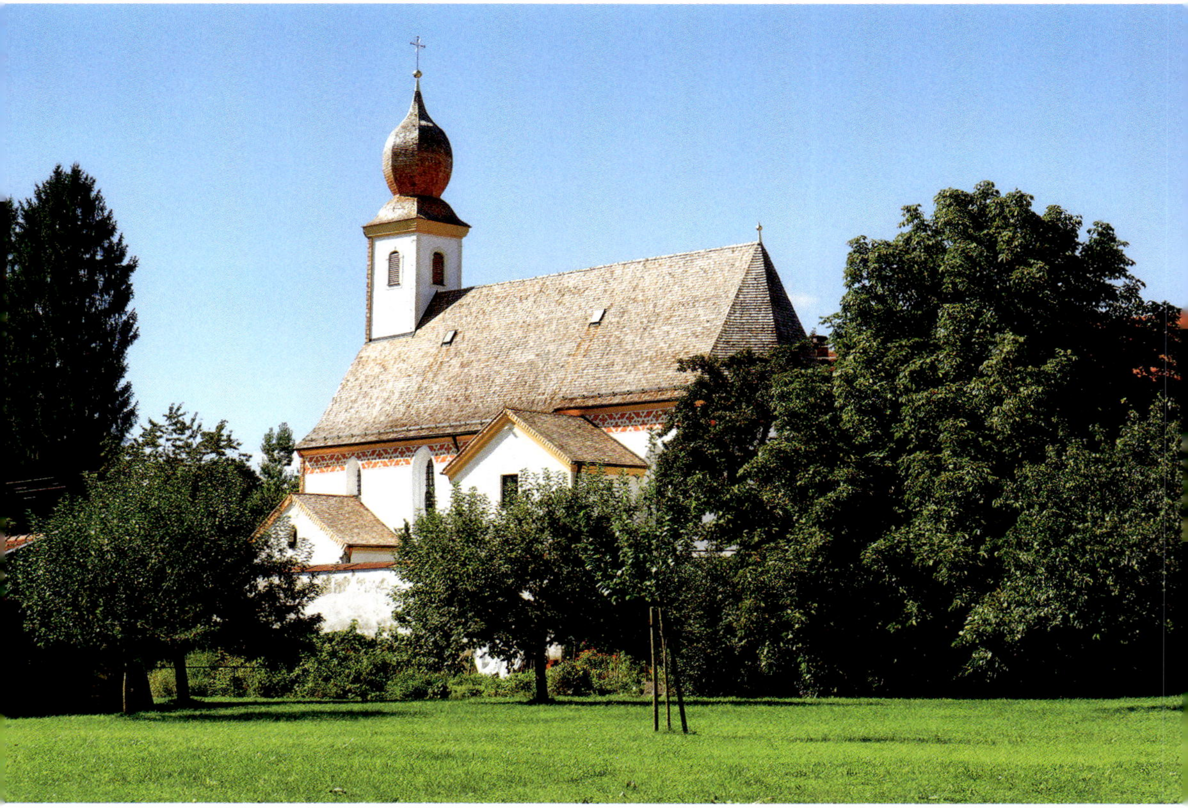

tour kann man in zwei Richtungen fahren. Wir haben uns für die Fahrt im Uhrzeigersinn entschlossen, weil sie so auf der alten Römerstraße beginnt. Unser Weg ist vorbildlich mit einem stilisierten Steinbock ausgeschildert, den man bei Ausgrabungen als Legionszeichen in Seebruck gefunden hat. Gleich zu Beginn der Tour fallen uns massive Steinmauern auf, die zwar gut in den Dorfplatz integriert sind, aber dennoch in ihrer Masse übertrieben erscheinen. Es sind die Reste des römischen Kastells, die bei einer Ausgrabung gefunden wurden. Man kann sich gut vorstellen, wie sehr diese Mauern die Menschen damals beeindruckt haben. Schließlich kannten sie nur ihre Häuser aus Holz, die wir heute mehr als Hütten denn als Häuser bezeichnen würden.

Wir radeln zunächst vom Römermuseum aus ein kurzes Stück die Römerstraße entlang, die tatsächlich immer noch dem Verlauf der römischen Fernstraße folgt. Schon nach wenigen Metern finden wir links eine überdachte Ausgrabung. Das sind die Reste einer Räucherkammer, in der zu Römerzeiten in großem Stil Fisch und wohl auch Fleisch geräuchert wurde. Die »Fabrik« versorgte sich selbst mit Wasser. Ein mit Holzfässern ausgekleideter Brunnenschacht reichte bis ins Grundwasser. Die Originalfässer sind inzwischen im Museum geborgen. Ein Stück weiter sehen wir, wie aufwendig römische Straßen gebaut waren. Mit dieser Konstruktion konnten auch Moore durchquert werden. Kein Wunder, dass solche Straßen wenigstens als Feldweg bis heute genutzt werden.

Immer noch auf der Römerstraße unterwegs überqueren wir die Landstraße und erreichen Burgham. Hier steht eine neu renovierte Hofkapelle aus dem Jahr 1840. Über dem Eingang schaut ein Fresko mit dem Auge Gottes zu uns herunter. Die vom Zentrum des Bildes ausgehenden Strahlen zeigen in alle Richtungen. Sie sollen die Vorbeigehenden daran erinnern, dass Gott alles auf der Welt sieht.

Erfrischender Abstecher

Für einen Badestopp lohnt es sich, im Ortsteil Graben zunächst noch etwas nach links am Chiemseeufer entlangzufahren. Nach wenigen Metern erreichen wir einen großen Strandabschnitt, an dem der See zum Baden frei zugänglich ist.

Linke Seite: In die alte Kirche St. Martin in Ischl können wir einen Blick werfen.

Der Weg führt jetzt durch den Wald und dann über Felder ans Ufer der Ischler Ache und weiter den Fluss entlang auf Ischl zu. Wir biegen nach Norden ab und fahren dann für einen Abstecher auf einem Feldweg rechts leicht abwärts Richtung Alz. Am Ende des Weges ist ein Gräberfeld aus der Zeit um 700 n. Chr. zu sehen. Geschützt von Plexiglas liegen in einem geöffneten Grab ein Skelett und die Grabbeigaben eines bajuwarischen Kriegers. Natürlich sind das nur Nachbildungen, doch das tut der Begeisterung keinen Abbruch. Die Originale finden wir in Seebruck im Museum.
Den Feldweg zurück folgen wir der Straße, überqueren die Straße, die von Truchtlaching nach Seeon führt, und kommen kurz darauf zu keltischen Grabhügel aus der Hallstattzeit (750–500 v. Chr.). Der Hügel ist geöffnet, das Prunkgefäß, das man hier gefunden hat, ist ebenfalls im Römermuseum Bedaium zu bestaunen.

Seebruck

Der nördlichste Ort am Chiemsee ist an der Stelle entstanden, an der die Alz aus dem See fließt. Ins Licht der Geschichte tritt Seebruck als Bedaium, ein römischer Stützpunkt auf der Fernstraße von Salzburg nach Augsburg. Im 5. Jh. brach das römische Reich zusammen und dann erfahren wir erst wieder 924 von Seebruck. Eine Urkunde erzählt, dass es damals unter der Herrschaft des Klosters Frauenchiemsee stand. Heute ist der Ort ein wichtiges Zentrum für den Segelsport am See. Einen Blick zurück in die Geschichte erlaubt uns das Römermuseum Bedaium. Es ergänzt unsere Radtour, weil hier viele Fundstücke im Original zu sehen sind, die wir auf der Rundtour nur als Nachbildung betrachten konnten.

Zu den Kelten Wir folgen weiter der Steinbock-Beschilderung, kommen bald nach rechts und treffen schließlich auf die Alz, der wir ein Stück nach Süden zum malerischen Ort Truchtlaching folgen. Das wunderschön naturbelassene Freibad verlockt zu einer Abfrischung im Fluss, der Neuwirt gegenüber mit dem herrlichen Biergarten und traumhaft feinen Fischgerichten aus heimischen Gewässern ist auch nicht zu verachten.
Weiter geht es auf der Südseite der Alz. Wir nehmen die Westenstraße, die gegenüber der Kirche beginnt, und fahren auf ihr aus dem Dorf. Die Straße wird zum Feldweg, macht

eine Rechtskurve und dann sofort eine Linkskurve. Knapp 200 Meter danach biegt bei zwei Stadeln links ein Weg ab, der leicht bergauf in einen Wald führt. Er verzweigt sich, wir halten uns links und stehen nach 200 Metern vor dem Tor der

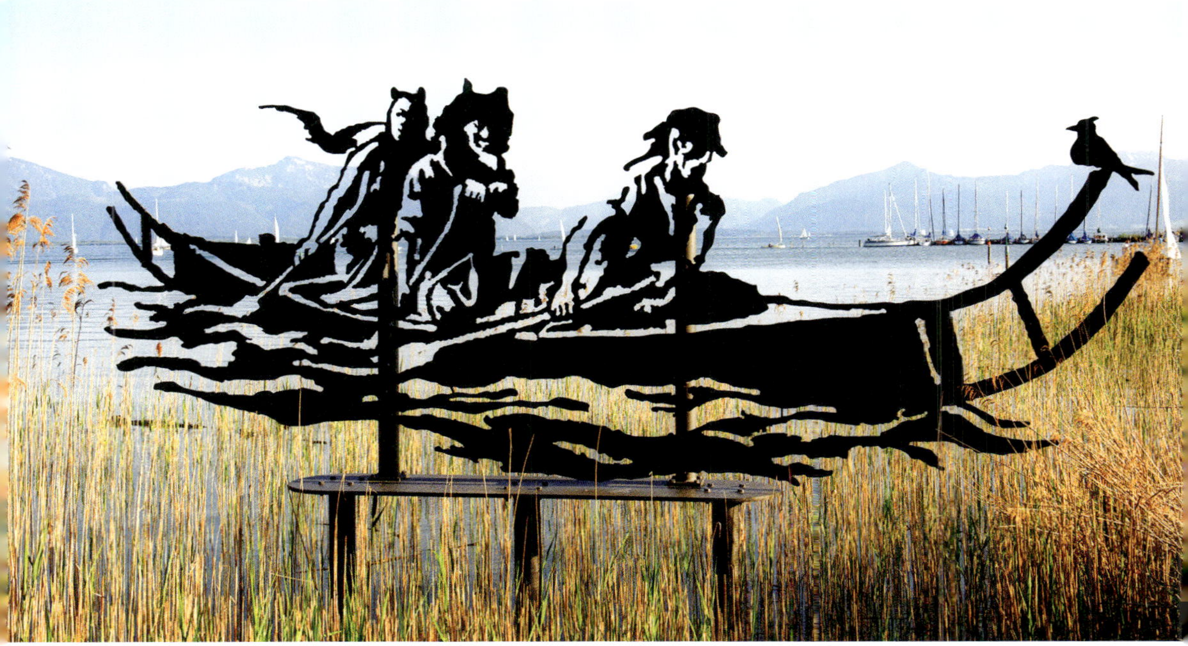

Das Keltenschiff am Ufer in Seebruck

Keltenschanze. Dieses Tor sichert den Zugang zu einer 90 mal 85 Meter großen ebenen Fläche, die eine Wallgrabenanlage rundum abgrenzt. Solche befestigten Anlagen gibt es viele, vor allem im süddeutschen Raum. Im 19. Jh. hielt man sie für römische Befestigungen, dann erkannte man ihren keltischen Ursprung. Zuerst meinte man, es sei eine Art Tempel gewesen, während man heute eher annimmt, dass es sich um befestigte Gutshöfe handelt, um die herum eine Siedlung lag. Vergleichbar mit einer Anlage, wie sie über 1000 Jahre später als Burg mit Dorf oder Stadt entstanden ist.
Wir fahren vom Eingang der Schanze aus weiter und kommen an den Rand von Truchtlaching bei einem Neubaugebiet zurück. Durch die Hochöder Straße geht es weiter nach Stöffling. Hier hat man einen keltischen Bauernhof mit seinen Nebengebäuden nachgebaut, so, wie es sich die Historiker

und Archäologen heute vorstellen. Ob das nun ganz genau der Wirklichkeit entspricht, spielt hier keine Rolle. Aber die Anlage vermittelt uns einen guten Eindruck davon, wie man damals wohl gelebt hat.
Weiter geht es durch die Dorfmitte von Stöffling zur Alz und dann im Ortsteil Graben bei Seebruck nach links zum römi-

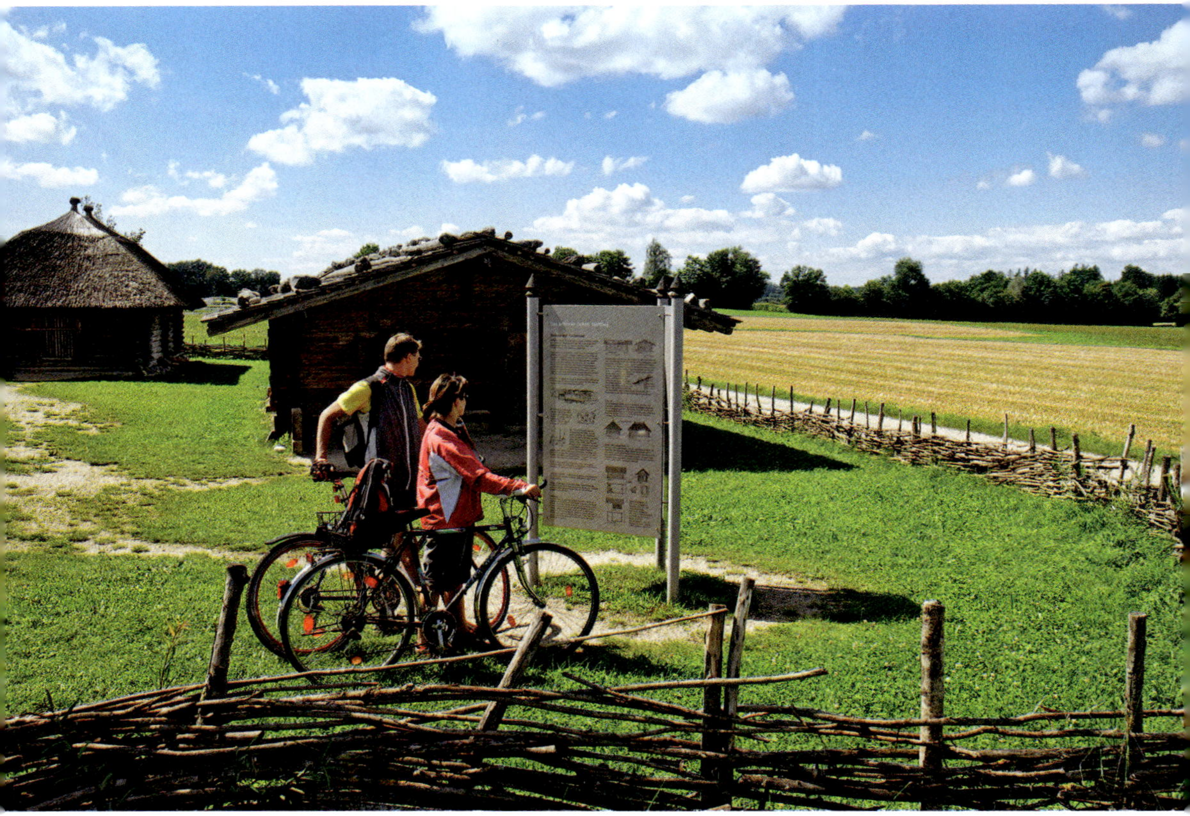

Überall auf dem Rundweg gibt es viele interessante Stationen, die uns einen Blick in die Vergangenheit erlauben.

Rechte Seite: Herz-Jesu- und Herz-Marien-Kapelle in Burgham

schen Gräberfeld (Abkürzung zur Alzbrücke möglich). Es stammt aus den ersten Jahrhunderten nach der Zeitenwende und war den römischen Bestimmungen nach außerhalb der Siedlung Bedaium errichtet worden. Jetzt fahren wir am Chiemseeufer entlang zur Ortsmitte zurück und können von einem kleinen Park aus noch das keltische Plankenboot bewundern, das von dem Künstler Walter Angerer dem Jüngeren am Seeufer aufgestellt wurde. Über die Alzbrücke erreichen wir wieder den Ausgangspunkt unserer Tour.

Wichtiges zur Tour

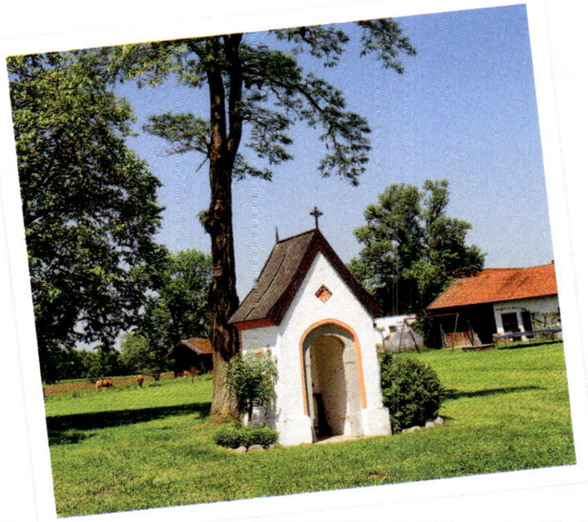

Ausgangs-/Endpunkt
Seebruck, Römermuseum Bedaium bei der Pfarrkirche

Anfahrt
GPS-Koordinaten: 47.9335, 12.4769
Auto: Von München auf der A 8 Richtung Salzburg, Ausfahrt Grabenstätt. Über Chieming zur St 2095, dort links nach Seebruck. Parkplätze vor der Alzbrücke

Tourencharakter
Fast ebene Rundtour mit viel Schatten auf ruhigen Nebenstraßen bzw. Radwegen, zum Teil auch ungeteerten Feld- und Forstwegen; Baden in Truchtlaching und im Chiemsee möglich

E-Bike-Ladestation
Seebruck, Tourist-Info

Einkehr
Zwei Gaststätten in Truchtlaching, mehrere Gaststätten in Seebruck

Information
Tourist-Info Seebruck,
www.seeon-seebruck.de

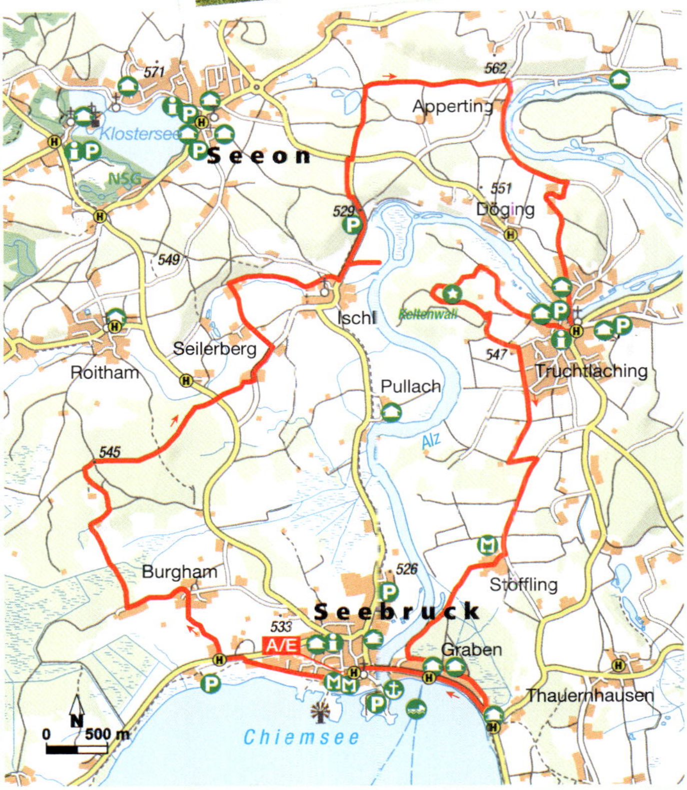

14 Vom Chiemsee nach Waging und Traunstein

Zum wärmsten See Oberbayerns

- Mittel
- 4:30 Std.
- 50 km
- 400 Hm

Auf dieser Radtour pendeln wir zwischen Chiemsee und Waginger See durch das hügelige östliche Chiemgau. Wenn uns auch die vielen Moränenhügel etwas Mühe machen, so modellieren sie doch die Landschaft, die dadurch ungemein lebendig wirkt.

Nach Waging Wir starten in Chieming am Dampfersteg der Chiemseeschifffahrt, fahren am Restaurant »Haus am See« vorbei und dann auf der Straße Markstatt vor zur Hauptstraße. An dieser Stelle erweitert sich die Hauptstraße zu einem kleinen Platz und wendet sich vom See weg. Links

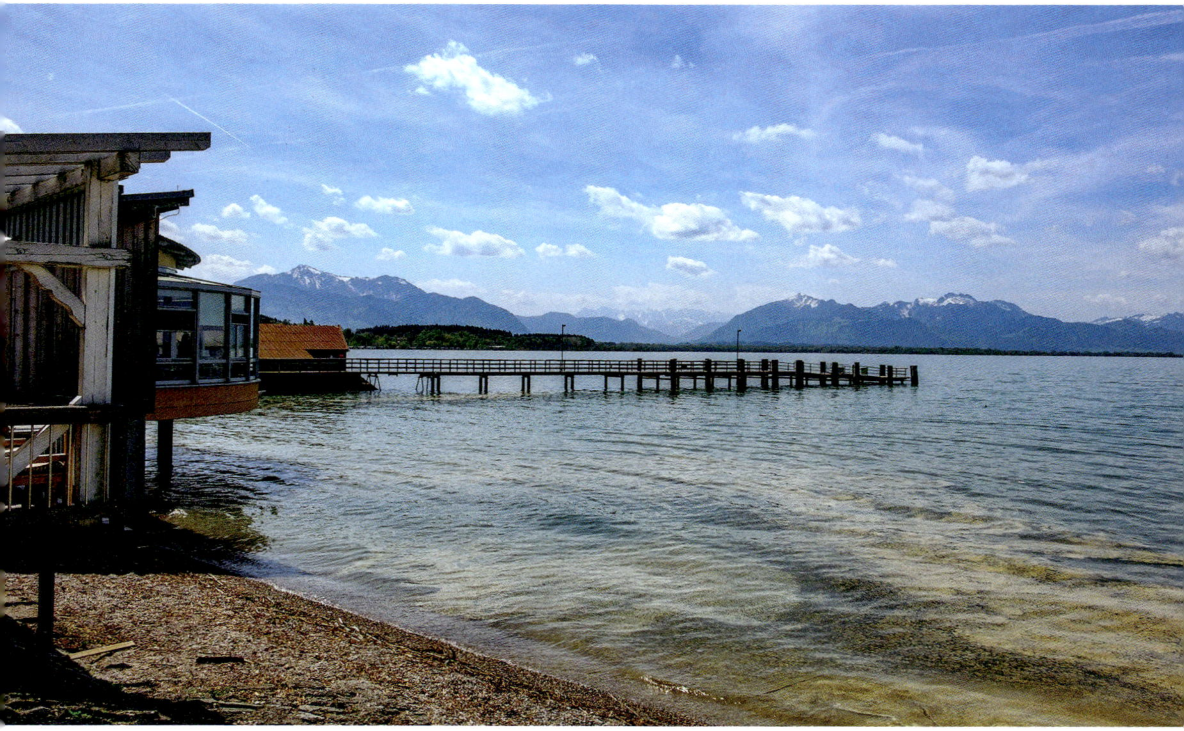

zweigt die Stötthamer Straße ab, auf dieser erreichen wir die Josef-Heigenmooser-Straße, wo wir der Radwegbeschilderung nach Egerer an den Sportstätten und an der Schule vorbei folgen. Eine Unterführung bringt uns auf die andere Seite der Hauptstraße. Jetzt folgen wir den Schildern »Waginger See« und biegen von der Truchtlachinger Straße kurz darauf rechts in die Sondermoninger Straße ein. In Sondermoning (die Kirche ist sehenswert!) fahren wir durch die Harter Straße zur Chieminger Straße und wenden uns knapp 600 Meter nach Ortsende nach rechts Richtung Nußdorf. Dort führen uns die Schilder »Waginger See« um den Ortskern herum zur B 304 und unter der Bahntrasse durch weiter nach Aiging. Wir überqueren die Traun und erreichen über Kaltenbach und Neuhausen Kammer. Von dort aus fahren wir geradewegs nach Otting, dort kurz nach rechts, an der Kirche vorbei und dann links über Plosau nach Waging. Durch die Bahnhofstraße und die Wilhelm-Scharnow-Straße geht es zur Umgehungsstraße (Unterführung). Von hier aus können wir kurz nach links fahren und beim Kurhaus zur Abkühlung in den Waginger See springen.

Sundowner am Chiemsee

Zum Ausklang des Tages kann man sich am südlichen Ende des Strandbades in Chieming in das Restaurant Sonnendeck setzen. Entweder mit Selbstbedienung direkt am Strand oder mit Service im Lokal. Wunderschön sind hier die Sonnenuntergänge am Wasser.

Benediktweg Nach dem Bad geht es zu der Stelle zurück, an der wir auf die Umgehungsstraße gestoßen sind und dann noch etwa 200 Meter weiter zum Haslacher Weg. Wir fahren nach rechts und biegen dann links Richtung Haslach ab. Das ist bis Traunstein der Benediktweg; sein Symbol, die Mitra und der Bischofsstab, wird uns bis Traunstein begleiten. Dem Weg folgen wir über Haslach und Untermosen nach St. Leonhard am Wonneberg. Im Ort geht es links in die Pater-Bernhard-Straße und dann den Benediktschildern folgend nach Lauter. Dort radeln wir rechts, immer an der Bahn entlang, nach Traunstein. Wir queren die Bahnstrecke nach

In Chieming kann man nicht nur gut im Chiemsee baden, sondern auch sehr gut in den Uferrestaurants einkehren.

Waging, fahren durch die Ortsteile Hufschlag und Ettendorf und dann, nach der Ettendorfer Kirche, den Berg abwärts und über die Traun auf der Gasstraße zur Altstadt. In der Altstadt können wir eine kräftigende Mittagspause einlegen. Hier bietet die Stadt noch ein kleines Zuckerl für uns Radfahrer. Wenn wir, noch unten auf Flussniveau, auf die Schützenstraße stoßen, führt, etwas nach links versetzt, ein schmaler Weg durch einen Torbogen zur Mühlenstraße. Wir fahren sie nach rechts entlang, dann sehen wir an der langen Hallerstiege, wie hoch die Altstadt über dem Fluss liegt. Aber dort gibt es einen Aufzug, der uns samt Fahrrad auf das Niveau der Altstadt bringt.

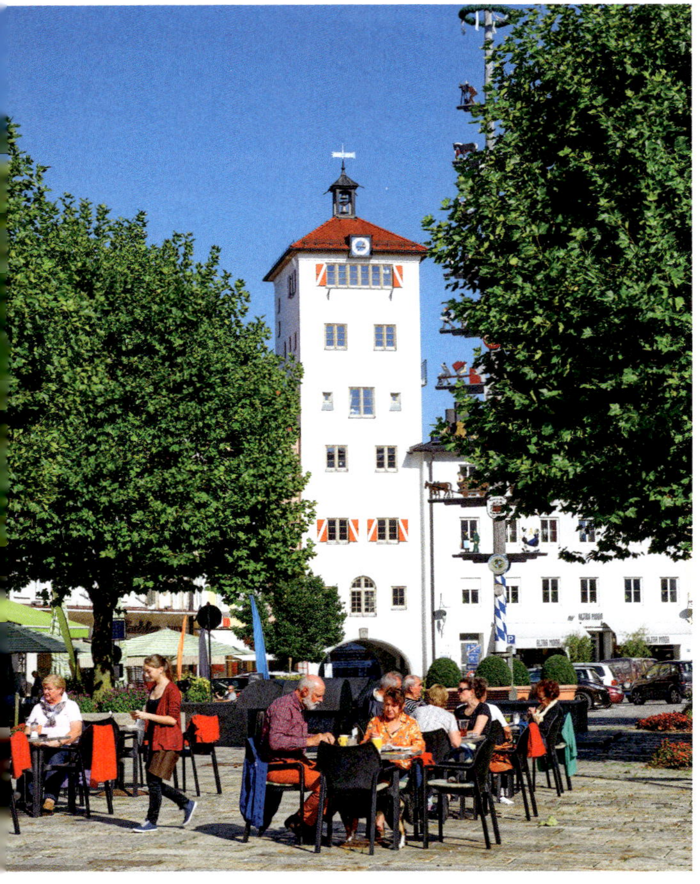

Der Stadtplatz von Traunstein ist das Herz der Altstadt.

Wieder zum Chiemsee Am Stadtplatz von Traunstein beginnt die letzte Etappe unserer Fahrt. Wir radeln an der Pfarrkirche und am Brothausturm vorbei in die Bahnhofstraße, biegen vor dem Bahnhof links ab, unterqueren die Bahn und fahren auf der Äußeren Rosenheimer Straße zur Bahnbrücke. Wir überqueren sie und dann geht es sofort links in die Chiemseestraße. Ab hier gibt es wieder einen Radweg. Er bringt uns, nachdem wir die Hauptstraße durch eine Unterführung gequert haben, nach Erlstätt zur Traunsteiner Straße. An der Pfarrkirche vorbei fahren wir über die Raiffeisen- und Innerlohener Straße Richtung Grabenstätt. In Oberhochstätt geht es dann rechts nach Chieming zurück. Nach ca. eineinhalb Kilometern verzweigt sich die Straße, links abwärts kommt man direkt beim Freibad an den Chiemsee und weiter zu unserem Ausgangspunkt zurück.

Wichtiges zur Tour

Ausgangs-/Endpunkt
Chieming, Dampfersteg der Chiemsee-Schiffe

Anfahrt
GPS-Koordinaten: 47.8890, 12.5321
Auto: Von München auf der A 8 Richtung Salzburg, Ausfahrt Grabenstätt, weiter nach Chieming. Zwei Parkplätze am Ortseingang beim Fahrradverleih, ganztägig gegen Gebühr. **Bahn:** Mit dem Zug nach Traunstein und von dort die Tour beginnen oder von München nach Prien und weiter mit dem Bus »Chiemseeringlinie« nach Chieming

Tourencharakter
Schöne, aber wegen der vielen Hügel etwas anstrengende Rundtour auf Radwegen oder wenig befahrenen Nebenstraßen

E-Bike-Ladestation
Chieming: Bäckerei Stumhofer, Hauptstraße 27, Traunstein: Stadtplatz 39, Tourist-Info

Einkehr
Zahlreiche Gaststätten am Weg, vor allem in Waging und Traunstein. Ein Tipp für einen sehr guten Italiener: Pasta Arte am Taubenmarkt in Traunstein. Für Liebhaber der bayerischen Küche: Gasthof Schnitzlbaumer am oberen Ende des Aufzuges in der Traunsteiner Altstadt

Information
Tourist-Info Chieming, www.chieming.de

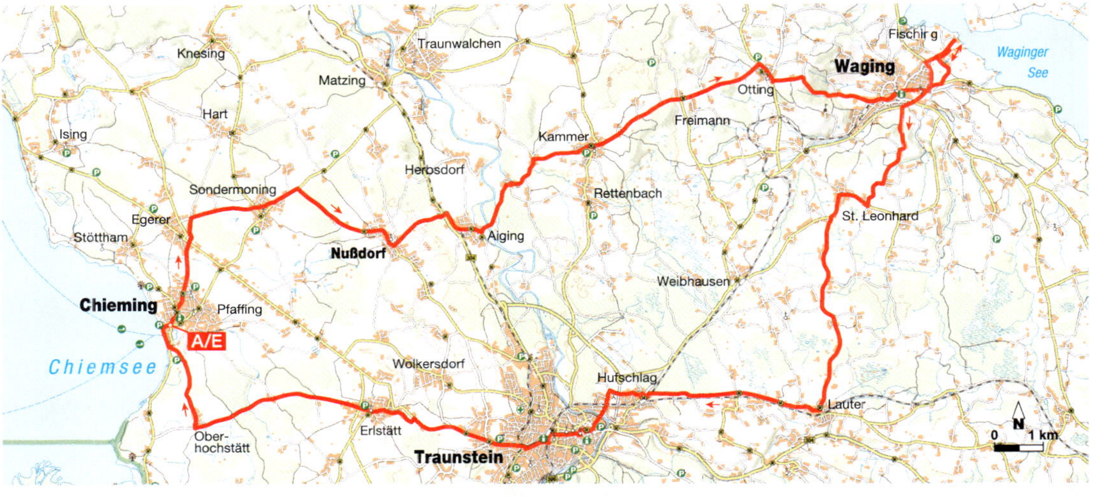

15 Über die Hügel zwischen Grabenstätt und Traunstein

Von Kapelle zu Kapelle

Mittel

3:30 Std.

32 km

360 Hm

Von Kapelle zu Kapelle radeln wir durch das Chiemgauer Hügelland nach Traunstein, dessen schöne Altstadt wir besichtigen können. Viele kostbare Kleinode, wie alte Wegkreuze und hübsche Bauernhäuser, aber auch weite Aussichten machen diese Radtour zu etwas ganz Besonderem.

Nach Traunstein Vom Marktplatz in Grabenstätt fahren wir auf der Hauptstraße und dann auf der Chieminger Straße nach Norden. Wir überqueren am Ortsrand die Straße Richtung Traunstein und biegen ein Stück später rechts nach Hirschau ein. In der Dorfmitte steht die erste unserer Kapellen, die sich heute wie Perlen an einer Schnur reihen. Wir biegen rechts ab, fahren über die Felder und erreichen eine Wegverzweigung, die durch ein Wegkreuz und einen Baum markiert ist. Wiederum rechts radeln wir weiter nach Marwang. Wir überqueren die Umgehungsstraße und stoßen auf die Alte Dorfstraße, der wir in Fahrtrichtung folgen. Bei der Kreuzung in der Ortsmitte weist uns ein Schild nach rechts zur Loretokapelle, die nur 100 Meter entfernt auf einer Wiese steht. Sie entpuppt sich als kleine Kirche mit wertvollen Votivtafeln. Zurück an der Dorfstraße fahren wir weiter zur nächsten Kreuzung und dann links zur Umgehungsstraße. Ihr folgen wir rechts auf dem Radweg, verlassen sie aber nach gut einem Kilometer nach rechts, um uns die Kapelle in Brodeich anzusehen. Der Bau im Stil der Neugotik ist innen reich ausgestattet. Auf einem etwas groben Feldweg geht es wieder an die Autostraße, wir überqueren sie und radeln durch Tettenmoos, bis sich die Straße ein Stück später bei einem Stadel verzweigt. Nach rechts kommen wir nach Erlstätt, wo uns die Raiffeisenstraße zur Pfarrkirche St. Peter und Paul bringt. Vor der Kirche halten wir uns links und folgen der Bergener Straße. Sie macht vor einem Bauernhof einen Links-rechts-Knick und erreicht dann über die Felder bei einer Lourdeskapelle die Staatsstraße, die von Rosenheim nach Traunstein führt. Dem Radweg folgen wir nach rechts. Er erleichtert uns den Anstieg, die Höhenmeter sind nötigenfalls zu schieben. Kurz nach dem

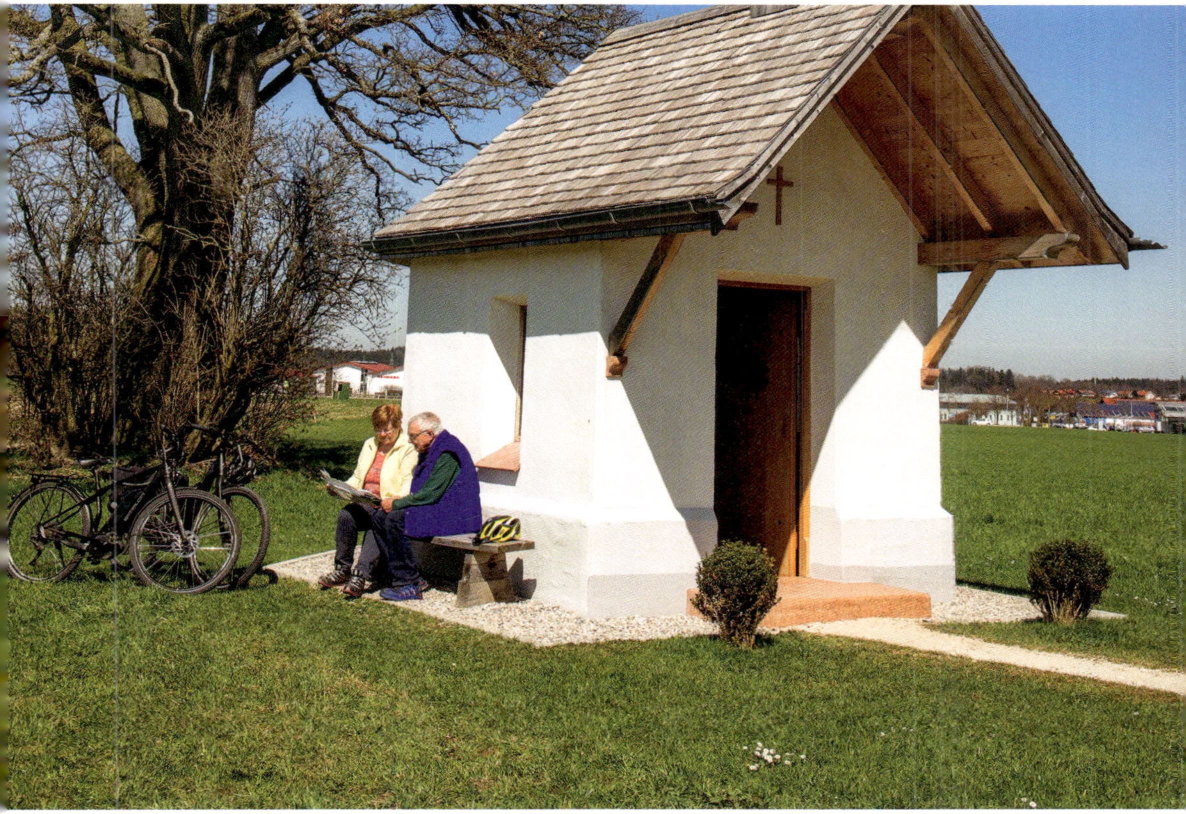

Die Marienkapelle in Einham

Ortsrand von Traunstein winkt auf der linken Seite der Straße die Gaststätte Angerbauer Hof mit einem schönen Wirtsgarten. Nach der Rast entscheiden wir uns, ob wir einen Besuch in der sehenswerten Altstadt von Traunstein anhängen (siehe Tour 20, der Weg ist ausgeschildert, hin und zurück zusätzlich 4 km) oder gleich mit der Radtour fortfahren.

Mehr Kapellen Für die Weiterfahrt biegen wir schräg gegenüber der Gastwirtschaft und vor der großen Agentur für Arbeit in die Einhamer Straße ab. Sie führt aus dem Ortsbereich heraus zu einer Kapelle, in der eine Muttergottes von den

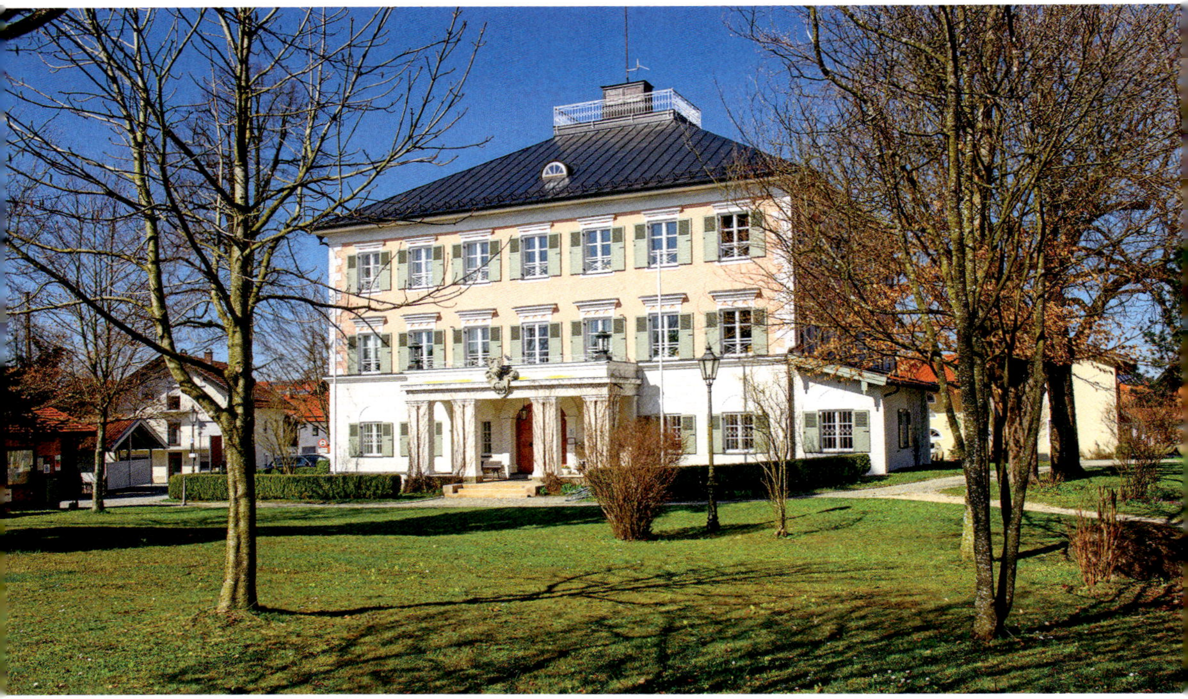

Das Grabenstätter Rathaus liegt im Hofmarkschloss.

Rechte Seite: Wörglhamer Marienkapelle

Heiligen Josef und Notburga begleitet wird. Hier folgen wir nicht dem Linksknick der Straße, sondern bleiben geradeaus bis zum Waldrand und fahren dort nach links zum Ort Einham. In der Dorfmitte geht es nach rechts abwärts über Neuling zur Straße Vachendorf–Erlstätt, die wir etwas nach links versetzt überqueren. Dann finden wir zwischen Wörglham und Hiensdorf die Wörglhamer Marienkapelle zwischen zwei Kastanienbäumen und einer alten Eiche. In Hiensdorf biegen wir links ab und fahren bergab zum Grabenstätter Mühlbach mit seinem Gedenkkreuz neben der Brücke. An der T-Kreuzung biegen wir wieder links ab und kommen an eine zweite T-Gabelung, von der aus wir rechts nach Einharting zur Kirche St. Margaretha fahren. Sie prunkt mit einem prachtvollen Barockaltar, ihre Mauern gehen bis ins 12. Jh. zurück. In Geiselprechting, dem nächsten Ort, biegen wir rechts ab und kommen über Eckering nach Zeiering, wo wieder eine Kapelle im Stil der Neugotik den Weg schmückt. Auf der Autostraße geht es jetzt nach Grabenstätt zurück und wir erreichen hinter dem Schloss den Marktplatz, unseren Ausgangspunkt.

Wichtiges zur Tour

Ausgangs-/Endpunkt
Grabenstätt, Marktplatz

Anfahrt
GPS-Koordinaten: 47.8435, 12.5421
Auto: Von München auf der A 8 Richtung Salzburg, Ausfahrt Grabenstätt, freie Parkplätze um den Marktplatz. **Bahn:** Von München über Rosenheim nach Traunstein und dort die Tour beginnen

Tourencharakter
Eine Tour durch das hügelige Voralpenland auf Radwegen, Nebenstraßen mit wenig Verkehr und Feldwegen. Badesachen nicht vergessen, sowohl beim Hinweg als beim Rückweg kommen wir nahe am Tüttensee vorbei, er lässt sich mit einem Abstecher besuchen.

E-Bike-Ladestation
Traunstein: Stadtplatz 39, Tourist-Info, Grabenstätt: Schlossstraße

Einkehr
Grabenstätt: Grabenstätter Hof am Marktplatz. Traunstein: Zahlreiche Gaststätten im Ortszentrum, direkt am Weg der Gasthof Angerbauer Hof in der Chiemseestraße kurz vor unserer Abzweigung in die Einhamer Straße

Information
Tourist-Info Grabenstätt, www.grabenstaett.de

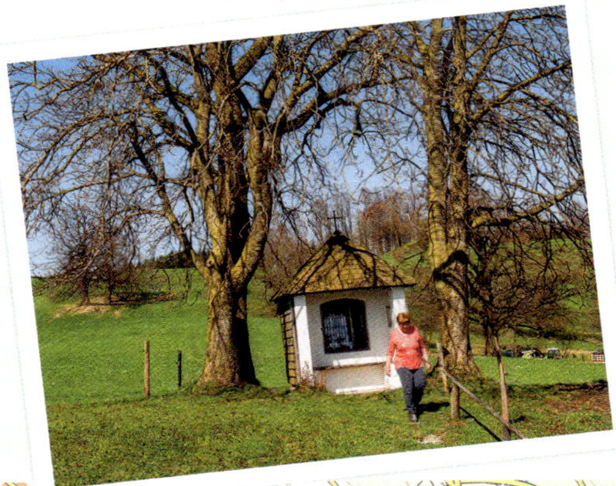

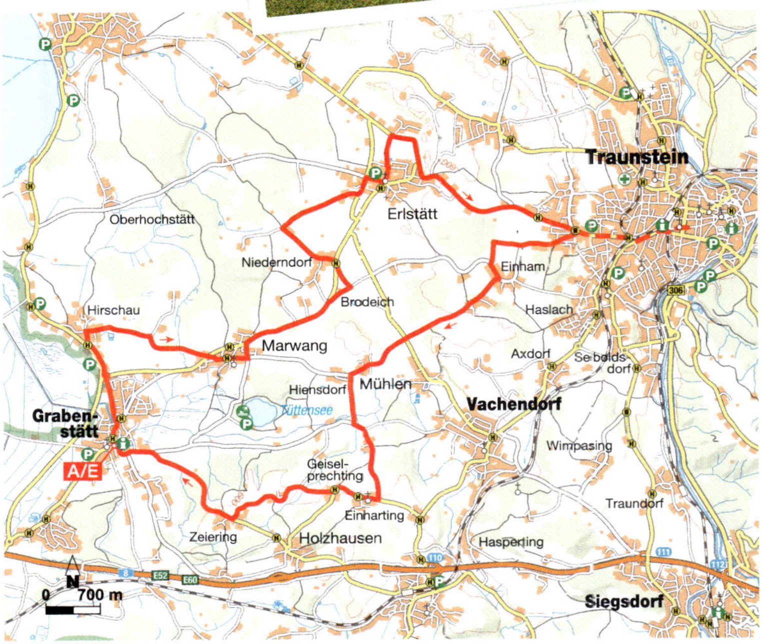

16 Von Grabenstätt ins Bergener Moos

Zwischen Moor, Vogelschau und Bergblick

Leicht

2:30 Std.

29 km

200 Hm

Immer wieder lassen sich im Chiemgau neue Winkel entdecken, die so schön sind, dass man gerne auch ein zweites Mal dorthin fährt. So überraschen heute der Tüttensee und das Bergener Moos; aber auch die Hirschauer Bucht mit ihrer Vogelwarte ist eine Reise wert.

Zum Tüttensee Wir starten am Schloss von Grabenstätt und radeln zunächst in südlicher Richtung, dabei folgen wir der Linkskurve aus dem Ort hinaus. Unser Radweg verläuft neben der Autostraße, endet jedoch wenige Meter später an der Straßengabelung zum Tüttensee. Hier halten wir uns links und kurz darauf erneut links, und so stoßen wir kurze Zeit später auf den Parkplatz am Tüttensee. Für eine Einkehr in die Seewirtschaft ist es noch zu früh, also umrunden wir den

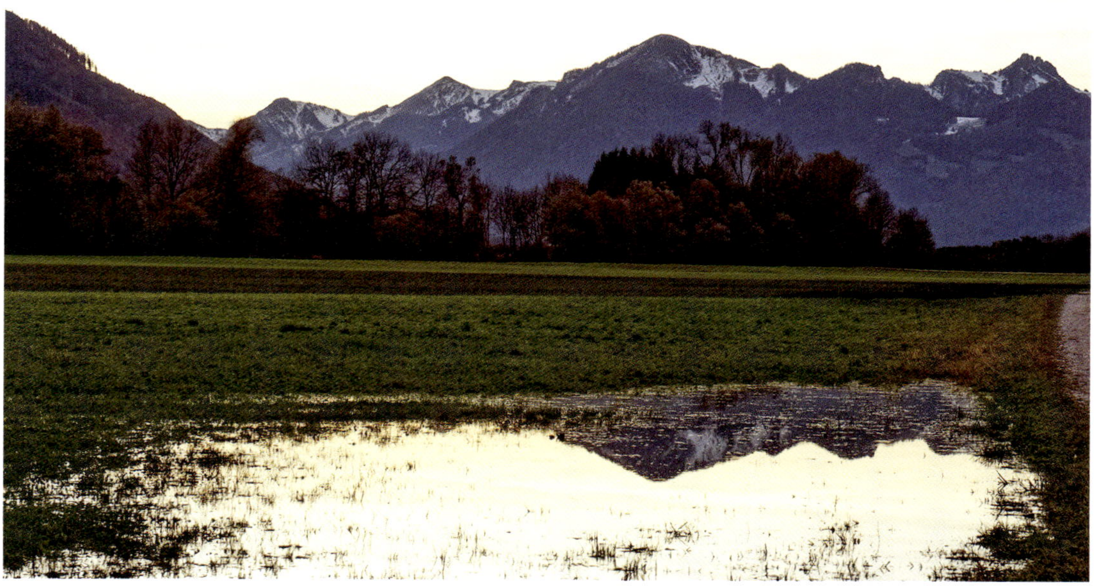

Feuchte Wiesen im Bergener Moos

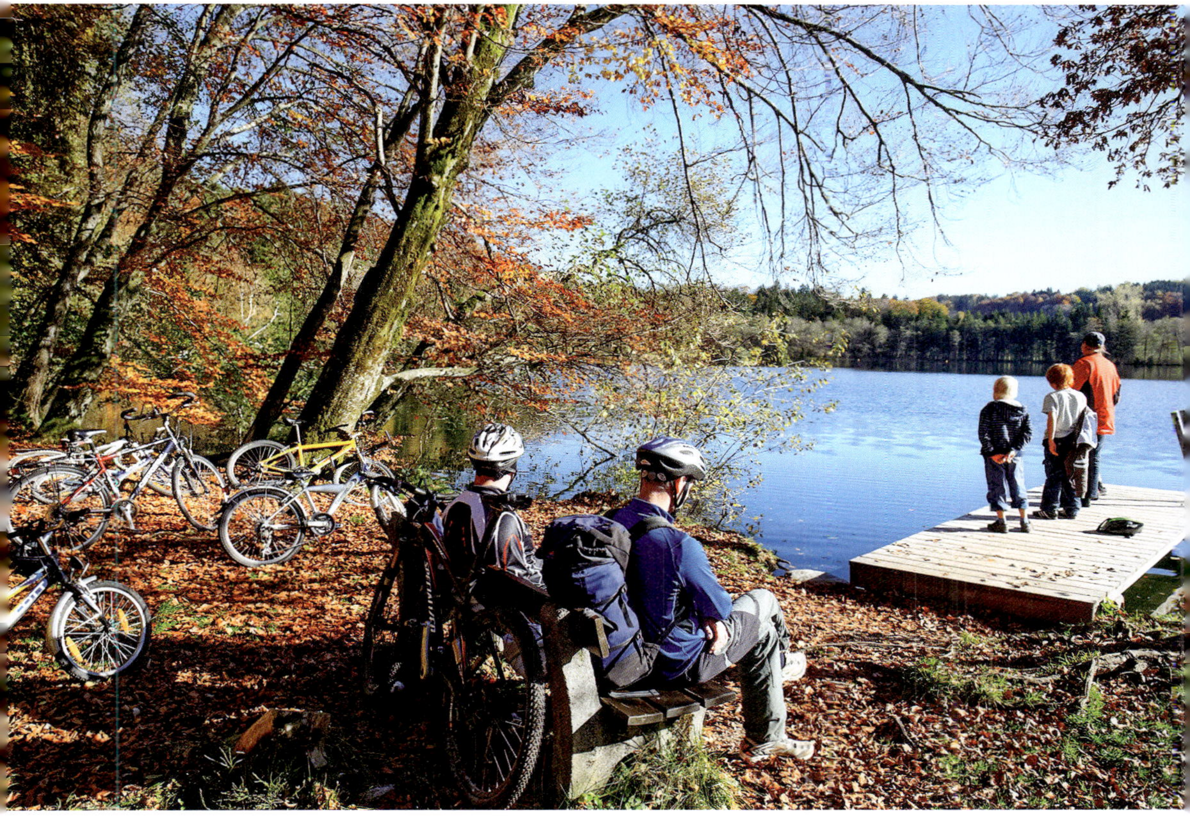

Am Tüttensee

See in Wassernähe und im Uhrzeigersinn. An seinem östlichen Ende überqueren wir noch den kleinen Bachlauf, halten uns dann aber am Waldrand links. An der nächsten Weggabelung mit Rastbank radeln wir rechts in den kleinen Weiler Mühlbach.

Bergen liegt an den Bergen Hier mündet unser Weg in eine kleine geteerte Straße, der wir nach links folgen. Nun müssen wir etwas in die Pedale treten, um die einzige wirkliche Steigung dieses Tages zu bewältigen. Mit etwas Kraft schaffen wir das auch ohne zu schieben. Und schon kurz hinter Wipfing haben wir es dann geschafft. Wir kommen nach Einharting, biegen für 200 Meter nach rechts und dann gleich links in den kleinen Weg, der zwischen den Bauernhäusern hindurchführt. An einer Pferdekoppel vorbei sind wir wieder auf einem Feldweg über Wiesen unterwegs. Nach einem kurzen Waldstück stoßen wir auf eine Nebenstraße, auf der wir links nach Holzhausen kommen. Hier biegen wir links in die Hauptstraße ein und radeln bergab, aber nicht zu schnell, denn nach wenigen Metern geht es rechts in die Kaltenbrunnerstraße. Unter der Autobahn hindurch fahren wir zunächst geradeaus in den malerischen Wald hinein. Kaum haben wir einige Fischweiher passiert, unterqueren wir die Eisenbahn und halten uns unmittelbar nach der Unterführung links. An der nächsten Hauptstraße geht es erneut nach links und schon sind wir auf einem herrlichen Panoramaweg, der uns in südlicher Richtung weite Aussicht auf Bergen und den Hochfelln bietet. Stets neben der Bahn bleibend sind wir bald in Bernhaupten. In die Hauptstraße biegen wir rechts ein, dann halten wir uns erneut etwas rechts und gelangen auf den ausgeschilderten Radweg nach Bergen. Flott sausen wir hinunter ins Talbecken und stehen, alle Abzweigungen ignorierend, kurz darauf im Ort Bergen, der – wie könnte es auch anders sein – am Fuße der Berge liegt. Nun ist Zeit für eine Einkehr oder für die Besichtigung des Museums Maxhütte.

Museum Maxhütte

Im Jahr 1562 wurde in Bergen die Maxhütte gegründet, um das im nahen Eisenärzt gewonnene Erz zu verhütten. 1881 wurde die Verhüttung wegen Unrentabilität eingestellt, die Hütte wurde zu einer Gießerei für Gusseisen. Seit 2002 kann man die Hütte besichtigen, das Museum Maxhütte informiert ausführlich über die vorindustrielle Eisengewinnung. Geöffnet vom 1. Mai bis 3. Oktober täglich außer Mo 10–16 Uhr, Führungen nach Anmeldung (Tel. 08662/83 21) möglich.

Durch das Bergener Moos Für die Rückfahrt radeln wir zunächst aus der Ortsmitte von Bergen ein Stück auf bekanntem Weg zurück und biegen dann links in den Schwimmbadweg. Zunächst radeln wir an den Tennisplätzen und dem Schwimmbad vorbei und kommen zur Kläranlage. Hier geht es nach links und gleich wieder nach rechts, dann sind wir endlich im wunderschönen Bergener Moos. Die Aussicht ist einmalig und unser sanfter, ebener Streckenabschnitt, der sich am Verlauf der weißen Ache orientiert, könnte gerne für viele

Kilometer so weiter gehen. Zum Glück gibt es einige Rastbänke, sodass wir genügend Zeit haben, das Panorama mit Hochfelln und Kampenwand zu bewundern. Unser Weg endet an einer kleinen T-Kreuzung. Hier müssen wir rechts und gleich wieder links und folgen nun der Hauptstraße. Über Buch erreichen wir Schneereut. Wir folgen links der Beschilderung zum Tierheim nach Stadeln. Das kleine Gut mit den vielen Tiergehegen umfahren wir in einem großen Bogen nach rechts entlang der Eisenbahnschienen. An der Eisenbahnbrücke überqueren wir die Schienen und biegen bei der nächsten Möglichkeit nach links ein. Nun sind wir schon wieder in Sicht- und Hörweite der nahen Autobahn. Wir treffen auf die große Staatsstraße, der wir nach rechts über die Autobahn und über den Kreisverkehr auf dem Radweg folgen.

Chiemseeblick und Vogelglück Wer auf direktem Wege zurück zum Ausgangspunkt möchte, radelt einfach entlang der Straße nach Grabenstätt zurück. Viel schöner ist jedoch

Angeschwemmtes Treibholz in der Hirschauer Bucht bei Grabenstätt

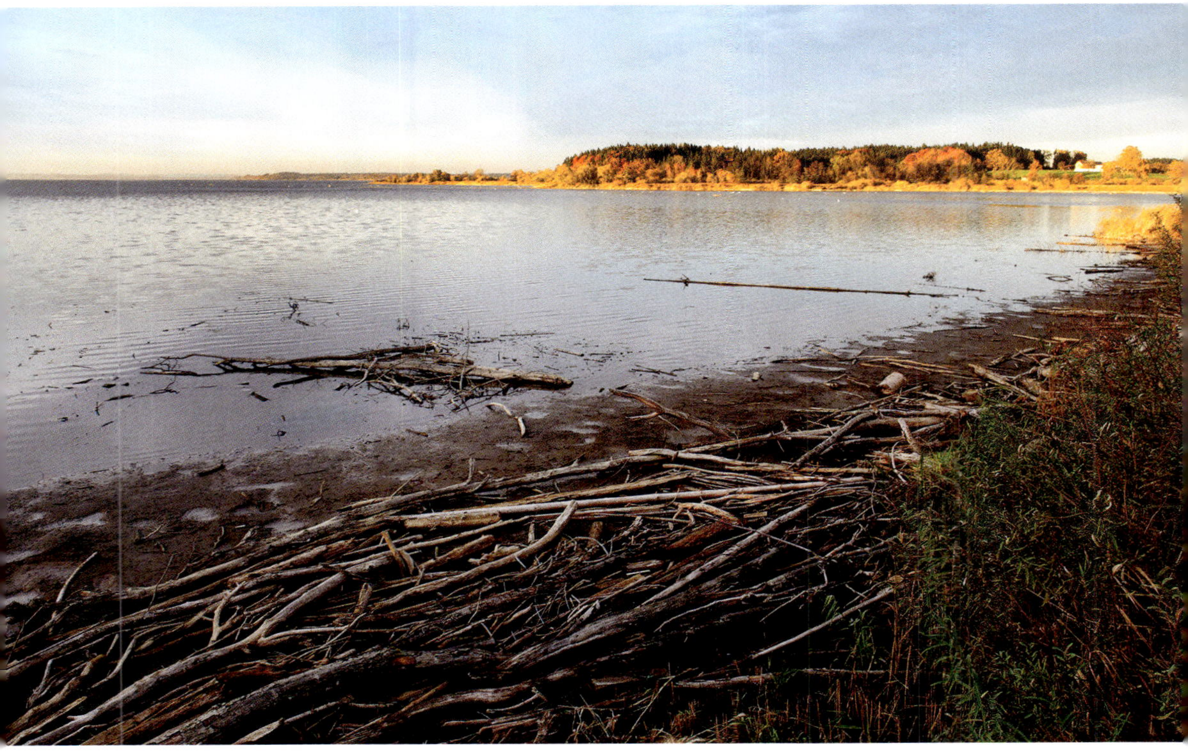

der Kringel entlang des Chiemseerundwegs und über die Hirschauer Bucht. Dafür biegen wir nach dem Kreisverkehr links in den landwirtschaftlichen Weg ein und unterqueren die neue Grabenstätter Umgehungsstraße. Dann erreichen wir geradeaus über die Felder die Dammkrone des Rothgrabens. Wir radeln nach rechts und sind nun auf dem Chiemseeradweg. Stets in nördlicher Richtung kommen wir durch Auenwälder direkt an die Hirschauer Bucht am Chiemsee. Abgesehen vom netten Biergarten der Ausflugsgaststätte Hirschauer Bucht müssen wir wegen der Vogelwarte die Räder hier unbedingt abstellen. Allein der Aussichtsturm ist eine längere Pause wert, denn es gibt kaum eine bessere Stelle, um so viele verschiedene Vogelarten zu sehen.

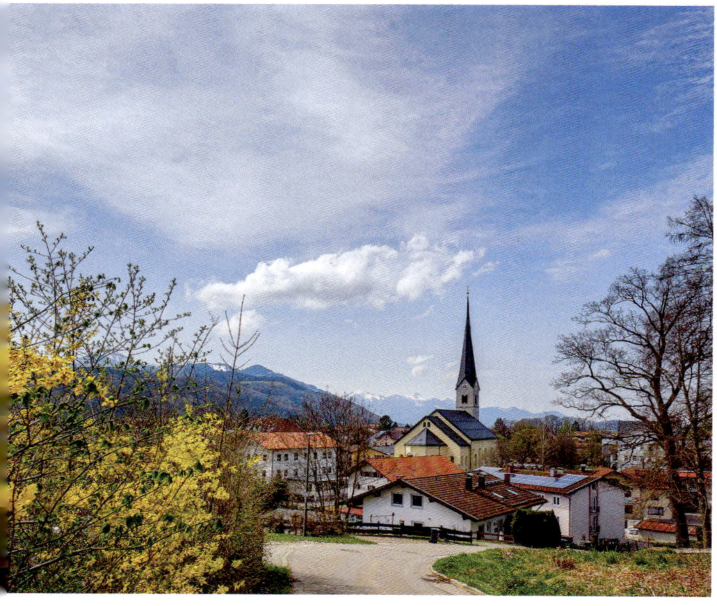

Die Pfarrkirche St. Ägidius in Bergen erhebt sich vor aussichtsreicher Kulisse.

Rechte Seite: Endlose Weite im Bergener Moor

Im oberen Stockwerk ist ein hervorragendes Fernrohr installiert, mit dem man jede Menge Wasser-, Zug- aber auch Raubvögel beobachten kann. Über viele Jahre hinweg waren hier sogar immer wieder einmal Flamingos zu sehen, die wohl aus dem Salzburger Zoo entkommen sind und genug Nahrung in der seichten Bucht finden. Mit etwas Glück stelzen sie immer noch im Chiemseewasser umher.

Für die letzten Kilometer radeln wir nach der Gaststätte noch ein Stück weiter und folgen dann der Beschilderung Richtung Grabenstätt nach rechts entlang eines Bewässerungskanales. Rechts und links unseres Feldweges liegen mehr oder weniger sumpfige Feuchtwiesen, und so gibt es auch hier viel zu entdecken. Mit dem Grabenstätter Kirchturm im Visier ist es dann auch nicht mehr weit. Durch eine Unterführung erreichen wir rechts die ersten Häuser des Ortes. Links durch die Poststraße sind wir dann schnell zurück in der Dorfmitte an unserem Ausgangspunkt.

Wichtiges zur Tour

Ausgangs-/Endpunkt
Grabenstätt, Rathaus/Schloss

Anfahrt
GPS-Koordinaten: 47.8428, 12.5436
Auto: Von München auf der A 8 Richtung Salzburg, Ausfahrt Grabenstätt. Der Beschilderung nach Grabenstätt folgen. Parkplätze finden wir in der Dorfmitte und rund um das Rathaus in der Schlossstraße. **Bahn:** Mit dem Zug nach Bergen und die Tour von dort beginnen

Tourencharakter
Ein einfache Rundtour im leichten Auf und Ab mit einer stärkeren Steigung zu Beginn. Vorwiegend auf kleinen Nebenstraßen, aber auch auf Feld- und Wiesenwegen

E-Bike-Ladestation
Grabenstätt: Vor der Tourist-Info

Einkehr
Unterwegs treffen wir auf einige Wirtshäuser und Biergärten. In Bergen verlockt die Konditorei Café Alpina zur Kalorienaufnahme. Am Ende der Route gibt es die Ausflugsgaststätte Hirschauer Bucht.

Information
Tourist-Info Grabenstätt, www.grabenstaett.de

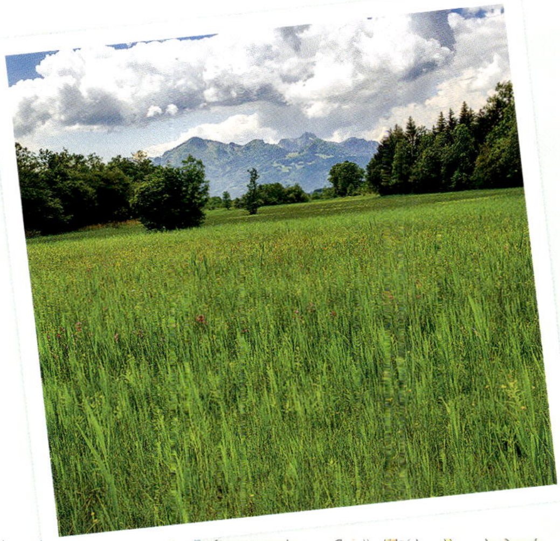

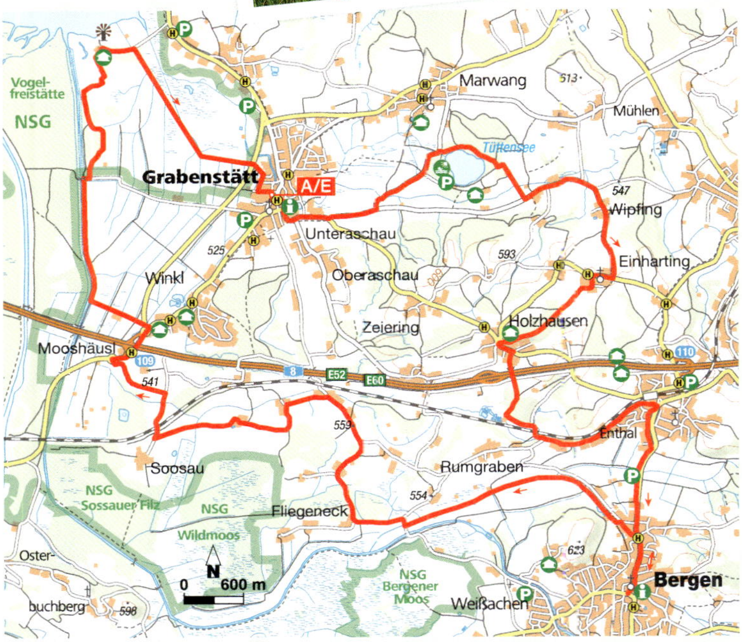

17 Durch die Kendlmühlfilzen

Unterwegs im größten südbayerischen Hochmoor

Leicht

1:30 Std.

17 km

130 Hm

Die Kendlmühlfilzen wird durch die Tiroler Ache in zwei Teile getrennt. Unsere Tour führt durch den westlichen Teil, auf den Westerbuchberg, wo neben dem ganzen Naturspektakel des Hochmoores auch noch ein kulturelles Schmankerl auf uns wartet.

Durch das Moor Vom Parkplatz hinter dem Gasthof zur Post in Grassau fahren wir durch die Moosbachstraße nach Obermoosbach und von dort geradeaus am Moorrundweg in das Moor. Ein Verbotsschild hindert uns daran, geradeaus weiterzufahren. Das ist auch sinnvoll, denn die heutigen Wege waren einst Trassen der Feldbahn, die den Torf von den Abbaustellen zur Verladestation brachte. Die Gleise liegen immer noch halb eingewachsen und damit auch mehr oder weniger sichtbar im Boden und verursachen böse Stürze, wenn wir sie beim Radeln übersehen. Hier kann man das Rad kurz stehen lassen und gut fünf Minuten geradeaus zu einem Aussichtsturm weitergehen, der uns weit in das Moor hineinschauen lässt. Auf der einen Seite des Weges hat es sich bereits wieder regeneriert. Es ist ein kleiner See entstanden, der langsam zuwächst. Auf der anderen Seite sieht man doch deutlich die Spuren der Bagger, die den Torf abgegraben haben. Zu den Rädern zurück biegen wir (von der ursprünglichen Fahrtrichtung aus gesehen) links ab und nach ca. 600 Metern nochmals links. Der Weg führt uns wieder aus dem Moorgebiet heraus, dann rechts Richtung Rottau. Dort, wo er am nächsten an die Fahrstraße herankommt, lädt das nur wenige Meter entfernte Technikmuseum Brunnhaus/Klaushäusl zu einem Besuch ein.

In Rottau fahren wir an der Kirche vorbei und biegen unmittelbar danach rechts in die Hackenstraße ein. Sie bringt uns entlang des Bächleins Rott zum Torfbahnhof. Sein Außenge-

lände ist ganzjährig frei zugänglich, für die Besichtigung der hochinteressanten Innenräume muss man sich einer Führung anschließen, die auch eine Fahrt mit der Feldbahn einschließt (Termine unter www.torfbahnhof-rottau.de).
Vom Torfbahnhof aus nehmen wir den Weg, der direkt durch das Museumsgelände führt. Er wendet sich von der Bahn-

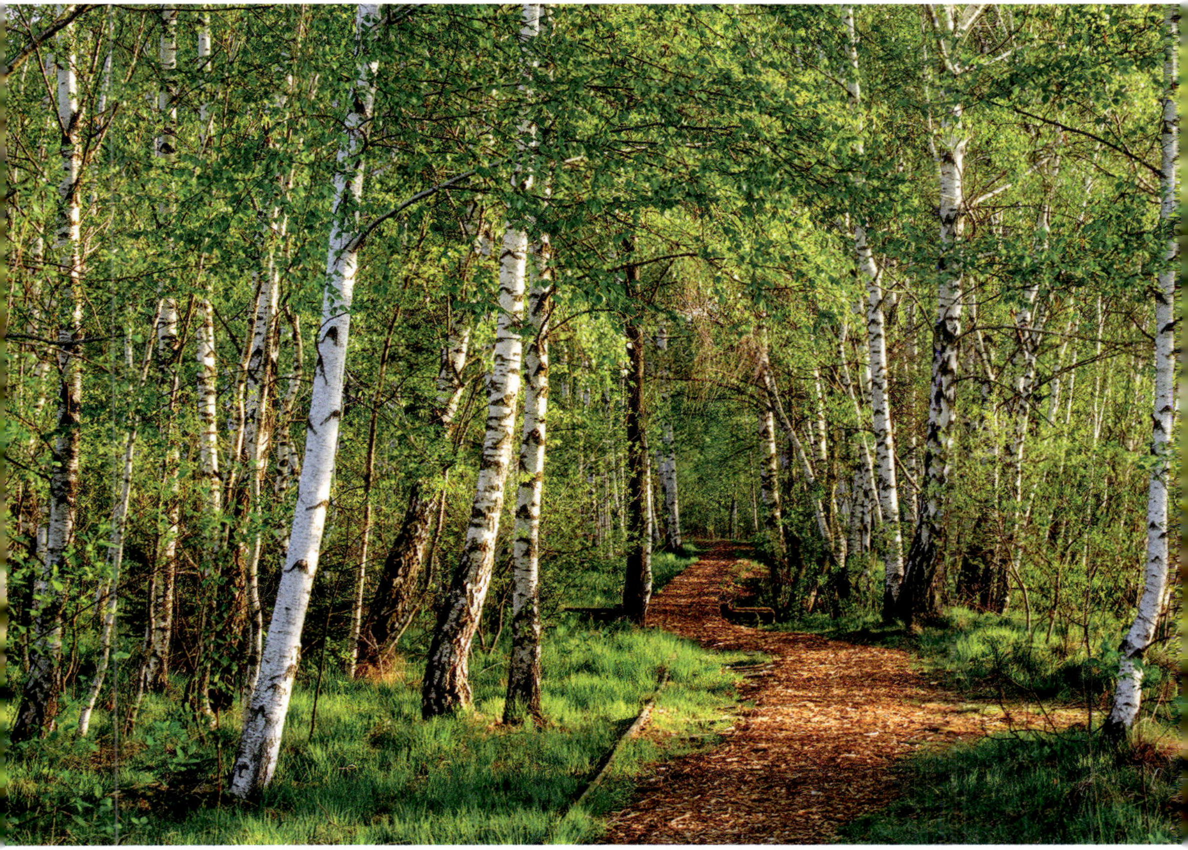

trasse ab, dann passieren wir einen großen Feldstadel mit einer Abzweigung nach links. Wir fahren noch etwa 500 Meter weiter und biegen dann nach links zum Wald hin ab. Vom Waldrand aus führt die Straße im Links-rechts-Knick auf den Bergrücken des Westerbuchbergs. An der Straße oben am Berg wenden wir uns nach rechts, fahren durch eine kleine Mulde mit einer Abzweigung und kommen so direkt in das Dorf Westerbuchberg mit seiner mittelalterlichen Kirche. Ihr

Die Birkenallee bringt uns zum Aussichtsturm, dafür lassen wir die Räder kurz stehen.

Rechte Seite: Birkenallee in der Kendlmühlfilzen

in der späten Gotik nur als Fresko an die Wand gemalter Altar der 14 Nothelfer ist einmalig, genauso wie der Blick über den Friedhof und die Kendlmühlfilzen auf die Kette der nahen Chiemgauer Berge. Hochfelln und Hochgern, die Hochplatte und die Kampenwand stehen uns direkt gegenüber. Über dem Tal der Tiroler Ache glänzen die hellen Kalkwände des Kaisergebirges.

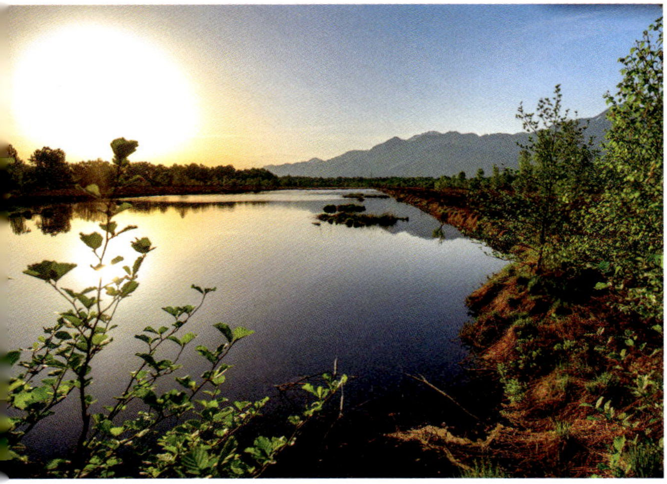

Die offene Wasserfläche mitten im Moor am Aussichtsturm erinnert an die Zeiten des Torfabbaus.

Zurück ins Achental Von der Kirche aus nehmen wir die Straße nach Osten, die sich langsam absenkt, bis sie schließlich unten im Tal auf die Straße trifft, die Übersee mit Grassau verbindet. Wir wenden uns nach rechts und radeln durch Mietenkam und Grafing nach Grassau zurück. Die Straße wendet sich zuerst leicht nach rechts und macht dann eine deutliche Linkskurve. Dort biegen wir rechts in die Marktstraße ein und treffen bei der barocken Pfarrkirche von Grassau auf die Hauptstraße, auf der wir nach rechts zu unserem Ausgangspunkt zurückkommen.

Torfnutzung in der Kendlmühlfilzen

Die Bauern der Umgebung der Kendlmühlfilzen haben immer schon den Torf des Moores als Brennmaterial genutzt. Doch was sie entnommen haben, spielte bei der Menge des Torfes und bei dem jährlichen Zuwachs praktisch keine Rolle. Das änderte sich schlagartig, als man etwa ab der Mitte des 19. Jh. begann, den Torf industriell abzubauen. Im letzten Drittel des 20 Jh. begann ein langsames Umdenken. Die Bevölkerung begriff, dass hier eine einmalige Landschaft unrettbar verloren wäre, wenn der Torfabbau im bisherigen Maßstab weiter betrieben würde. Diese Einsicht hat gesiegt, 1988 erfolgte die Einstellung des Torfabbaus, 1992 wurde die gesamte Fläche unter Naturschutz gestellt. Die Renaturierung hat begonnen, auch auf unserem kurzen Weg durch das Moor sind immer wieder vernässte Flächen sichtbar, auf denen erneut Torf entsteht: gerade einmal 1 mm pro Jahr!

Wichtiges zur Tour

Ausgangs-/Endpunkt
Grassau, Parkplatz Gasthof zur Post

Anfahrt
GPS-Koordinaten: 47.7802, 12.4498
Auto: Von München auf der A 8 Richtung Salzburg, Ausfahrt Feldwies, weiter nach Grassau, Parkplatz hinter dem Gasthof zur Post. **Bahn:** Start am Bahnhof in Übersee möglich

Tourencharakter
Rundtour auf Rad- bzw. Wanderwegen und auf ruhigen Nebenstraßen, wenig Schatten

E-Bike-Ladestation
Grassau: Tourist-Info

Einkehr
Mehrere Gasthäuser und Cafés in Grassau und Mietenkam

Information
Tourist-Info Grassau, www.grassau.de

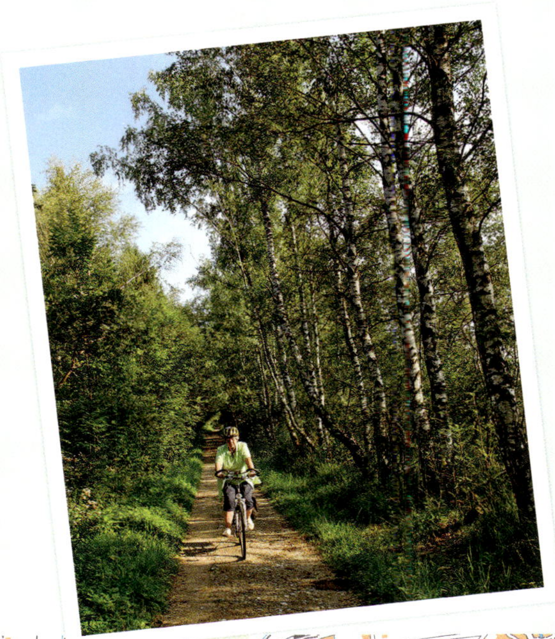

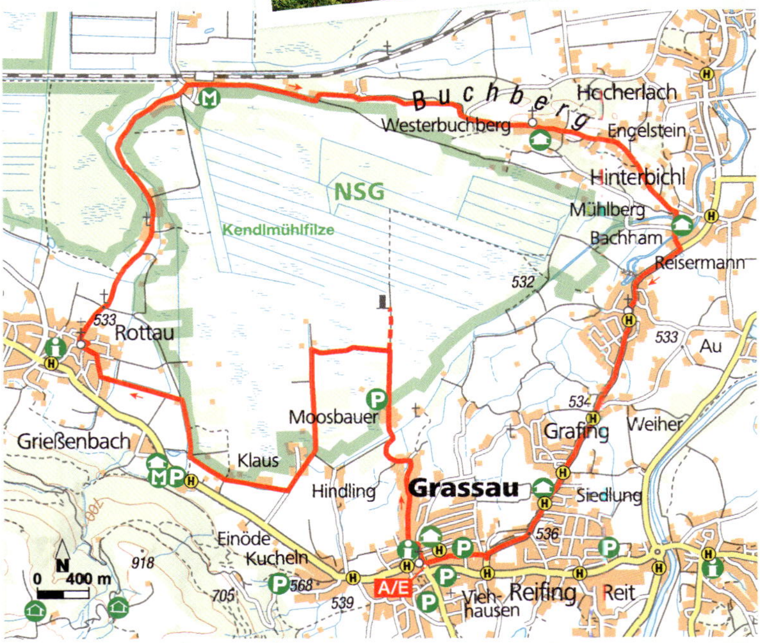

18 Von Grassau nach Schleching

Am Fuße der Berge und über den Achentalradweg

Leicht

2:30 Std.

30 km

280 Hm

Diese Traumtour führt uns ins Achental bis nach Schleching. Immer am Fuße der Berge entlang ist sie besonders abwechslungs- und aussichtsreich. Besonders hervorzuheben sind die wunderbaren Rast- und Badeplätze an der Tiroler Ache – also viel Vergnügen!

Über Piesenhausen nach Raiten Wir starten an der Kirche Mariä Himmelfahrt in Grassau und folgen zunächst der großen Ortsdurchfahrtsstraße, der Rottauer Straße, in westlicher Richtung. Am Ortsende nach der Tankstelle biegen wir links in den nach Piesenhausen/Marquartstein ausgeschilderten Radweg ein. Er führt uns in südlicher Richtung über die Felder nach Piesenhausen. Nach links geht es durch den Ort, der besonders viele schöne alte Bauernhäuser aufweist. Am Ortsende geht es rechts in den Hofweg, der zur Hofkapellenstraße wird. An deren Ende führt uns der Radweg in den Wald und die erste Steigung steht uns bevor. Zum Glück ist es ein schattiger Weg und, versprochen, es gibt heute kaum weitere nennenswerte Steigungen. Im Wald wendet sich der Weg nach rechts und in der Nähe der Hofkapelle wieder nach links. Dann führt er zu einer Autostraße. Dieser folgen wir ein Stück nach rechts und biegen dann links in den Radweg ein, der bereits nach Schleching beschildert ist. Wieder geht es durch Wald und über Wiesen und im Ortsteil Süssen stoßen wir erneut auf die Autostraße, der wir nun nach links folgen. In die nächste Straße, die Emperbichlstraße, biegen wir rechts ein, sie führt uns am Ortsrand von Raiten entlang, wobei wir nach links einen Abstecher zur schön gelegenen Wallfahrtskirche Maria zu den Sieben Linden unternehmen können. Sie ist jedes Jahr an Christi Himmelfahrt Schauplatz einer traditionellen Trachtenwallfahrt, an der viele Chiemgauer teilnehmen.

Zum Bergsteigerdorf Schleching Ansonsten folgen wir einfach weiter dem Radweg, der sich nach den letzten Häusern teilt. Hier halten wir uns links und passieren den einsamen Hof Emperbichl. Dahinter fällt der Weg steil ab, etwas Vorsicht ist geboten! Wir erreichen die B 307 und folgen ihrem Radweg nach rechts. In Mettenham geht es rechts in die Brandstraße und dann links in die Steinbergstraße. Über die Felder kommen wir nach Mühlau, wo wir mit einem Links-rechts-links-Knick den Mühlbach überqueren. Mit schönster Aussicht geht es dann nach Schleching hinunter, wo wir uns zur Rast im Gasthof Zur Post niederlassen können. Und weil es bis hierher so schön war, radeln wir noch ein Stück weiter. So folgen wir in Schleching am Rathaus der Beschilderung nach »Ettenhausen über Wirtschaftswege«. Zwischen Tourist-Info und Musikpavillon geht es zur Schulstraße und schließlich über den Katzbachweg wieder über die Felder. Die Ausblicke lassen keine Wünsche offen, auch wenn der Weg noch einmal ansteigt. Hinter dem einsamen Hof wendet er sich dann nach links und bald geht es über den Alpbach nach Ettenhausen, das am Fuße des Geigelsteins liegt.

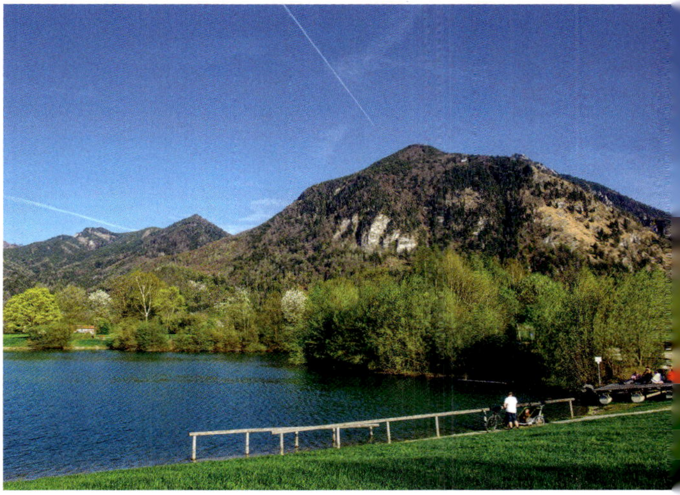

Der Reifinger Weiher ist mit einem Abstecher erreichbar.

Achendamm Nun folgen wir stets der Beschilderung nach »Unterwössen über den Achendamm«. Zunächst radeln wir noch ein bisschen durch Ettenhausen, dann biegen wir links in den Ulmenweg und schon geht es abwärts und in einem großen Bogen über die Felder zur B 307. Diese können wir unterqueren und erreichen so den Achendamm. Nun in nördlicher Richtung geht es mit Abstand an Schleching vorbei und bald

Badealternative

Wer lieber in einem See baden möchte, kann bei Grassau in den Reifinger See springen.

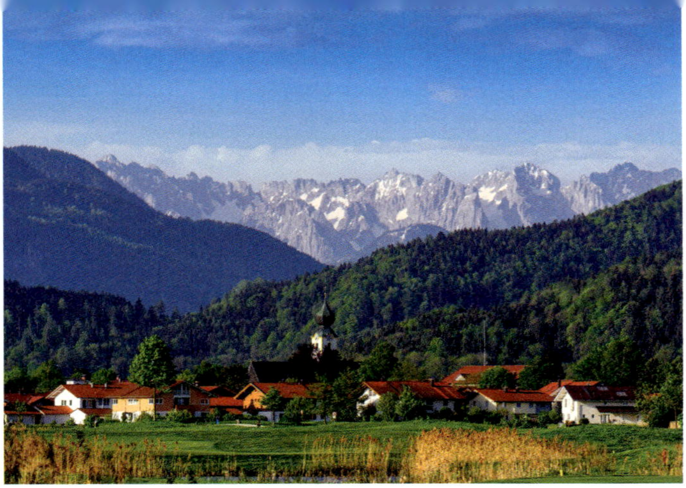

queren wir den Mühlbach, der sich hier mit der Tiroler Ache vereint. Die Kiesbänke eignen sich hervorragend zur Rast oder für ein Sonnenbad. Dahinter wendet sich der Weg nach links, weg von der Tiroler Ache. Aber schon bei den ersten Häusern von Mühlau geht es wieder nach rechts auf einem wunderbaren Waldweg und wir radeln fast immer leicht abwärts am Fuße des Buchbergs und der Mettenheimer Filzen entlang. Kurz vor Raiten müssen wir uns einmal rechts halten und dann geht es über ein Feld zur nächsten Achenbrücke, wo wir diesmal die Uferseite wechseln. Geradeaus kämen wir nach Unterwössen, wir halten uns aber gleich links und weiter geht es auf dem Flussradweg, der Beschilderung nach Grassau folgend. Schließlich biegt der Radweg nach rechts über einen Seitenbach weg vom Fluss und wir unterqueren die große B 305. Dann folgen wir links der kleinen geteerten Straße, der Alten Dorfstraße. Sie bringt uns vorbei an der alten Gränzmühle zur Brücke in Marquartstein. Diese müssen wir nicht queren, außer der Hunger treibt uns ins Dorfzentrum. Ansonsten bleiben wir auf der Uferseite in Flussnähe und folgen dem Radweg weiter nach Norden. Auch die nächste Brücke ignorieren wir, obwohl hier das Radwegschild nach Grassau weist. Wir folgen weiter dem Fluss und wechseln erst an der Brücke bei Staudach das Ufer. Nun müssen wir nur schnurgerade der Bahnhofstraße über alle Kreuzungen und Kreisverkehre hinweg folgen, sie bringt uns direkt zurück zur Kirche in Grassau.

Bergsteigerdorf Schleching

Der kleine Ort liegt schon nahe zur Grenze nach Tirol. Er ist ein beliebter Ausgangspunkt für zahlreiche Wanderungen, etwa auf den für seine vielen Blumen berühmten Geigelstein. Kein Wunder, dass Schleching zusammen mit Sachrang – das Dorf liegt auf der anderen Seite des Geigelsteins – das Prädikat eines Bergsteigerdorfes erhalten hat. Bewusst wendet man sich vom Massentourismus ab und setzt sich für den Erhalt der Natur, aber auch für Traditionen und Brauchtum ein.

Oben: Grassau vor den Chiemgauer Bergen

Rechte Seite: Wegkreuz an der Tiroler Ache bei Schleching

Wichtiges zur Tour

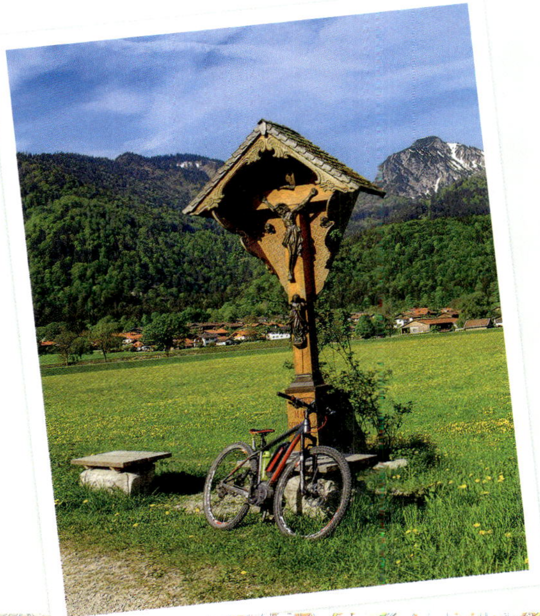

Ausgangs-/Endpunkt
Grassau, Pfarrkirche

Anfahrt
GPS-Koordinaten: 47.7793, 12.4508
Auto: Von München auf der A 8 Richtung Salzburg, Ausfahrt Feldwies, weiter nach Grassau, Parkplatz hinter dem Gasthof zur Post. **Bahn:** Nächster Bahnhof in Bernau, dann zusätzliche Anfahrt über Rottau erforderlich

Tourencharakter
Wunderschöne kontrastreiche Rundtour mit wenig Steigung auf Radwegen, Forstwegen, Nebenstraßen und auch auf kleinen Wiesenpfaden. Wenig Schatten

E-Bike-Ladestation
Grassau und Schleching: Jeweils an der Tourist-Info

Einkehr
Mehrere Gasthäuser und Cafés in Schleching und Grassau

Information
Tourist-Info Grassau, www.grassau.de

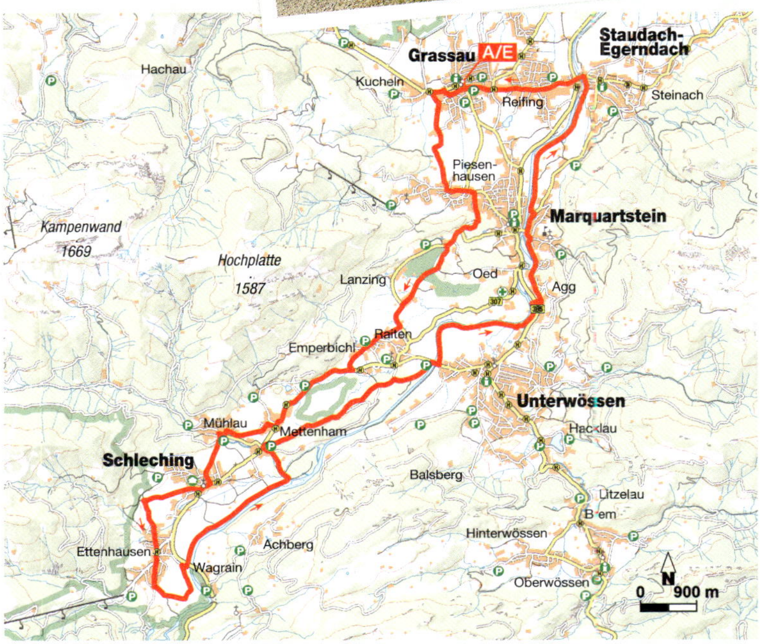

19 Durch das Bergener Moos

Nasse Wiesen und eine Aussichtskanzel

Leicht

2:15 Std.

24 km

280 Hm

Eine Radtour durch das eher unbekannte Bergener Moos zum Osterbuchberg mit seiner grandiosen Aussicht und dann weiter über Grabenstätt hinauf zum Gut Kalsperg, wo uns nochmals ein schöner Blick auf die Berge beschert wird.

Osterbuchberg Vom Parkplatz aus radeln wir auf der Hochfellnstraße ganz leicht aufwärts zur Kreuzung an der Staudacher Straße. Hier ginge unser Weg eigentlich nach rechts, aber 500 Meter weiter geradeaus lockt das hochinteressante Museum Maxhütte (Mai bis Anfang Oktober täglich außer Mo 10–16 Uhr), das die wechselvolle Geschichte der Eisenverarbeitung im Chiemgau anschaulich erzählt.

Zurück an der Staudacher Straße geht es jetzt nach links, auf einem Radweg parallel zur Straße. Wir passieren das Gewerbegebiet von Bergen sowie die Bauernhöfe von Geißing und Klaus und erreichen einen Weiler mit dem überraschenden Namen Bayern. Wären wir vor gut 200 Jahren hier entlanggefahren, so hätten uns an dieser Stelle Zollbeamte kontrolliert. Hier war die Grenze zwischen dem Land Salzburg und Bayern, und so ist der Weiler auch zu seinem Namen gekommen. Er war das erste bayerische Dorf nach dem Verlassen des Salzburger Hoheitsgebietes. Übrigens verläuft auf der alten Grenzlinie heute noch die Gemeindegrenze zwischen Bergen und Marquartstein.

Etwa 400 Meter weiter verlassen wir die belebte Straße nach rechts. Wir radeln durch das Bergener Moor direkt auf den Höhenrücken des Osterbuchbergs zu. Im Frühjahr blühen hier ganze Teppiche von Buschwindröschen und Schlüsselblumen, etwas später im Jahr färbt das Knabenkraut die Wiesen rot. Hier brütet auch der selten gewordene Brachvogel mit seinem gebogenen Schnabel. Deshalb sind alle Seitenwege vom 1. März bis zum 30. Juni gesperrt.

Wir erreichen die Ostausläufer des Osterbuchberges und stoßen auf eine Fahrstraße, der wir nach links aufwärts folgen. Der Höhenrücken des Osterbuchberges zeichnet sich durch eine lockere Besiedelung mit Bauernhöfen aus. Wir überque-

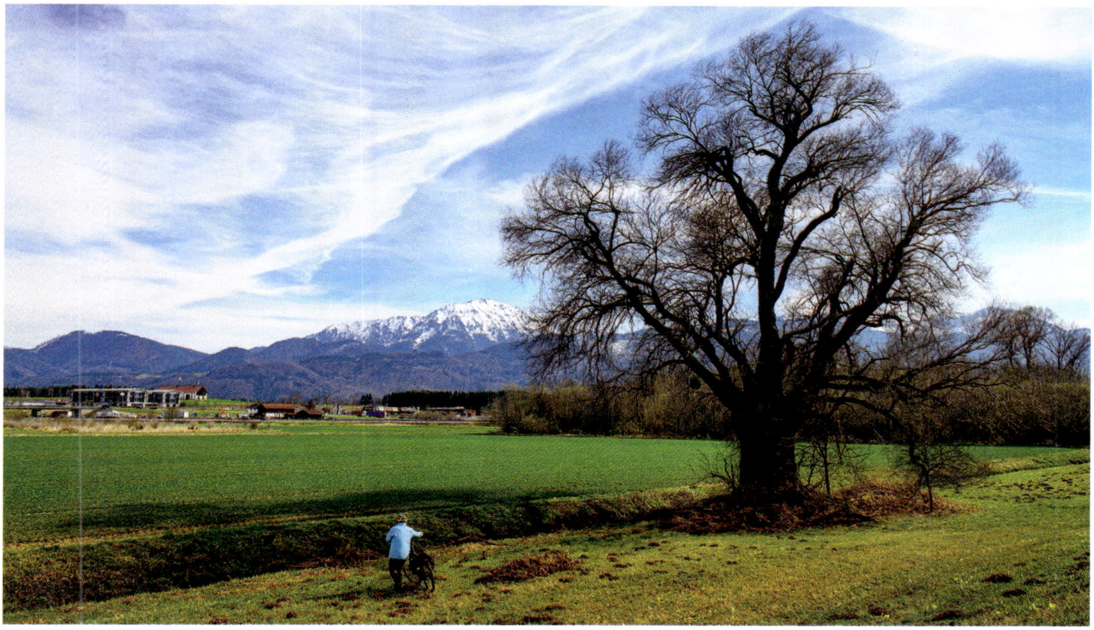

Am Sossauer Kanal bei Grabenstätt vor dem Hochfelln

ren den Höhenrücken und fahren an der Spitzkehre geradeaus weiter in die Sackstraße. Ganz am Ende wird sie zu einem holprigen Fußweg, auf dem wir das Rad besser abwärts schieben. Unten stehen wir bereits am Ufer der Tiroler Ache und überqueren den Fluss auf einer Fußgängerbrücke. Weiter geht es nach rechts am Damm entlang unter der Bundesstraße, der Eisenbahn und der Autobahn hindurch. Nach ihr wenden wir uns nach rechts und überqueren erneut den Fluss. Kurz radeln wir nach rechts und dann ein Stück entlang der Autobahn. Nach dem Überqueren des Kanals erreichen wir in einer Links-rechts-Fahrt den kleinen Ort Winkl, der durch einen Radweg neben der Straße mit Grabenstätt verbunden ist.

Kalsperg und Schneereut Für die Rückfahrt von Grabenstätt nehmen wir die Eichbergstraße, die uns gegenüber der Pfarrkirche in südlicher Richtung aus dem Ort hinausführt. Vom

Unten: Fahrräder am Gasthaus Schellenberg über dem Bergener Moor bei Bergen

Rechte Seite: Wassergraben im Bergener Moor

Gut Karlsperg, das wir auf ansteigender Straße erreichen, öffnet sich noch einmal der Blick auf die Voralpenkette. Die Sicht reicht vom Wendelstein bis zu den Salzburger Bergen. Nun fahren wir unter Autobahn und Eisenbahn durch und halten uns in Schneereut leicht links. Wir passieren zwei kleine Wäldchen, zwischen denen die schöne Klingerkapelle steht, und biegen nach dem zweiten Wald wieder links ab. Nach etwa 500 Metern biegen wir rechts ab, überqueren den Bergener Bach und die Weiße Ache. Auf diese treffen wir wieder am neuen Friedhof von Bergen. Nach ihm überqueren wir erneut die Ache und fahren an ihr entlang auf der Schellenbergstraße zur Weißachener Straße, auf der wir nach links direkt unseren Ausgangspunkt, den Dorfplatz von Bergen, erreichen.

Aussichtsreiche Einkehr

Kurz bevor wir wieder in Bergen zurück sind, können E-Biker für eine Einkehr noch auf den Schellenberg zum gleichnamigen Gasthaus hinauf radeln. Manjas Gasthaus Schellenberg bietet nicht nur eine unglaublich schöne Aussicht, sondern ist auch kulinarisch etwas ganz Besonderes; die meisten Gerichte sind vegetarisch und extrem lecker. Geöffnet Do und Fr ab 17 Uhr, Sa und So ab 11 Uhr.

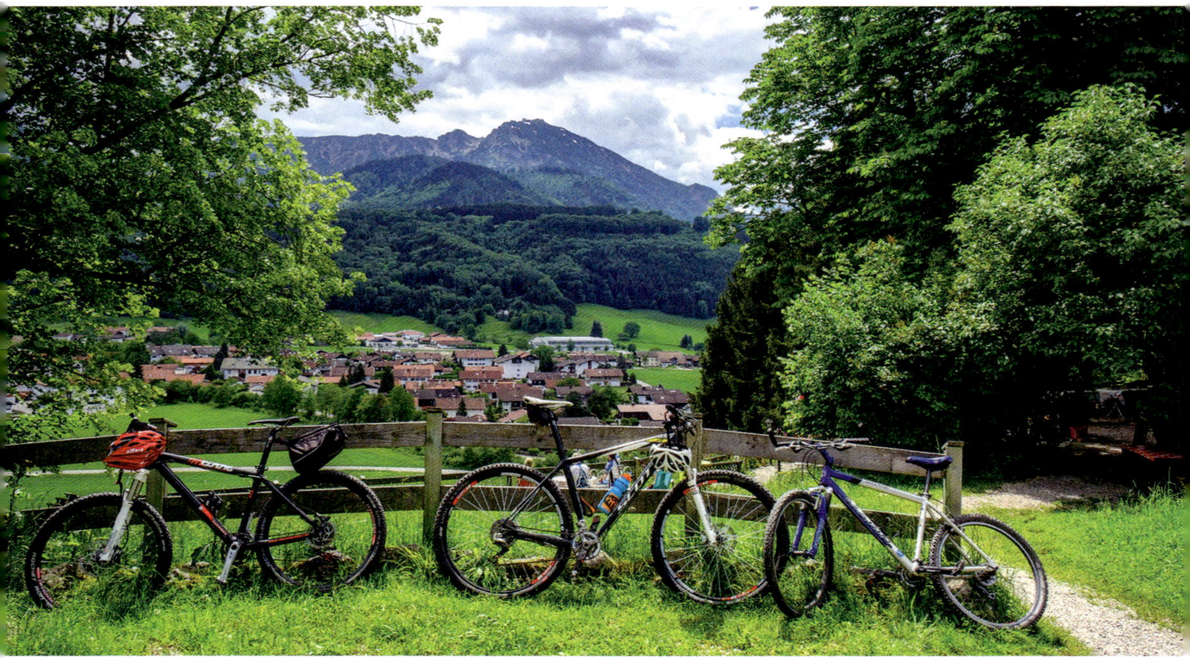

Wichtiges zur Tour

Ausgangs-/Endpunkt
Bergen, Tourist-Info

Anfahrt
GPS-Koordinaten: 47.8068, 12.5912
Auto: Von München auf der A 8 Richtung Salzburg, Ausfahrt Bergen, über Bernhaupten nach Bergen. Parkplätze neben und hinter dem Gebäude der Tourist-Info am Dorfplatz. **Bahn:** Von München über Rosenheim nach Bernhaupten

Tourencharakter
Rundtour durch das Moor und über Moränenhügel auf Radwegen, überwiegend ruhigen Nebenstraßen und zum Teil ungeteerten Feldstraßen

E-Bike-Ladestation
Bergen: Rathaus, Hochfellnstraße 14, Talstation Hochfellnseilbahn (an der Kasse, wenn geschlossen Schlüssel im Gasthaus Mühlwinkler Hof), Grabenstätt: Tourist-Info Schlossstraße

Einkehr
Bergen: Pizzeria Flamingo am Raiffeisenplatz und Gasthof Mühlwinkler Hof bei der Hochfelln-Seilbahn. Grabenstätt: Mehrere Gaststätten, gut gegessen haben wir im Grabenstätter Hof am Marktplatz.

Information
Tourist-Info Bergen,
www.bergen-chiemgau.de

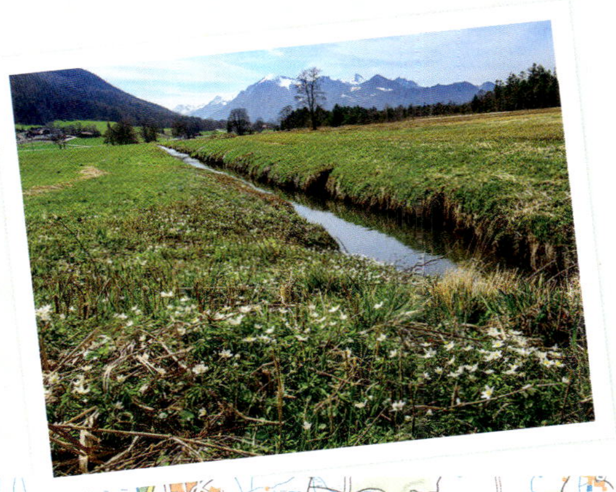

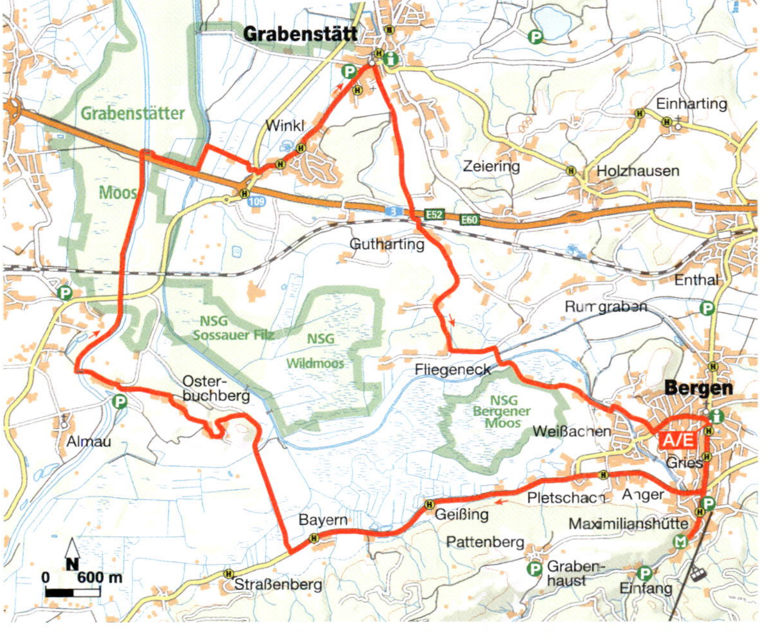

20 Von Siegsdorf nach Traunstein

Zur Stadt des Salzes

Leicht

1:30 Std.

17 km

150 Hm

Die Kreisstadt Traunstein ist das Ziel der heutigen Radtour. Ihre Geschichte wurde über lange Zeit vor allem durch das weiße Gold, das Salz, geprägt. Heute präsentiert sie sich mit einer lebendigen Altstadt mitten im Herzen des Chiemgaus.

Über Vachendorf Am nördlichen Ende des Bahnhofs biegen wir links auf die Bahnhofstraße und dann erneut links in die Hauptstraße von Siegsdorf. Sie bringt uns über die Traun, wo wir am Kreisverkehr rechts der Traunsteiner Straße gleich einmal bergauf folgen. Sie führt uns zur Autobahn, die wir noch überqueren, gleich danach biegen wir links ein und es scheint, als ob wir auf die Autobahn radeln würden. Das vermeiden wir natürlich und fahren vor der eigentlichen Auffahrt geradeaus und anschließend gleich rechts auf die Vachendorfer Straße. Unser Radweg verläuft parallel zur Autostraße und fällt dann steil nach Vachendorf hinunter ab. Am Ortseingang geht es unter der Eisenbahnlinie hindurch, dann fahren wir links auf die Siegsdorfer Straße und folgen ihr in Richtung Ortsmitte. Gleich darauf biegen wir rechts in den Kapellenweg und folgen diesem über alle Kreuzungen und Straßen hinweg. Nach dem letzten Haus wird die Straße wieder zu einem reinen Radweg, der sich nach rechts wendet und dann in einer Linkskurve bergauf zu einer Autostraße führt. Dort folgen wir weiter dem Radweg, radeln durch Axdorf, wo wir dann die Straßenseite wechseln. Der Radweg bringt uns bergab durch den Traunsteiner Vorort Haslach, dann biegen wir vor den Gleisen nach links und bleiben so auf einem Radweg, der nun parallel zu den Gleisen verläuft.

Ins Zentrum Er endet an einer größeren Autostraße, der wir nun mit viel Verkehr die wenigen Meter nach rechts zur Ampel folgen. Um möglichst wenig in den Stadtverkehr zu kommen,

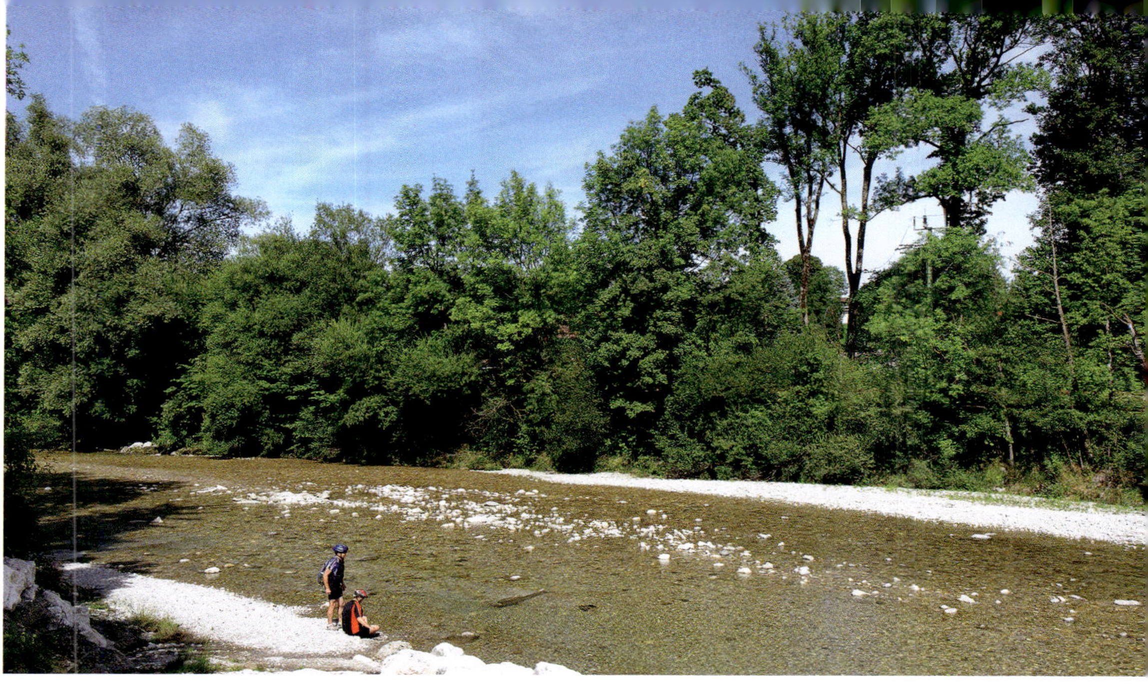

An der Traun bei Siegsdorf

biegen wir an dieser Ampel links ab und dann gleich rechts in die Güterhallenstraße. Sie führt am großen Bahnhofsgelände und am Anette-Kolb-Gymnasium vorbei und mündet wieder in einer größeren Straße. Dieser folgen wir nun nach rechts unter den Gleisen hindurch, jetzt heißt sie Herzog-Friedrich-Straße. Gleich darauf geht es links in die Ludwigstraße, die uns direkt zum Maxplatz und dem dahinter liegenden großen Stadtplatz bringt.

Traunsteiner Stadtspaziergang Jetzt sind wir im Herzen der Traunsteiner Altstadt und am besten parken wir die Räder sicher und machen uns zu Fuß auf einen kleinen Stadtspaziergang. Traunstein ist als Einkaufs-, Behörden- und Schulstadt das Zentrum des Chiemgaus. Sein Stadtplatz wird dominiert von der mächtigen Kirche St. Oswald, die bis in die Barockzeit zurückgeht. Eine Büste an der Westseite der Kirche erinnert daran, dass der emeritierte Papst Benedikt XVI. hier 1951 seine Primiz gefeiert hat. Östlich der Kirche pulsiert das Leben. Gasthäuser und Cafés laden zum Verweilen ein, ein grüner Markt versorgt die Traunsteiner mit frischer Ware aus der Umgebung und über allem wacht auf einem Brunnen der Lindl, ein Bewaffneter, als einstige Mahnung, dass die Vorschriften der Obrigkeit einzuhalten sind. Am Stadtplatz beginnt alljährlich am Ostermontag der berühmte Georgiritt nach Ettendorf, der viele Tausend Besucher in den Ort lockt. Nach Süden führen Treppen und ein Aufzug zum Salinenviertel. Die Saline war zwischen dem 17. und dem frühen 20. Jh. der wichtigste Arbeitgeber der Stadt. Was davon übrig ist, kann im Rahmen einer Führung besichtigt werden.

Entlang der Traun Für die Rückfahrt nach Siegsdorf wenden wir uns am östlichen Ende des Stadtplatzes noch vor dem Jacklturm nach rechts und folgen der Hofgasse bergab. Sie wird zum Auerberg und führt steil bergab. Rechts von uns können wir noch einen Blick in die große Salinenkapelle werfen. Sie ist eine der größten Kapellen Deutschlands und dem hl. Rupert und Herzog Maximilian geweiht. Weiter geradeaus, nun auf der Reiffenstuelstraße, queren wir an der Ampel die Salinenstraße und sind kurz darauf am Mühlbach und an der Traun. Wir queren den Mühlbach und radeln dann rechts, vorbei an einem Betriebsgelände und kleinen Schrebergärten. Am Ende geht es am Wasserkraftwerk wieder über den Mühlbach. Nun folgen wir einfach der Beschilderung nach Siegsdorf und radeln völlig entspannt entlang der großen Traun. Am Schwimmbad sind wir wieder in Siegsdorf; wir bleiben auf unserer Uferseite, radeln unter der Autobahn hindurch und erreichen schließlich wieder den Kreisverkehr in der Ortsmitte beim Museum. Jetzt geht es nur noch nach links auf die andere Flussseite und rasch sind wir auf bekanntem Weg zurück am Bahnhof.

Sehenswertes in Siegsdorf

Der malerische kleine Ort ist berühmt für sein Naturkundemuseum, in dem man ein Mammut bewundern kann, das in der Gegend ausgegraben wurde. Außerdem gibt es ein schönes Freibad und die nahe gelegene berühmte Wallfahrtskirche Maria Eck.

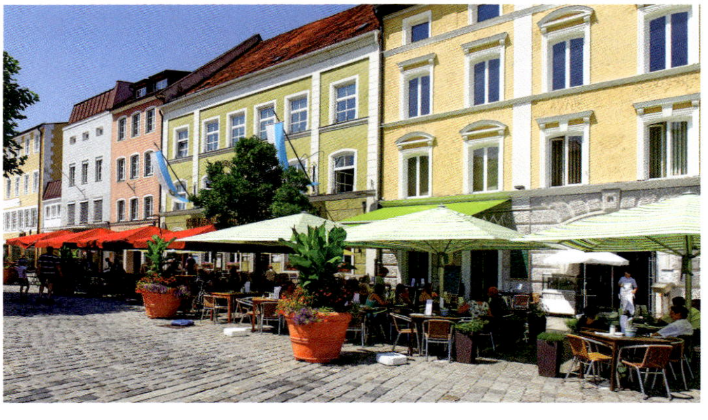

Am Stadtplatz in Traunstein beginnen wir mit der Besichtigung der Stadt.

Wichtiges zur Tour

Ausgangs-/Endpunkt
Siegsdorf, Bahnhof

Anfahrt
GPS-Koordinaten: 47.8226, 12.6460
Auto: Von München auf der A 8 Richtung Salzburg, Ausfahrt Traunstein/Siegsdorf. In die Ortsmitte von Siegsdorf fahren. Dort gibt es am Bahnhof einige Parkplätze. **Bahn:** Siegsdorf liegt an der Bahnstrecke Traunstein–Ruhpolding.

Einkehr
In Traunstein viele Möglichkeiten, vor allem rund um den Stadtplatz. In Siegsdorf Café Weinmüller oder Gasthaus Alte Post

Information
Tourist-Info Siegsdorf, www.siegsdorf.de oder www.traunstein.de

Tourencharakter
Kurze Rundtour nach Traunstein, sodass viel Zeit für eine Stadtbesichtigung bleibt. Auf dem Hinweg kleinere Steigungen, der Rückweg völlig flach entlang der Traun. In Traunstein Stadtverkehr!

E-Bike-Ladestation
Traunstein: Am Maxplatz großer Ladeschrank für sechs Fahrräder oder im Biergarten des Sailer Kellers, Herzog-Friedrich-Straße 1, Siegsdorf: Am Kiosk im Kurpark, hinter dem Museum, Radsport Ederbike am Bahnhof, Schwimmbad

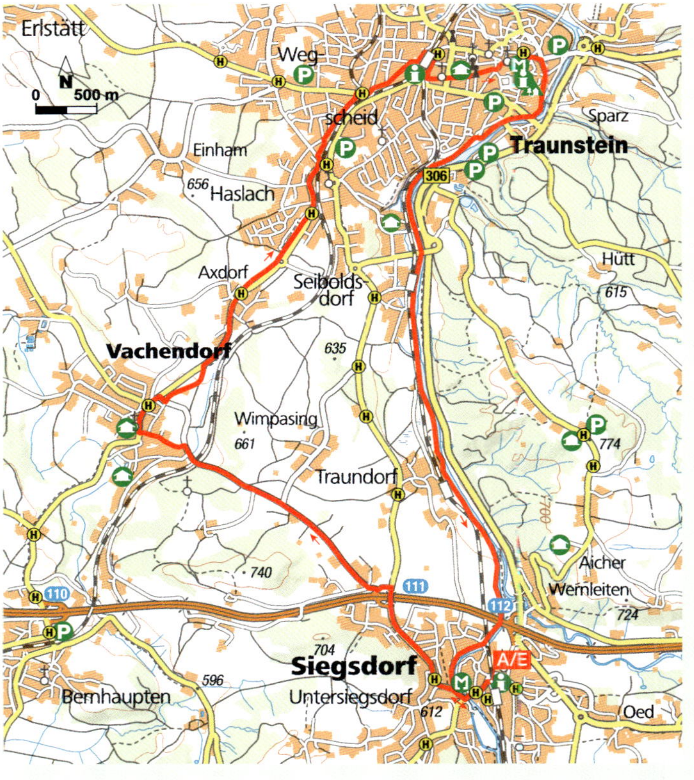

21 Von Ruhpolding nach Inzell und Siegsdorf

Entlang der Roten und Weißen Traun

- Mittel
- 3 Std.
- 31 km
- 350 Hm

Unsere Runde steht heute ganz im Zeichen der Eiszeit. Als Symbol begleitet uns das Mammut Rudi, das in dieser Gegend während der Eiszeit lebte und das wir uns dann in natura auch noch in Siegsdorf im Museum ansehen können.

Nach Inzell Am südlichen Ende des Bahnhofs, am neuen Kreisverkehr, starten wir unsere Tour in die Waldbahnstraße. Nach einem kurzen Stück halten wir uns vor der starken Linkskurve rechts über die kleine Brücke und gelangen flussaufwärts an den Tennisanlagen vorbei auf einen Radweg, wo wir auch bald auf den ersten Wegweiser der Eiszeitrunde mit dem Mammut Rudi stoßen. Zunächst bleiben wir geradeaus, dann überqueren wir an einem kleinen Steg die Traun. Gleich nach der Brücke halten wir uns rechts und folgen nun stets dem Windbach über alle Straßen hinweg und durch den Golfplatz hindurch. Mit einem Links-rechts-Knick geht es dann immer noch am Windbach entlang in den Bergweg Infang. Jetzt beginnt der anstrengende Teil der Tour. Anfangs noch sacht, dann aber immer steiler geht es am Bach entlang bergauf. Wir lassen alle Abzweigungen unberücksichtigt und erreichen schließlich den Scheitelpunkt. Eine herrliche Aussicht auf den Rauschberg belohnt uns für die Mühen, sogar eine Ruhebank steht für die Pause bereit. Anschließend gleiten wir dann eher gemütlich und mit weiter Sicht an

Im Sommer duftet es nach frisch gemähtem Gras.

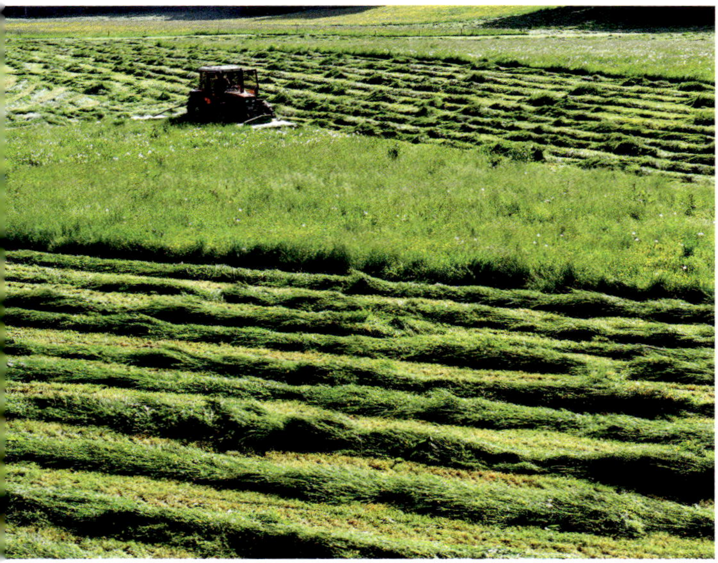

mächtigen Bauernhöfen, dem Froschsee und der Kesselalm vorbei ins Inzeller Becken.

Über die ehemalige Soleleitung Im Tal an der großen Autostraße können wir für die Ortsbesichtigung von Inzell geradeaus in den schmalen Feldweg radeln. Ansonsten biegen wir hier links ab und passieren die Liebfrauenkirche in Niederachen, einem Ortsteil von Inzell. Weiter folgen wir dem »Rudi«, bald auf den Salinenweg, der uns nun mal mehr, mal weniger nah der Roten Traun nach Hammer führt, wo das große Gasthaus zu einer Einkehr lockt. Für die Weiterfahrt bleiben wir aber auf der rechten Flussseite und radeln entlang der ehemaligen Soleleitung gegen Norden. Beim Sägewerk in Frauenstätt wechseln wir die Uferseite und folgen weiter der Beschilderung durch einige Weiler. Schließlich unterqueren wir die Autobahn, halten uns dann links und müssen am Edeka erneut links abbiegen. Dann führt der Weg nach rechts, unter der Bundesstraße hindurch, und schon überqueren wir nach dem Parkplatz die Weiße Traun. (Wenige Meter fluss-

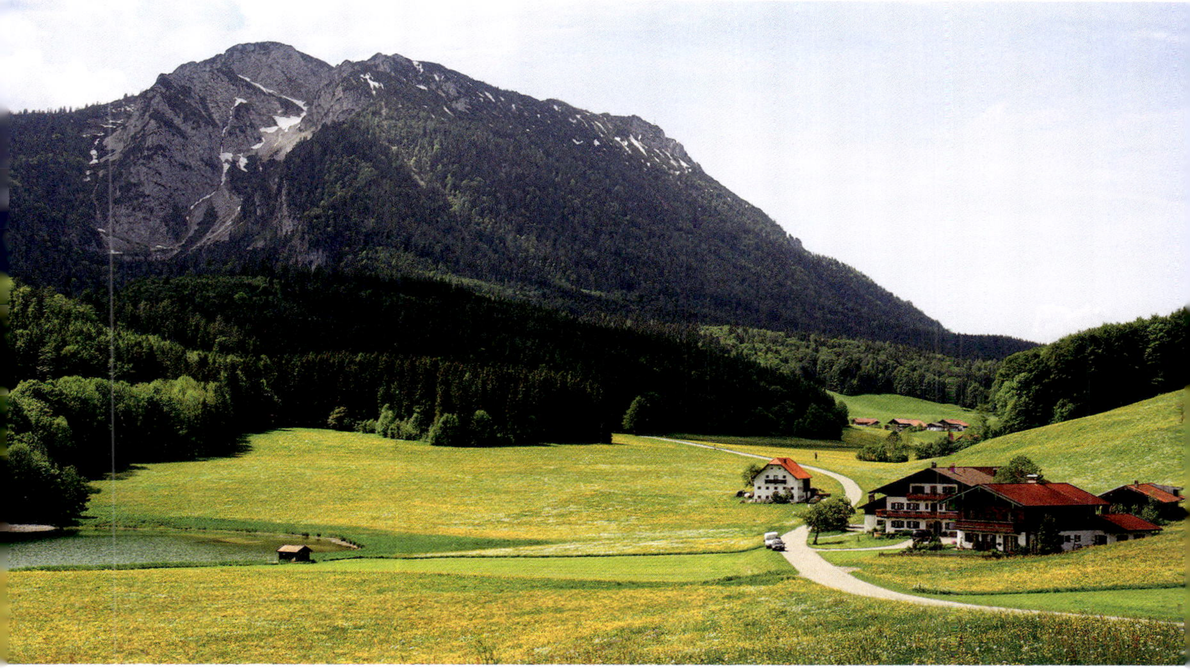

Der kleine Froschsee liegt unter dem Rauschberg.

abwärts wird dann aus dem Zusammenfluss der Roten und Weißen Traun die eigentliche Traun.) Am Freibad wenden wir uns nach links und folgen der Weißen Traun durch Siegsdorf. Am Kreisverkehr geht es über den Fluss. Links lohnt sich der Abstecher ins Mammutmuseum, wo wir nicht nur »Rudi« in voller Lebensgröße sehen, sondern sehr viel mehr Wissenswertes über die Eiszeit erfahren. Wer sich völlig dem Eis hingeben möchte, dem sei noch die leckere Eisdiele Buon Gelato am Kreisverkehr empfohlen.

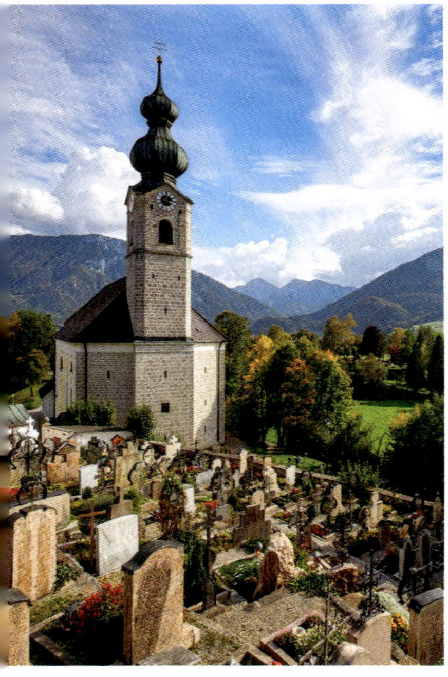

Ruhpolding

Durch seinen Biathlon-Weltcup ist Ruhpolding rund um den Erdball bekannt. Doch der Ort bietet noch viel mehr als Spitzensport: Ski und Langlauf für alle und in der warmen Zeit gut markierte Wanderwege und genügend Gelegenheit zum Baden. In der Pfarrkirche steht eine künstlerisch bedeutende romanische Madonna und an der Filialkirche St. Valentin finden wir zum Gedenken an die Verstorbenen Totenbretter, die früher im ganzen Chiemgau üblich waren. Das Heimatmuseum im herzoglichen Jagdschloss entführt in das Leben der einfachen Menschen, während das Holzknecht-Museum und die Glockenschmiede vergangenes Handwerk sichtbar machen.

Die Katholische Pfarrkirche St. Georg in Ruhpolding wurde um 1758 erbaut.

Entlang der Weißen Traun Für die Rückfahrt folgen wir der Siegsdorfer Hauptstraße und biegen dann rechts in die Ruhpoldingerstraße ein. Kurz bevor wir die Gleise queren würden, wenden wir uns rechts nun wieder auf einen Radweg, der uns nach Süden führt. An der nächsten Brücke wechseln wir das Ufer, das Gleiche machen wir noch einmal bei Eisenärzt. Durch die Orte Eisenärzt, Hörgering und Vordermiesenbach erreichen wir schließlich wieder Ruhpolding, wo wir nach links über den Fluss zur Ortsmitte und zu unserem Ausgangspunkt zurückradeln.

Wichtiges zur Tour

Ausgangs-/Endpunkt
Ruhpolding, Bahnhof

Anfahrt
GPS-Koordinaten: 47.7621, 12.6487
Auto: Von München auf der A 8 Richtung Salzburg, Ausfahrt Traunstein/Siegsdorf, weiter Richtung Süden über Siegsdorf bis Ruhpolding. Einen Parkplatz gibt es mitten im Ortszentrum am Bahnhof. **Bahn:** Ruhpolding liegt an der Bahnstrecke von Traunstein, Endstation.

Tourencharakter
Herrliche Rundtour entlang der Traun, die ein wenig Kondition voraussetzt. Die Steigungen sind gleich zu Beginn der Tour, mit dem E-Bike eine Kleinigkeit, ansonsten darf man hier auch ein kurzes Stück schieben. Danach geht es ganz gemütlich auf dem Traun-Alz-Radweg durch den Chiemgau.

E-Bike-Ladestation
Ruhpolding: Café Chiemgau, Fahrradverleih Rad Geber, Ski Huber, Inzell: Raiffeisenbank oder Radverleih Rad Geber

Einkehr
Unterwegs treffen wir auf die urige Kesselalm bei Inzell mit Sonnenterrasse und gemütlicher Stube. Der frisch gebackene Kaiserschmarrn duftet schon von Weitem. Ebenfalls an der Strecke liegt bei Hammer der schöne Hammerwirt mit Biergarten. In Ruhpolding gibt es zum Abschluss noch viele Eisdielen und Lokale.

Information
Tourist-Info Ruhpolding, www.ruhpolding.de oder www.siegsdorf.de

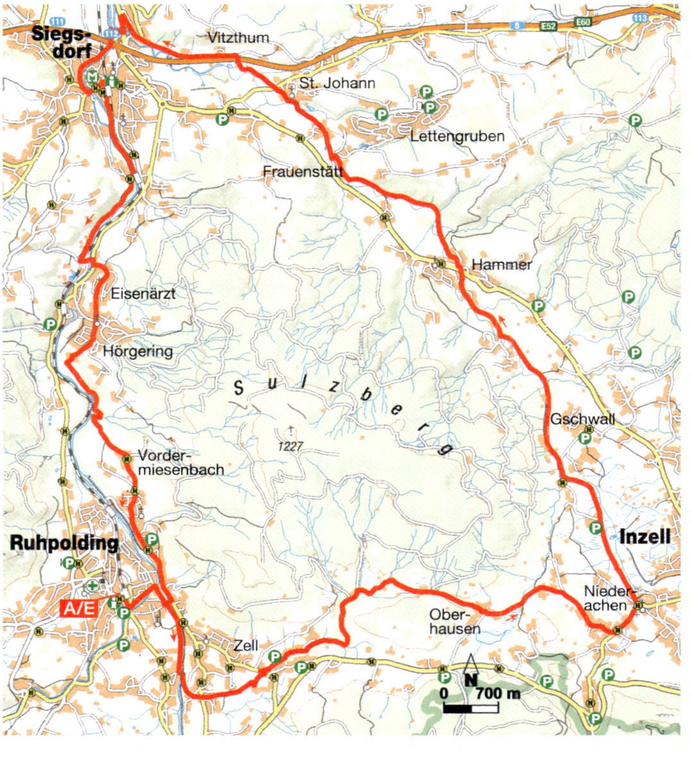

22 Rund um Ruhpolding

Zum Staunen und Freuen

Leicht

2 Std.

22 km

300 Hm

Was uns immer wieder erfreut, sind die kleinen Radrunden, bei denen man zunächst gar nicht so viel erwartet. Und man am Ende eigentlich nur sagen kann: Wie wunderschön ist der Talkessel um Ruhpolding zwischen der Traun, dem Unternberg, dem Rauschberg und dem Taubensee.

Im Uhrzeigersinn Vom südlichen Ende des Ruhpoldinger Bahnhofs, am Kreisverkehr, fahren wir in die Waldbahnstraße. Wir erreichen die Weiße Traun und folgen ihr flussabwärts auf dem Radweg. Bald stoßen wir auf das erste türkisfarbene Radwegschild »Rund ums Tal« mit der Nummer 2. Diesem folgen wir ganz einfach die ganze Radtour über. Bei Bibelöd verlassen wir die Weiße Traun und biegen links ab, unter den Bahngleisen hindurch. Im Zickzack geht es durch die Häuser, wir queren den Steinbach und folgen dann links der Westernbergstraße zur Hauptstraße. Mit einem Linksschwenk überqueren wir diese in die Maiergschwendter Straße. Nach ein paar Hundert Metern halten wir uns rechts und radeln nun bergauf zu den Bauernhöfen von Obergschwendt. Die grandiose Aussicht auf das Tal entschädigt für den Anstieg. Dann führt der Weg abwärts, an der T-Kreuzung geht es nach links und dann biegen wir rechts in die Autostraße, die uns Richtung Maiergschwendt führt. Hinter der Bogenschießanlage halten wir uns rechts auf den Forstweg, der noch einmal kräftig ansteigt und uns am Marmorbruch mit Klettergarten entlangführt. Der Weg senkt sich wieder und wir erreichen vorbei an einigen schönen Höfen die Abzweigung zum Museum »Historische Glockenschmiede«. Das Museum können wir uns natürlich mit einem Abstecher ansehen. Ansonsten folgen wir der Linkskurve und erreichen einen Wanderparkplatz. Dort wählen wir rechts den Radweg, der über die Wiesen führt. Bei Brand queren wir nach links die Urschlauer Ache,

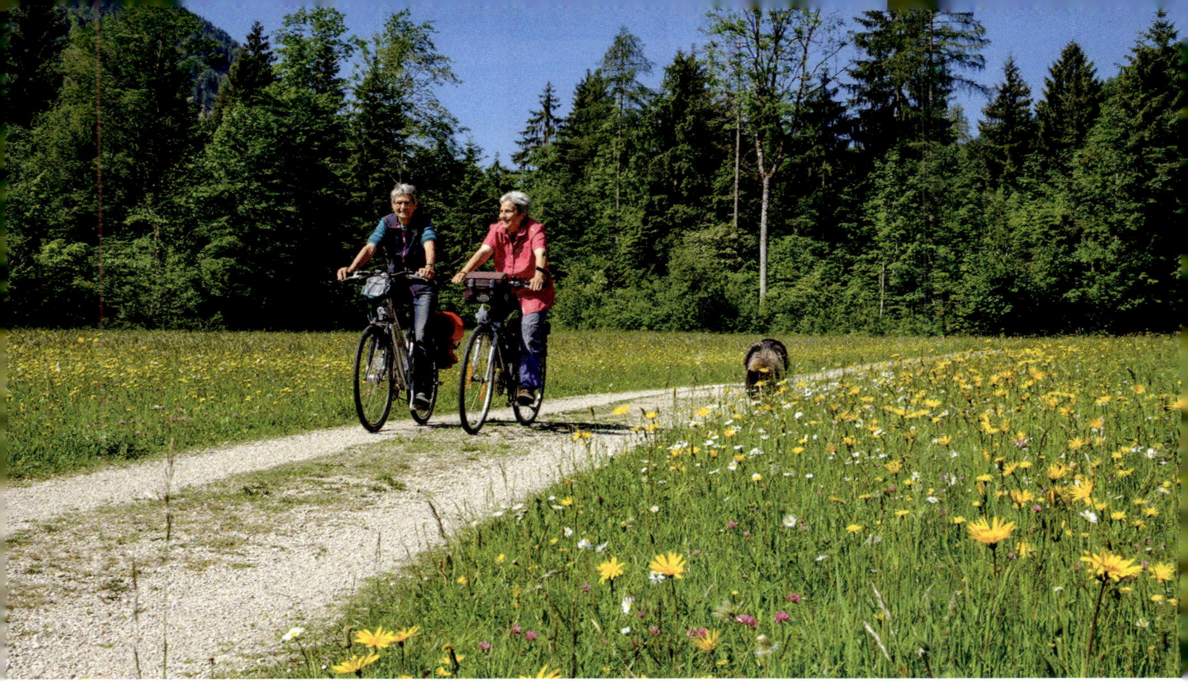

Bunte Blumenwiesen finden wir überall im Ruhpoldinger Talkessel.

biegen für wenige Meter rechts in die Autostraße ein und verlassen sie gleich nach links auf den ansteigenden Weg. Oben schwenkt der Weg nach links und kurz darauf passieren wir den Märchenpark. Dahinter erreichen wir Bärngschwendt mit der Flugschule.

Wiesenwege Am Parkplatz der Flugschule biegen wir links ab und abwärts geht es nach Gstatt. Mit einem Links-rechts-Knick radeln wir durch die Häuser und folgen dann der kleinen Teerstraße über die Wiesen. Im Frühsommer blüht hier jede Menge Knabenkraut, eine wahre Augenweide. Dann queren wir die große Seehauser Straße und erreichen wieder die Weiße Traun. Ohne sie zu überqueren geht es rechts auf dem Radweg flussaufwärts, bald überqueren wir die große Bundesstraße und erreichen den Ortsteil Fritz am Sand. Dort überqueren wir die Weiße Traun und biegen gleich dahinter scharf links ab.

Zum Taubensee Jetzt geht es am Fuße des Rauschbergs entlang zum idyllischen Taubensee, der sich für eine schattige Rast anbietet. Nach dem See stoßen wir auf die Bundesstraße und folgen ihr für wenige Meter nach links. Am Campingplatz biegen wir rechts ein und verlassen auch diese Straße

Rechte Seite: Margeriten blühen in Obergschwendt.

gleich wieder nach rechts auf die kleinere Straße, die direkt über den Golfplatz nach Hutzenau führt. An den Höfen halten wir uns links und hier wird es zum Schluss noch abenteuerlich. Hinter dem letzten Gebäude geht es links in den Wald und dann schnurgerade auf einem Wiesenweg über den Golfplatz. Auch den größeren Wanderweg überqueren wir geradeaus und radeln wieder über eine Wiese, zu einem Weg, der uns weiter in Fahrtrichtung nach Zell bringt. Dort halten wir auf die Kirche St. Valentin zu, die als ältestes Gebäude von Ruhpolding einen Besuch wert ist. Im Innern finden wir den rötlichen Marmorsteinboden, der von dem Steinbruch stammt, den wir heute passiert haben. Der Straße an der Kirche vorbei folgend kommen wir wieder an die Weiße Traun, die wir an der nächsten Brücke, der Zeller Brücke, nach links überqueren. Gleich wieder rechts, geht es vorbei an der Tennisanlage und wir erreichen dahinter wieder die Waldbahnstraße, die uns diesmal nach links zurück zum Bahnhof führt.

Wellenhallenbad

Wer nach dem Besuch von Ruhpolding noch baden möchte, besucht das Erlebnis- und Wellnessbad Vita Alpina, Brandnerstr. 1, www.vita-alpina.de.

Der kleine Taubensee liegt schattig versteckt am Fuße des Rauschbergs.

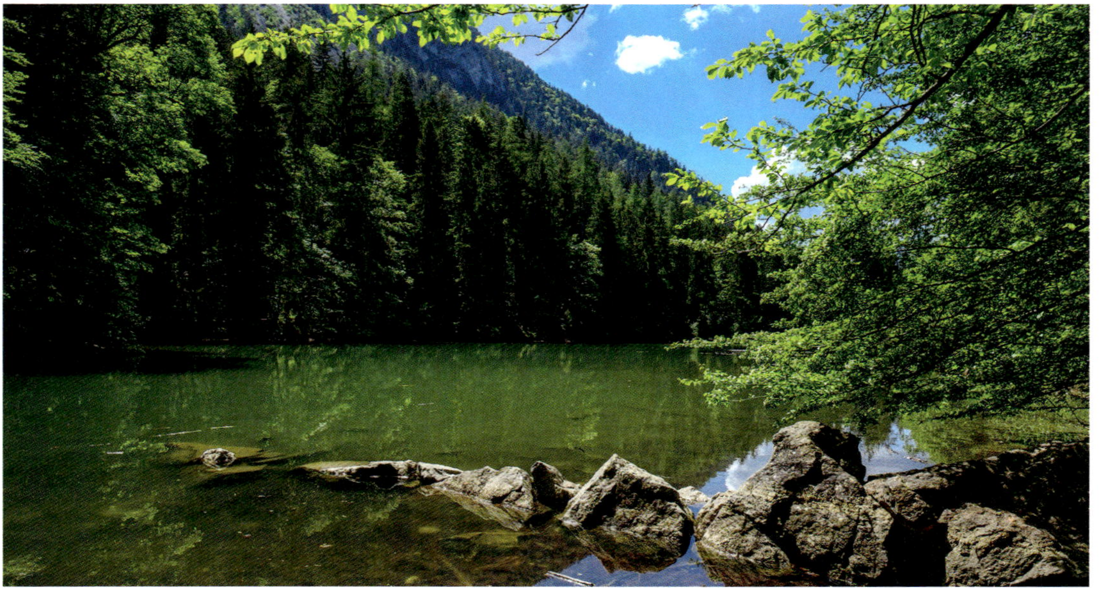

Wichtiges zur Tour

Ausgangs-/Endpunkt
Ruhpolding, Bahnhof

Anfahrt
GPS-Koordinaten: 47.7621, 12.6487
Auto: Von München auf der A 8 Richtung Salzburg, Ausfahrt Traunstein/Siegsdorf, weiter Richtung Süden über Siegsdorf bis Ruhpolding. Einen Parkplatz gibt es mitten im Ortszentrum am Bahnhof. **Bahn:** Ruhpolding liegt an der Bahnstrecke von Traunstein, Endstation.

Tourencharakter
Aussichtsreiche Rundtour um Ruhpolding mit viel Sonne. Etwas hügelig mit zwei längeren Steigungen, mit dem E-Bike völlig einfach, aber auch ohne ist die Runde gut zu schaffen. Besichtigungsmöglichkeit der Hammermühle

E-Bike-Ladestation
Ruhpolding: Café Chiemgau, Fahrradverleih Schäufele, Ski Huber

Einkehr
Unterwegs gibt es kaum Möglichkeiten, aber am Ende umso mehr in Ruhpolding. Das tolle Café mit Bäckerei Schuhbeck liegt direkt am Kreisverkehr in der Nähe des Bahnhofs. Sehr nett sitzt man auch im Maibaumstüberl in der Ortsmitte.

Information
Tourist-Info Ruhpolding, www.ruhpolding.de, www.museum-glockenschmiede.de

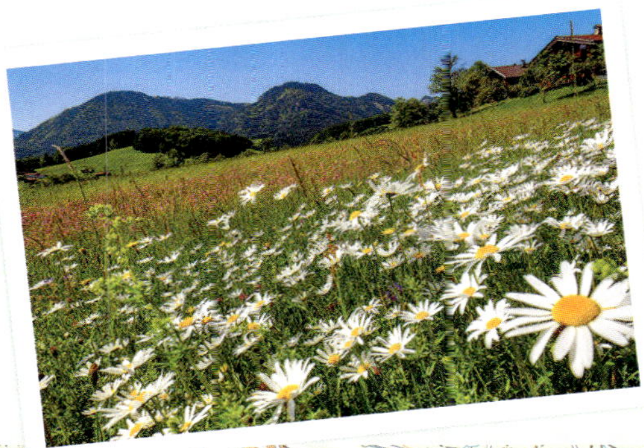

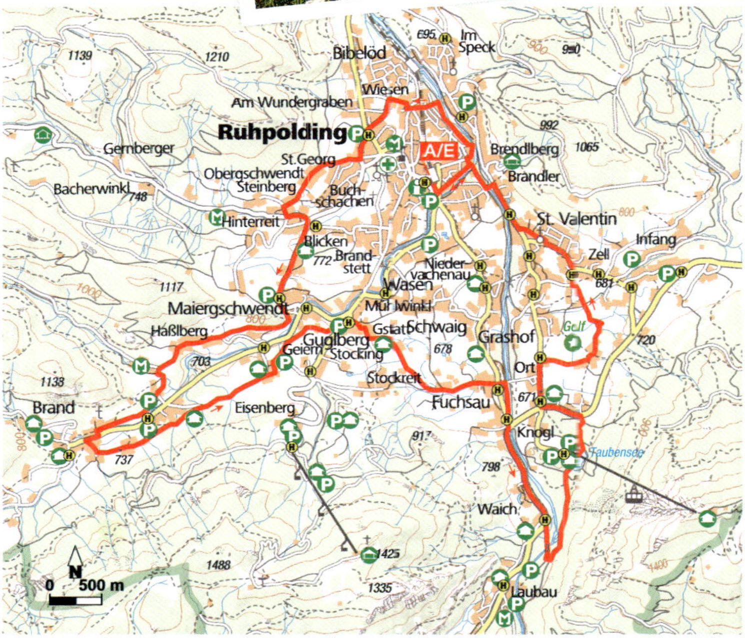

23 Rund um Inzell

Minitour auf Panoramawegen

- Leicht
- 1 Std.
- 12,5 km
- 160 Hm

Aussichtsreich um Inzell, so lautet das Motto dieser kurzen Radtour. Durch ein Moor, vorbei an Gebirgsbächen, über kleine Weiler und entlang der Roten Traun führt uns die Panoramarunde. Da bleibt viel Zeit für Schaurasten oder für den Abstecher auf den Moorerlebnisweg.

Um das Breitmoos Wir starten vom Rathausplatz und biegen hinter dem Rathaus gleich in die Unterführung ein, die uns auf die andere Seite der B 306 führt. Dort wenden wir uns nach rechts und folgen gleich darauf der Adlgasser Straße nach links. Auf einem Radweg verlassen wir Inzell. Gleich nach der ersten freien Wiese, im Ortsteil Würau, geht es für uns rechts in den Falkensteinweg. Nun bleiben wir immer geradeaus und kommen bald auf einen Feldweg, der sich nach

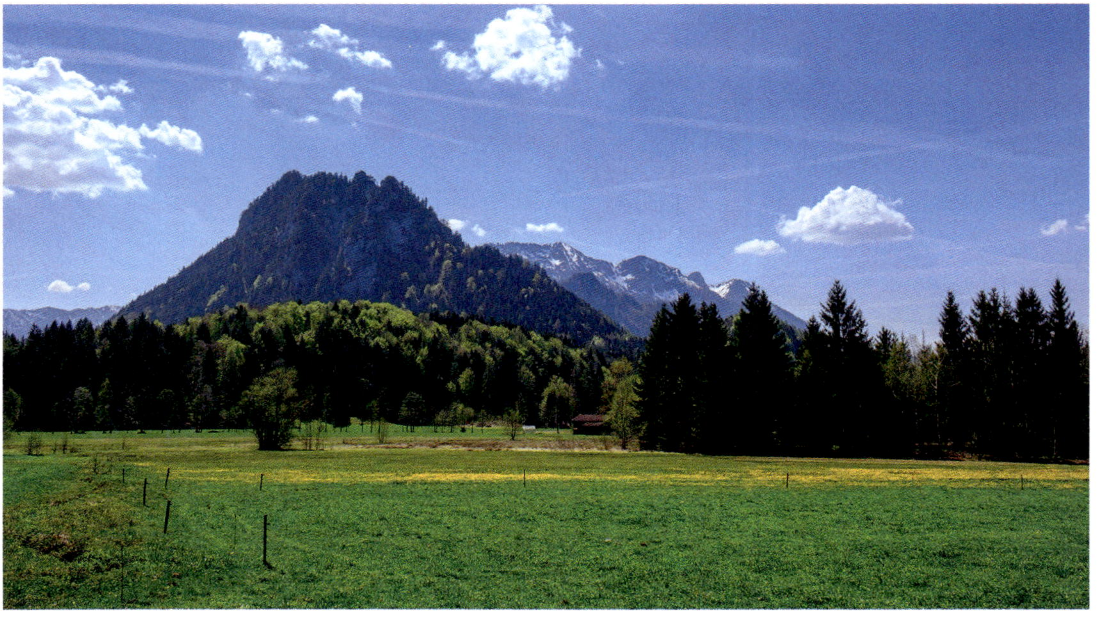

Hinter dem Breitmoos erhebt sich der Kienberg.

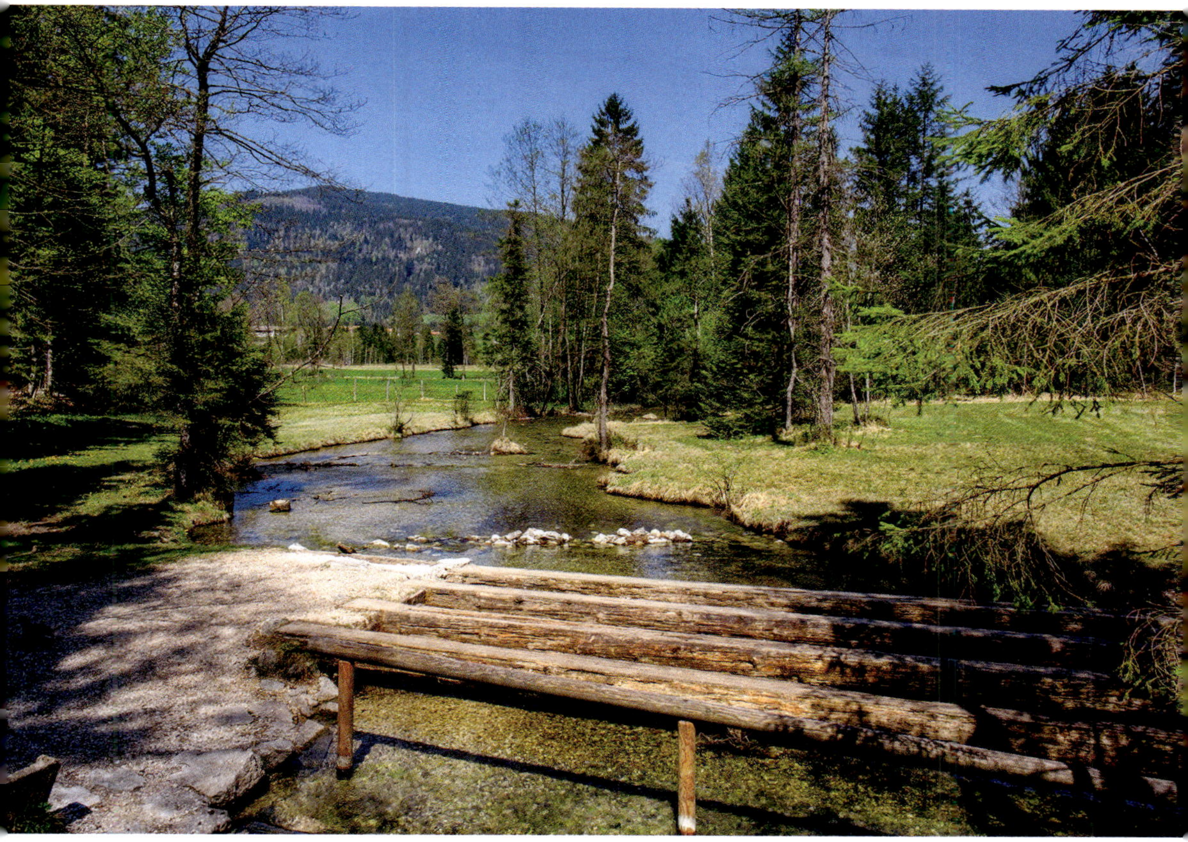

Am Falkenseebach im Breitmoos

links wendet. Wir umrunden nun am Fuße der Berge das idyllische Breitmoos. Stets am Waldrand entlang überqueren wir den Falkenseebach und halten uns kurz darauf scharf links. Ab jetzt folgen wir eigentlich immer der gelben Wanderweg-Beschilderung »Panorama-Runde«, die in diesem Fall auch für uns Radfahrer gilt. Schon verlassen wir das Moos und der Weg führt aufwärts in den Ortsteil Breitmoos.

Nach Schwarzberg In Breitmoos halten wir uns links und am Bushäuschen rechts, so treffen wir an der großen Zimmerei wieder auf die Adlgasser Straße, die wir geradeaus überqueren. Dabei radeln wir über den Großwaldbach und folgen weiter der Panoramaweg-Beschilderung. Nun geht es über die Häuser von Teisenberg nach Brenner, hier halten wir uns rechts und fahren auf Forstwegen im Zickzack über die

Moorerlebnispfad

Der Moorerlebnispfad ist eine ca. fünf Kilometer lange, faszinierende Entdeckungsreise durch die Inzeller Filzen, eine der vielen wunderbaren Moorlandschaften des Chiemgaus, die nach der letzten Eiszeit, also vor ca. 12 000 Jahren, entstanden. Die vielen Mitmachstationen rund um die Flora und Fauna und die Entstehung des Moores sind nicht nur für Kinder spannend. Auch Erwachsene haben ihren Spaß daran.

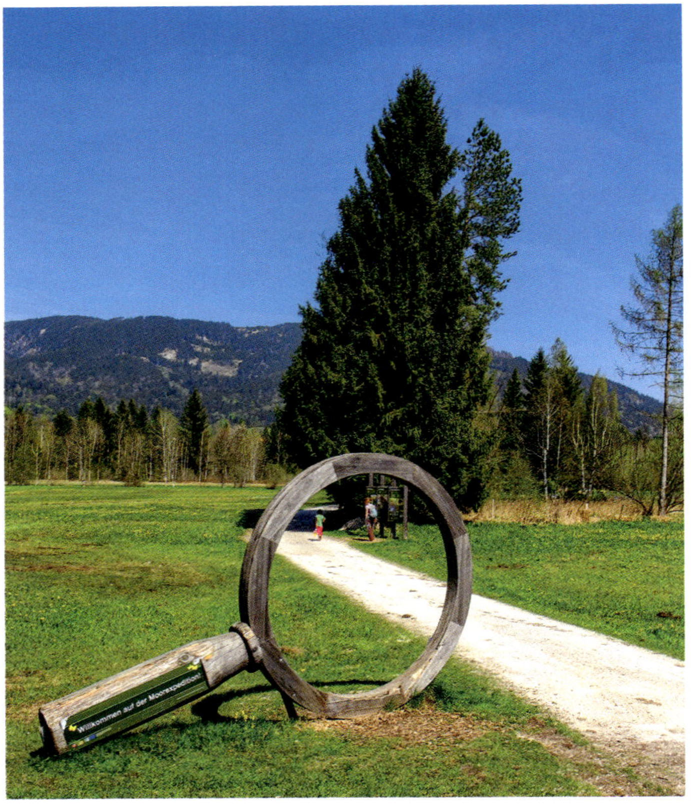

Der Weg des Moorlehrpfads bei Inzell führt durch eine große Lupe.

Felder bis nach Schwarzberg, wo wir wieder auf die große B 306 stoßen. Auf der anderen Seite lockt der schöne Gasthof Schwarzberg zu einer Pause. Für die Weiterfahrt folgen wir nun ein Stück dem Radweg Richtung Siegsdorf, parallel zur B 306.

Entlang der Roten Traun Der Radweg wechselt durch eine Unterführung die Straßenseite und wir biegen kurz darauf links in den Mitterweg ein. So strampeln wir am Soccerpark vorbei und kommen abwärts zur Roten Traun. Noch vor der Brücke führt uns der Radweg nach links, dann überqueren auch wir die Traun und radeln nun durch die beschauliche Inzeller Moorfilzen in Richtung Süden. An der großen Lupe ist ein Abstecher zu Fuß auf den Moorlehrpfad möglich. In Niederachen sind wir dann schon wieder zurück in Inzell. Wer möchte, kann einen Blick in die wunderschöne kleine Kirche Zu unserer lieben Frau werfen. Nach links geht es auf die Schmelzerstraße. So kommen wir in die Ortsmitte von Inzell zurück. Nun müssen wir nur noch die Kirche anpeilen und schon haben wir unseren Ausgangsort wieder erreicht.

Wichtiges zur Tour

Ausgangs-/Endpunkt

Inzell, Rathausplatz

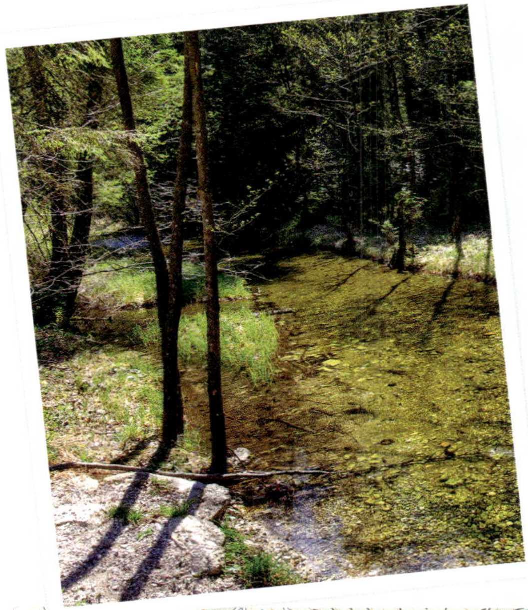

Anfahrt

GPS-Koordinaten: 47.7629, 12.7480
Auto: Von München auf der A 8 Richtung Salzburg, Ausfahrt Traunstein/Siegsdorf, weiter Richtung Süden über Siegsdorf nach Inzell. Der Rathausplatz liegt an der Kirche, dort einige wenige Parkplätze.

Tourencharakter

Kurze, sonnige Rundtour mit nur wenigen Steigungen, überwiegend auf Rad- und Feldwegen

E-Bike-Ladestation

Inzell: Raiffeisenbank

Einkehr

Unterwegs Gasthof Schwarzberg oder im Anschluss mehrere Möglichkeiten in Inzell

Information

Inzeller Touristik,
www.inzell.de

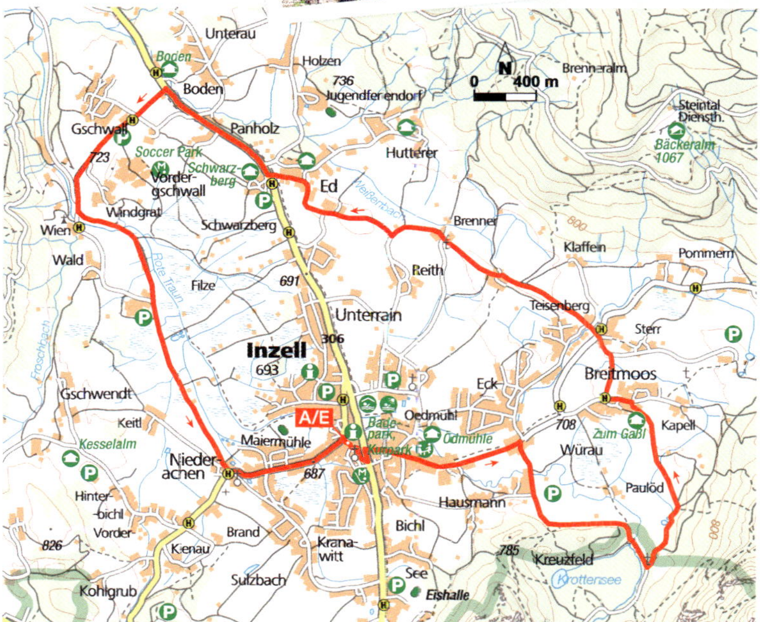

Oben: Viel Natur im Breitmoos

24 Rund um Teisendorf

Landschaftskino

Mittel

3 Std.

38 km

400 Hm

Diese Tour führt zwischen Rupertiwinkler Schlackenhöfen und alten Klöstern durch ein Bauernland, wie man es sonst kaum mehr findet. Die Dörfer sind noch Dorf geblieben, die Felder sind unterschiedlich bewirtschaftet und Wälder sorgen für Abwechslung.

Durch kleine Weiler Wir starten in Oberteisendorf und radeln an der Kirche rechts in die Straße An der Ache. Diese endet an der nächsten Brücke, wo wir rechts auf den Radweg parallel zur Autostraße einbiegen. Bald zweigen wir nach links in die Traunsteiner Straße ab, bleiben am Kreisverkehr geradeaus und radeln auf der alten Hauptstraße mitten durch das Zentrum. An dessen Ende biegen wir nach dem Bräugasthof Alte Post rechts in die Alte Reichenhallerstraße. Wir folgen der Radwegbeschilderung »Via Julia« und biegen nach links in die Roßdorferstraße ein. Schon geht es über einen Feldweg am ersten Schlackenhäuschen vorbei. Stets der Via Julia folgend radeln wir bald wieder ein Stück auf einer kleinen Nebenstraße bis kurz vor Roßdorf. Direkt vor dem Ortsschild wenden wir uns links nach Mühlfelden. Unsere Straße mündet in die große Bundesstraße B 304, der wir nur 500 Meter nach rechts folgen müssen. An der Abzweigung nach Ufering biegen wir links ein und radeln zu den Gleisen hinauf, die wir aber nicht überqueren. Noch vor der Brücke wenden wir uns rechts abwärts, aber nicht ohne zuvor die herrliche Aussicht über den Rupertiwinkel bis weit zu den Bergen rund um Salzburg genossen zu haben. Ca. 200 Meter nach dem einsamen Häuschen geht es links in den Feldweg (Schild »Seeleitenrunde«) und dann gleich wieder an den Gleisen entlang zur nächsten Bahnbrücke. Diesmal überqueren wir die Bahn und radeln über Seeleiten (Schlackenhöfe!) nach Weildorf. In die Pfarrkirche von Weildorf sollte man einen Blick werfen, dort steht eine wunderschöne Muttergottes, die der Meister von Seeon um 1430 geschaffen hat. Aus dieser Zeit stammt auch die noch im Original erhaltene gotische Kirchentür. Vor dem Ortszentrum geht es rechts auf der kleinen Freilassinger Straße weiter abwärts nach Patting. Dort folgen wir der Beschilderung zum Golfplatz, den wir kurz darauf beim Weiler Weng erreichen. Gleich an der ersten Kreuzung in Weng biegen wir rechts, den Wanderweghinweis nach »Straß« beachtend, in die kleine Straße, die rasch zum Feldweg wird. Nach einem leichten Anstieg sind wir in Straß (Schlackenhöfe!). Hier radeln wir auf der großen Hauptstraße nach links durchs Dorf und dann auf dem Radweg bis Niederstraß. Dort geht es am Dorfeingang rechts über die Gleise bergauf nach Sur. Wir halten uns dort vor den Häusern links und folgen der Straße, die bald die Kleine Sur quert. Danach halten wir uns rechts und radeln nach Thundorf. In dem kleinen Dorf gibt es eine nette Rastbank unter drei mächtigen Linden direkt neben der Martinskirche.

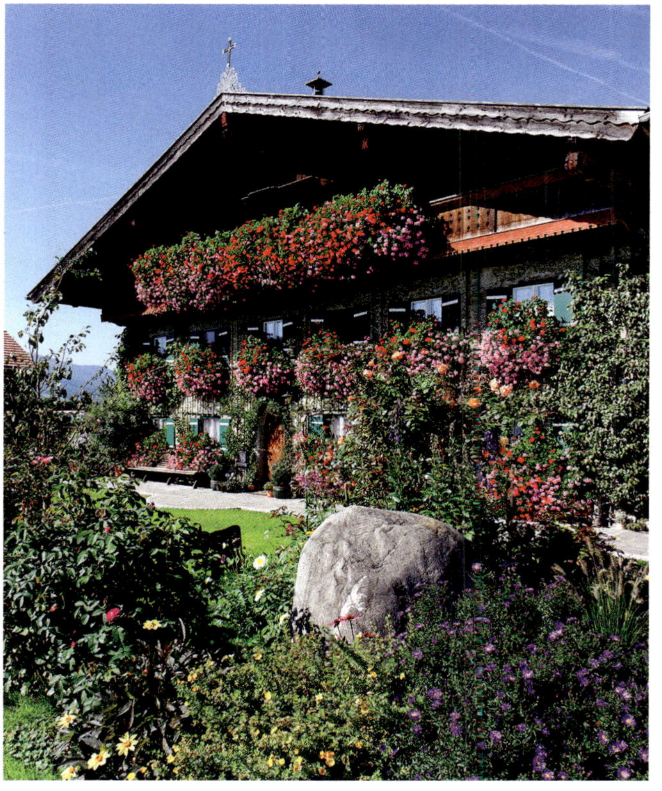

Üppig quellen die Blumen vom Balkon des Bauernhofs in Seeleiten bei Teisendorf.

Salzburger Aussichten

Zur Weiterfahrt folgen wir dann der Hauptstraße nach der Kirche noch für 150 Meter und wenden uns dann nach rechts. Gleich nach dem schönen Schlackenhof auf der rechten Straßenseite biegen wir ebenfalls rechts in die kleine Straße ein und verlassen den Ort auf einem Feldweg. Nun ist der Radweg mit dem schon leicht verblassten Froschsymbol bzw. Aussichtsbergsymbol beschildert. Über Ottmaning kommen wir wieder an eine Autostraße, hier fahren wir weiter rechts immer dem »Frosch« nach und bald links aufwärts zur Kirche nach Vachenlueg. Eine kurze, knackige Steigung bringt uns zur Wallfahrtskirche am einstigen Schloss von Vachenlueg. Die Burg Vachenlueg wurde erst sehr spät, 1414, von den Haunsperger Rittern erbaut. Sie stammten aus dem niedrigsten Adel, die Burg war mit Sicherheit nicht viel mehr als ein befestigter Bauernhof, der aus Stein erbaut war. Irgendwann, wohl im 17. Jh., wurde die Burg zu einem Schloss umgebaut, das 1724, nach dem Aussterben der Haunsperger, an das Kloster Höglwörth verkauft wurde. Schon 100 Jahre später verfiel der Bau, wurde Ruine. Nach einem Erdrutsch wurde 1954 die letzte große Außenmauer des Schlosses gesprengt, sodass von der alten Herrlichkeit nur noch ein paar klägliche Steinreste zu sehen sind. Die Kapelle daneben mit dem Gnadenbild, einer Schwarzen Madonna, steht jedoch offen. Nach der Besichtigung geht es weiter durch den Ort und links in die Sackgasse hinauf zur Autostraße. Bevor wir uns nach links mit der weiteren Auffahrt über den Steinhögl abrackern, bewundern wir die Aussicht nach Osten. Vor uns erahnen wir die Mozartstadt Salzburg unter dem Gaisberg, den man an seinen großen Antennen leicht erkennt. Die große Festung Hohensalzburg ist mit bloßen Augen zu erkennen. Hinter ihr stehen die Berge des Salzkammergutes. Der Steinhögl ist der Ausläufer eines lang gezogenen Höhenrückens, der an der Saalach beginnt und hier endet. Er ist, ähnlich wie die Ratzinger Höhe, ein Relikt der vorletzten Eiszeit.

Schlackenhäuser

Unsere Radtour führt an zahlreichen Bauernhäusern vorbei, die ganz oder teilweise aus seltsam anmutenden Blocksteinen gebaut sind. Das sind Schlackensteine, die bei der Eisenverhüttung in der Maxhütte bei Bergen (Tour 19) in großer Menge angefallen sind. Diese Hochofenschlacke ließ sich leicht in Form bringen, durch feine Gaseinschlüsse besitzt sie hervorragende Dämmeigenschaften und sie war im Vergleich zu anderem Baumaterial sehr preisgünstig. Weil Schlackensteine wasserabweisend sind, brauchte man die daraus gebauten Häuser nicht zu verputzen.

Zur Postkartenidylle in Anger

Leider müssen wir noch ein Stück weiter aufwärts, aber der Anstieg ist überschaubar und schon bald radeln wir wieder leicht abwärts an Steinhögl vorbei. Das Froschsymbol, das eigentlich für eine Ruperti-

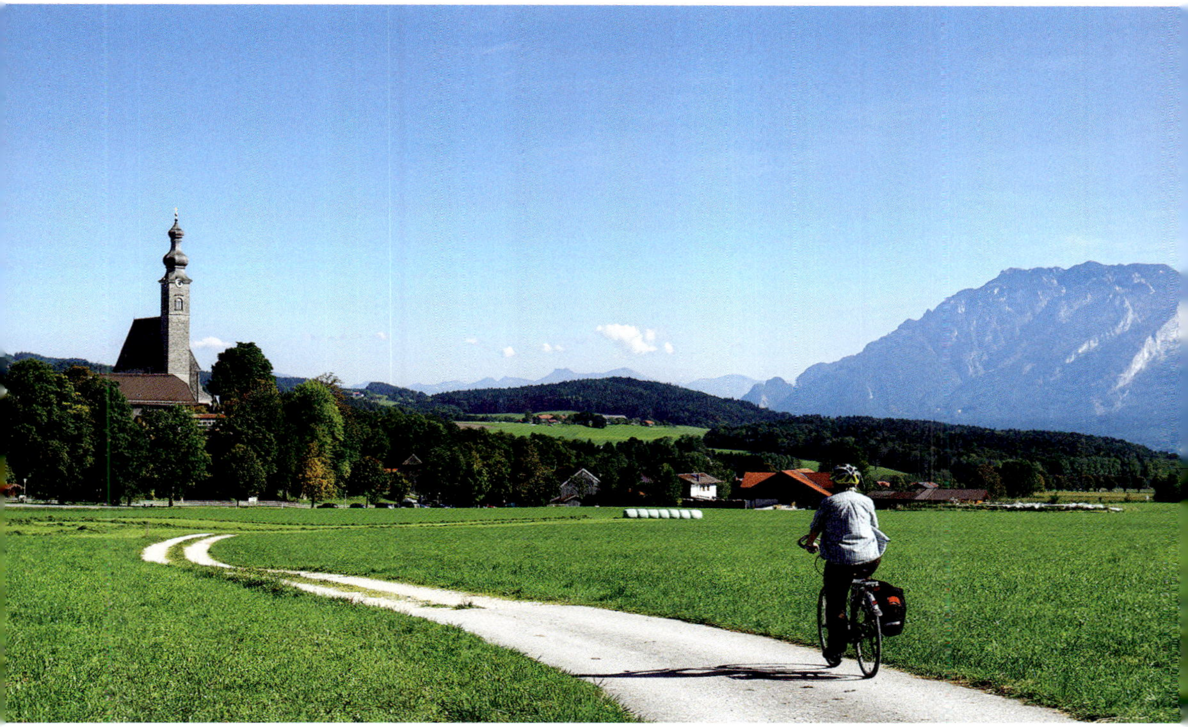

Auf dem Weg nach Anger

gauer Moor- und Moostour Pate steht, weist uns nach links, bis wir direkt nach Anger kommen. Viele kennen den kleinen Ort mit seiner markanten Kirche nur von der Autobahn A 8 auf dem Weg nach Salzburg. Im Ortskern von Anger halten wir uns rechts, um die Kirche herum zum großen grünen Dorfplatz, der auf vielen Postkarten zu sehen ist. An seinem Ende beginnt in der Kurve die Holzhauserstraße, der wir ortsauswärts folgen.

Ein Kloster samt See zum Abschluss An der Straßengabelung halten wir uns rechts nach Stockham. Unmittelbar nach dem Bauernhof in Stockham biegen wir rechts in den Klosterweg (Schild »Höglwörth«) ein und fahren zum See hinab. Mit herrlicher Aussicht auf das sich im See spiegelnde Kloster Höglwörth geht es leicht holprig abwärts. Etwas Zeit für eine Besichtigung oder eine Einkehr dürfen wir uns nun zum Abschluss schon gönnen. Für die Weiterfahrt bleiben wir einfach auf unserer Frosch-Moorrunde. Wir fahren am Höglwörther

Rechte Seite: Bei Anger

Kloster Höglwörth spiegelt sich im gleichnamigen Klostersee.

Seebad vorbei und nun komplett autofrei durch Wald und über Wiesen, am einsamen Haus Ramsau vorbei, unter der Bundesstraße hindurch zurück nach Teisendorf. Die Stadt erreichen wir am Freibad, und wenn wir der Straße einfach folgen, treffen wir bald wieder auf den bekannten Hinweg. Nun ist es nicht mehr weit durch die Stadtmitte auf dem Radweg zurück nach Oberteisendorf.

Höglwörth

Höglwörth war eines der ältesten Klöster im Rupertiwinkel. Man vermutet, dass es bereits im 9. oder 10. Jh. gegründet wurde. Die ersten Urkunden berichten allerdings erst 1122 bzw. 1123 von dem Kloster. Am Hochaltar der Klosterkirche, die heute Filialkirche der Pfarrei Anger ist, findet sich Weltkunst. Das virtuos gemalte Bild von der Verklärung Jesu am Berg Tabor stammt von Francesco Vanni aus Siena aus der Zeit um 1600. Berühmt ist auch das Heilige Grab, das alle drei Jahre zu Ostern aufgestellt wird. Dann werfen viele bunte, mit Wasser gefüllte Kugeln ein magisches Licht in den Kirchenraum. Die Klostergebäude wurden nach der Säkularisation von der Brauersfamilie Wieninger aus Teisendorf erworben. Ganz in der Nähe steht der Klosterbräu, der sich bestens für einen Biergartenstopp eignet.

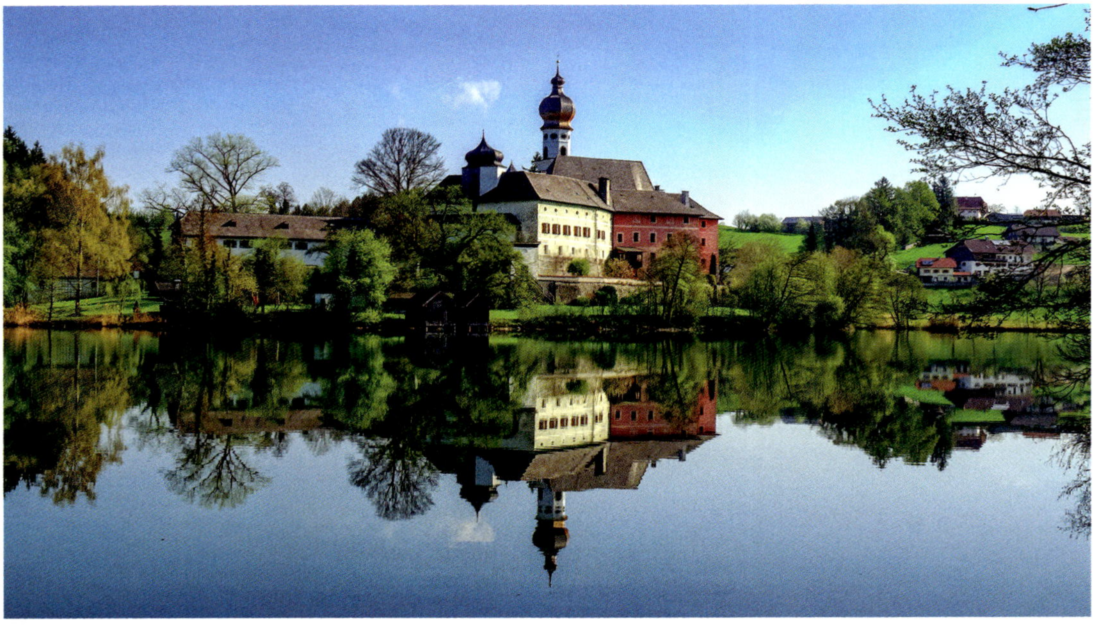

Wichtiges zur Tour

Ausgangs-/Endpunkt
Oberteisendorf, Pfarrkirche St. Georg

Anfahrt
GPS-Koordinaten: 47.8508, 12.7491
Auto: Von München auf der A 8 Richtung Salzburg, Ausfahrt Neukirchen. Durch das Achental Richtung Teisendorf nach Oberteisendorf. Parkplätze rund um die Kirche.
Bahn: Alternativer Startort: Bahnhof Teisendorf, liegt an der Bahnstrecke München–Salzburg.

Tourencharakter
Eine Rundtour vorwiegend auf kleinen, wenig befahrenen Nebenstraßen und ungeteerten Radwegen.
Einige steile, aber kurze Anstiege

E-Bike-Ladestation
Anger: Elektro Hinterstoisser, Mühlenweg 2, nur Mo bis Sa 7–19 Uhr

Einkehr
Unterwegs jede Menge bayerische Gasthäuser. Gegen Ende der Tour lohnt ein Stopp am großen Dorfplatz in Anger oder beim Klosterwirt am Höglwörther See.

Information
Tourist-Info Teisendorf, www.teisendorf.de

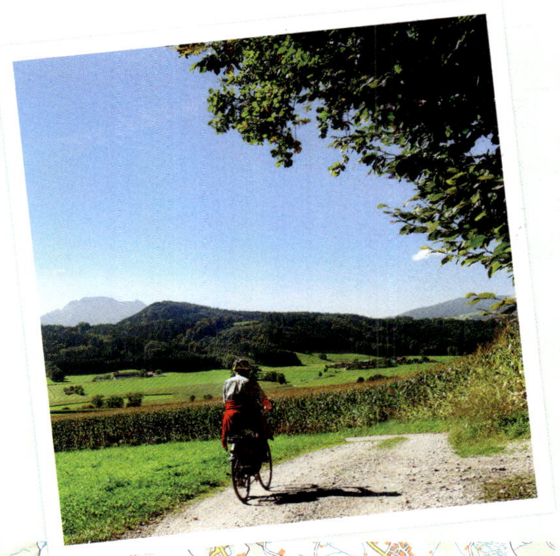

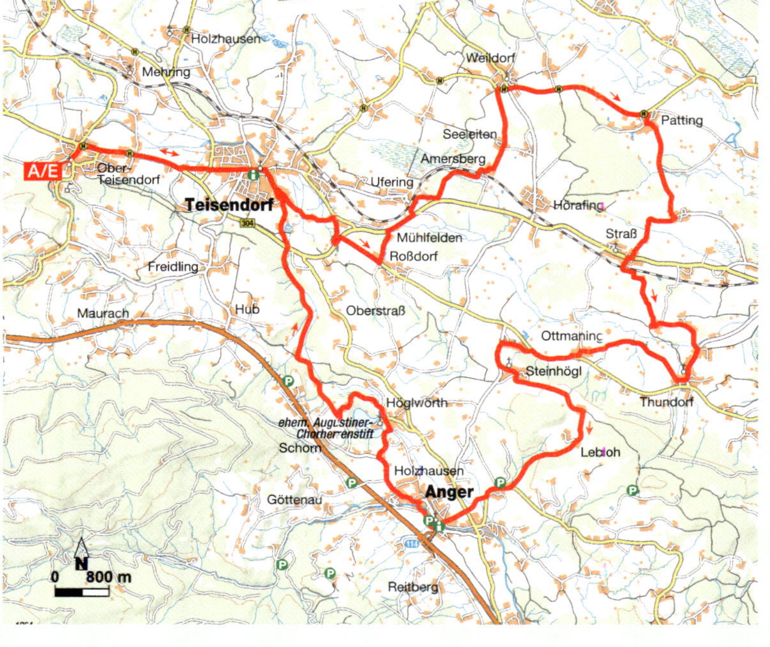

25 Von Freilassing nach Salzburg

In die Stadt des jungen Mozart

- Leicht
- 3 Std.
- 34 km
- 0 Hm

Eine große sportliche Leistung ist diese Radtour nicht, das wollen wir gerne ganz offen zugeben. Diesmal ist uns das Rad Mittel zum Zweck, um Salzburg, die wunderschöne alte Stadt, hautnah auf einem ausgedehnten Stadtrundgang zu erleben.

Nach Österreich Wir starten in Freilassing am Salzburger Platz und fahren auf der Salzburger Straße zur Saalach-Brücke. Es ist nur ein kurzes Stück auf der belebten Straße, gleich beginnt ein bequemer Radweg. Den Fluss überqueren wir auf der Mauerkrone des Saalach-Kraftwerkes neben der Straßenbrücke. An diese Stelle werden wir am Ende unserer Radtour zurückkommen. Hier, in der Mitte des Flusses, verläuft übrigens die Grenze zwischen Österreich und Deutschland. Auf der österreichischen Seite der Saalach fahren wir unter der Straßenbrücke durch und dann auf dem Damm geradeaus durch den Auwald zunächst in nördlicher Richtung bis zu der Stelle, an der sich Salzach und Saalach vereinigen.

Entlang der Salzach Jetzt radeln wir am Salzachufer zurück Richtung Salzburg. Wenn es im Sommer heiß ist, könnten wir bereits jetzt eine kurze Pause einlegen und uns im Badesee von Herrenau abkühlen. Dieser wunderschöne See liegt in einer weiten Parklandschaft, im Hintergrund schauen der Predigtstuhl und der Hochstaufen zu uns herüber.
Nach der Abfrischung oder der kurzen Schaurast geht es auf dem Dammweg weiter zur Autobahnbrücke. Dann überqueren wir auf dem Steg unter der Fahrbahn die Salzach. Auf der anderen Seite der Salzach radeln wir weiter Richtung Innenstadt. Bald unterqueren wir die Bahn und unternehmen dann auf der Höhe der nächsten Salzachbrücke, dem Müllnersteg, einen kurzen Abstecher nach links in den Mirabellgarten. Zu-

sammen mit dem Schloss Mirabell gehört er zu den absoluten Highlights eines Salzburger Stadtrundgangs. Millionenfach fotografiert ist der Blick über das Schloss und den Mirabellgarten auf die Altstadt von Salzburg mit der darüber thronenden Festung. Die wenigsten Besucher wissen jedoch, dass der Garten und der Vorgängerbau des heutigen Schlosses seinen Ursprung in einer tiefen, aber verbotenen Liebe hatten. Bereits als Kanonikus hatte der spätere Bischof und Schöpfer des barocken Salzburg Wolf Dietrich von Raitenau die junge Salome Alt kennen und lieben gelernt und war ihr ein Leben lang trotz seiner Stellung als Priester und Bischof treu geblieben. Für sie ließ er als Wohnsitz ein Schloss bauen und nannte es nach ihr »Altenau«. Sein Nachfolger Markus Sittikus ließ die Lebensgefährtin des Bischofs vertreiben und nannte das Schloss fortan »Mirabell«, um auch die letzte Erinnerung an die Geliebte seines Vorgängers zu tilgen. Das Schloss wurde später als barocke Anlage neu aufgebaut, die Grundmauern des alten Schlosses blieben jedoch erhalten.

Das Saalachkraftwerk bei Freilassing

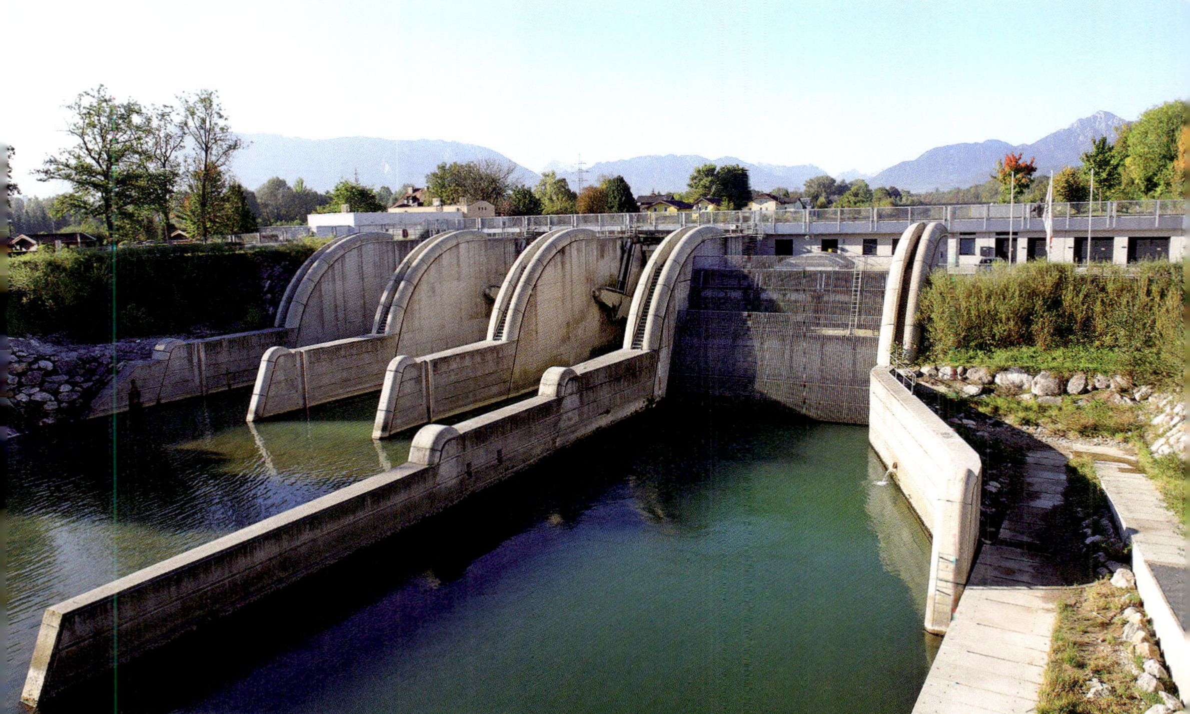

Zurück am Salzachufer radeln wir noch ein Stück weiter in Richtung Innenstadt. Die Altstadt ist nicht sehr groß, ein Fahrrad ist bei einer Besichtigung mehr hinderlich als nützlich. Deshalb stellen wir unser Fahrrad gerne an der nächsten Brücke, am Makartsteg, ab.

Salzburger Stadttour Der Rundgang, den wir jetzt vorschlagen, ist naturgemäß sehr willkürlich. Es gibt sicher hunderte Varianten, Salzburg zu erleben. Auf diesem Weg erreichen wir jedoch die wichtigsten Punkte der Barockstadt, obwohl diese Auswahl sicherlich auch persönlich ist.

Wir überqueren also die Salzach auf dem Makartsteg. Der Name ehrt den 1840 in Salzburg geborenen Historienmaler Hans Makart, der in Wien Karriere gemacht hat. Wir überqueren die beiden Straßen und schlüpfen in einen Durchgang, der uns zu der berühmten Getreidegasse führen wird. Der Durchgang, auch »Durchhaus« genannt, ist typisch für die Salzburger Altstadt. Wir gehen durch einen Innenhof, in dem früher die Waren abgeladen wurden, um sie dann, meist im Erdgeschoß, zu lagern. Dort waren auch Werkstätten und ein Pferdestall, im ersten Stock lagen die Büros, das »Kontor«, im zweiten Stock wohnte die Familie und oben unterm Dach die Angestellten, die Hausmädchen, die Fuhrknechte und die Gesellen.

Durch einen Gang erreichen wir schließlich die Getreidegasse mit ihrem ganz eigenen Flair, den man in Ruhe auf sich wirken lassen sollte. In jedem der Häuser ist ein Geschäft, ein Café oder eine Gaststätte, die Angebote reichen vom Touristenkitsch über Trachten bis hin zum erlesenen Schmuck oder zur feinsten Mode. Wenn wir uns sattgesehen haben, schlüpfen wir wieder durch ein »Durchhaus« und kommen auf den Universitätsplatz mit seinem Wochenmarkt vor dem Geburtshaus Mozarts. Ihm gegenüber steht die Kollegienkirche, die Universitätskirche von Salzburg. In internationalen Maßstäben gemessen ist sie neben dem Dom der zweitwichtigste Kirchenbau der Stadt, ein Meisterwerk des Barockarchitekten Fischer von Erlach. Wir gehen durch den Torbogen auf der Churfürstenstraße und biegen gleich darauf rechts in die Sigmund-Haffner-Gasse ein. So erreichen wir bei der Franziskanerkirche die Franziskanergasse. Nach rechts geht es zum Großen Festspielhaus, an dessen unspektakulärem Eingang alljährlich zur Festspielzeit die Schaulustigen Spalier stehen, um die Prominenz aus der ganzen Welt hautnah erleben zu können. Nach links geht es zum Domplatz mit der prächti-

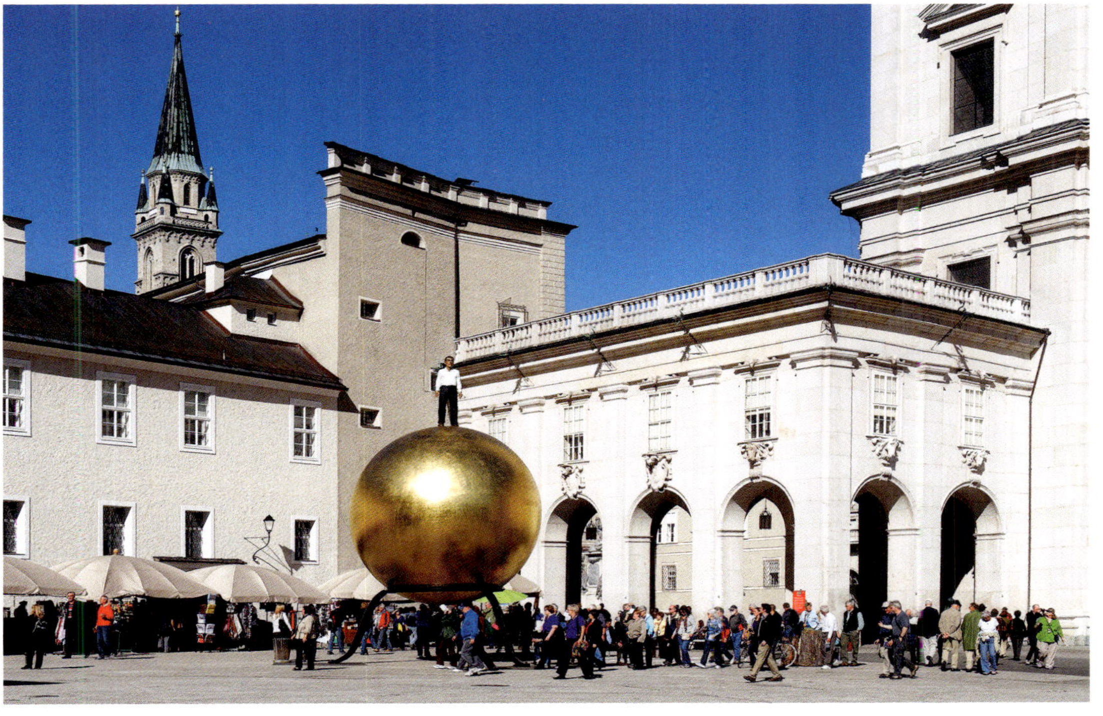

Am Kapitelplatz in Salzburg ist immer viel los.

gen Schaufassade des Salzburger Domes, auf dem, wiederum zur Festspielzeit, alljährlich das Spiel vom Sterben des reichen Mannes »Jedermann« aufgeführt wird. Das Drama von Hugo von Hofmannstal erzählt von einem vermögenden »Jedermann«, der im Angesicht seines Todes feststellen muss, dass er von all seinen Freunden, sogar von seiner Lebensgefährtin, der »Buhlschaft«, verlassen wird. Selbst sein Reichtum, sein Geld nützt ihm in dieser Situation nichts mehr. Nur seine wenigen guten Taten retten ihn schließlich vor der ewigen Verdammnis.

Den Dom betritt man an dieser Schauseite, man wird von dem gigantischen Raum fast erschlagen. Geradezu winzig wirkt ein Priester, der vorne am Hochaltar Messe liest. Nicht weni-

ger als 10 000 Menschen finden in diesem Gotteshaus Platz. Dieser Gigantismus war von Fürstbischof Markus Sittikus Graf von Hohenems und seinem Baumeister Santino Solari natürlich beabsichtigt. Der Dom wurde zu Beginn des 17. Jh. erbaut. Das war die Zeit der Gegenreformation, in der man den »abgefallenen Christen« mit allen Mitteln zeigen wollte, wie reich und mächtig die katholische Kirche war.
Nach dem Besuch im Dom werfen wir noch einen Blick in den romantischen Petersfriedhof, den ältesten Friedhof Salzburgs. Der Eingang ist in der, vom Dom aus gesehen, rechten, hinteren Ecke des Kapitelplatzes. Dieser älteste christliche Friedhof Salzburgs dient heute als eine Art Ehrenfriedhof für verdiente Bürger der Stadt. Er war die Begräbnisstätte des Klosters St. Peter, das Ende des 7. Jh. als eine Art Entwicklungszentrum vom Missionar Rupert auf römischen Mauern gegründet wurde. Die heutige Stiftskirche St. Peter grenzt an den Friedhof, sie stammt eigentlich aus dem 12. Jh. Ihre aufwendige barocke Dekoration erhielt sie im 17. Jh., die ursprüngliche romanische Bausubstanz ist jedoch noch deutlich zu erkennen.

Hoch hinauf Mit der Festungsbahn fahren wir hinauf zur Festung Hohensalzburg. Der Felsrücken, auf dem die Burg steht, bot schon immer hervorragenden Schutz für die Bevölkerung in unruhigen Zeiten. So braucht es uns nicht zu wundern, dass sich auf ihm schon die Kelten niedergelassen haben. Seit dem 10. Jh. diente der Berg mit seiner Burg den Fürstbischöfen bei Kriegen und Aufständen als letzte Zuflucht. Einen Besuch der zum Teil luxuriös ausgestatteten Innenräume im Rahmen einer Führung ist sehr zu empfehlen. Wieder unten in der Stadt schlendern wir über den Residenzplatz, bewundern den Residenzbrunnen, den größten Barockbrunnen Mitteleuropas, und werfen vielleicht einen Blick in das Salzburger Heimatwerk. Das ist eine Kultureinrichtung des Bundeslandes Salzburg, die sich ohne Gewinnabsicht um die Erhaltung von Brauchtum, Kunsthandwerk, Volkstanz und Volksmusik kümmert. Wer hier einkauft, kann sicher sein, nur unverfälschte Dinge

Kühles Nass

Im Sommer Badesachen für den Badesee in Herrenau nicht vergessen!

zu erhalten. Gleich um die Ecke erinnert die Stadt mit einem repräsentativen Denkmal an ihren wohl größten Sohn, den Komponisten Wolfgang Amadeus Mozart, der 1756 in dem Haus am Universitätsplatz geboren wurde. Doch der nüchterne und überaus sparsame Fürstbischof Colloredo konnte und wollte das Genie Mozart nicht in Salzburg halten. Der Musikus wich nach Wien aus, wo er seine letzten zehn Lebensjahre verbrachte. Zum Abschluss unserer Stadtwanderung genehmigen wir uns vielleicht im ältesten Kaffeehaus Salzburgs, im Café Tomaselli, einen »Kleinen Braunen« und wandern über den Alten Markt an der Salzach entlang zu unseren Rädern zurück.

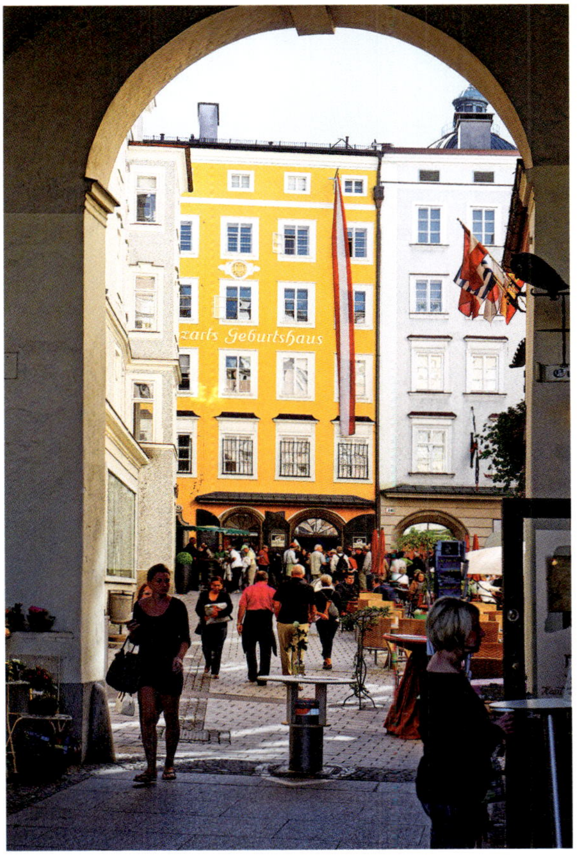

Das Geburtshaus von W.A. Mozart in Salzburg sollten wir natürlich besichtigen.

Südkurs Jetzt werden wir in großem Bogen südlich um die Altstadt herumfahren und dabei durch Gebiete kommen, die auch im Hochsommer nicht von Touristen überschwemmt sind. Zunächst bleiben wir der Salzach treu und radeln, egal auf welcher Uferseite, die vielen prächtigen Villen am Salzachufer bewundernd flussaufwärts. Nach knapp zweieinhalb Kilometern kommen wir zum Überfuhrsteg. Wer auf der Mirabellseite geradelt ist, überquert hier die Salzach und dann radeln wir, leicht rechts versetzt, durch die Michael-Pacher-Straße über die große Kreuzung direkt zu den ausgedehnten Baukomplexen der Salzburger Universität. Wir biegen links in die Hellbrunner Straße ab, die sich nach einer weiten Rechtskurve Hofhaymer Allee nennt, und fahren am privaten Wasserschloss Freisaal vorbei, das schon im 14. Jh. den Fürstbischöfen als Lusthaus diente. Nach der Fürstenallee fahren wir auf der Beethovenstraße weiter und folgen ihr nach rechts in den Hans-Donnersberg-Park hinein. Auf einem Parkweg geht es hinauf zu dem pompösen Seniorenheim Nonntal, das kurz vor der Wende zum 20. Jh. in diesem historisierenden Stil erbaut wurde. Wir fahren links um das Heim herum zur Leopoldskroner Allee, die uns nach links direkt zum Schloss Leopoldskron bringt. Der bayerische König Ludwig I. hat das Schloss, das zu Beginn des 18. Jh. als Sommersitz des Erzbischofs von Firmian erbaut wurde, als Alterssitz genutzt. 1918 kaufte es Max Reinhardt, der Begründer der Salzburger Festspiele. Heute ist es ein Hotel.

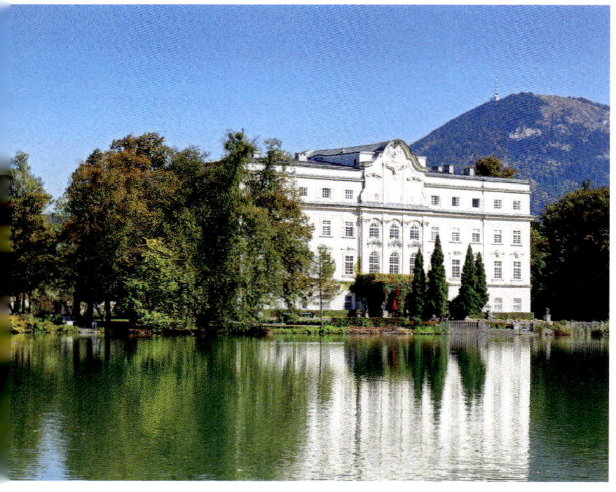

Schloss Leopoldskron bei Salzburg entdecken wir am Rückweg.

Rechte Seite: Feste Hohensalzburg über der Salzach

Jetzt geht es auf der Firmianstraße am Freibad vorbei und weiter auf der König-Ludwigstraße am Schlossweiher entlang und dann rechts in die Von-Nissenstraße, die am freien Feld zum Josef-Moosbrucker-Weg wird. Wir erreichen die Moosstraße und fahren knapp 100 Meter nach links versetzt an der Volksschule vorbei über die Wiesen zum Glanbach. Dort geht es nach links, dann queren wir in einem Bogen die Anflugschneise des Salzburger Flughafens. Weiter am Glanbach entlang überqueren wir erst an der dritten Brücke nach der Anflugschneise den Glanbach. Die Waldstraße bringt uns zur Laschenskystraße, geradeaus geht es auf dem kleinen Kapellenweg weiter nach Viehhausen. Im Ort fahren wir links auf die Viehhauser Straße, nach der Autobahn weiter auf dem Grödiger Weg nach Wals-Siezenheim und, immer der Hauptstraße folgend, zum Kirchplatz von Wals. Das kleine, steile Sträßchen links bringt uns nach unten zur Grünauer Straße.

Rückfahrt Dieser Straße folgen wir ein kurzes Stück bis nach Grünau, wo wir in der Linkskurve geradeaus in den Höglweg zur Saalach einbiegen. Nochmals halten wir uns kurz links, dann überqueren wir die Salzach auf der gedeckten Brücke, dem Grünauer Steg, und fahren von hier aus flussabwärts. Wenn wir immer in der Nähe der Saalach bleiben, können wir den Weg nicht verfehlen. In knapp sechs Kilometern sind wir wieder in Freilassing.

Wichtiges zur Tour

Ausgangs-/Endpunkt
Freilassing, Salzburger Platz

Anfahrt
GPS-Koordinaten: 47.8409, 12.9829
Auto: Von München auf der A 8 Richtung Salzburg, Ausfahrt Bad Reichenhall, über die B 20 nach Freilassing. Zahlreiche Parkmöglichkeiten, am einfachsten am Stadteingang in der Salzburger Straße. Der Salzburger Platz liegt am Übergang der Münchner Straße in die Salzburger Straße.
Bahn: Freilassing liegt an der Bahnstrecke Bad Reichenhall–Salzburg.

Tourencharakter
Rundtour in und um Salzburg meist auf Dammwegen, Radwegen und Stadtstraßen

E-Bike-Ladestation
Salzburg: ElectroDrive Salzburg am Rudolfskai Nähe Mozartsteg

Einkehr
Zahlreiche Gaststätten aller Preisklassen in und um Salzburg. Ausklingen lassen kann man die Tour in Freilassing im Biergarten beim Gasthaus Zollhäusl mit gestandener bayerisch-österreichischer Küche. Man findet es an der Saalach nach der Bahnbrücke hinter der Grenzpolizei.

Information
Tourist-Info Freilassing, www.freilassing.de; Tourismus Salzburg, www.salzburg.info

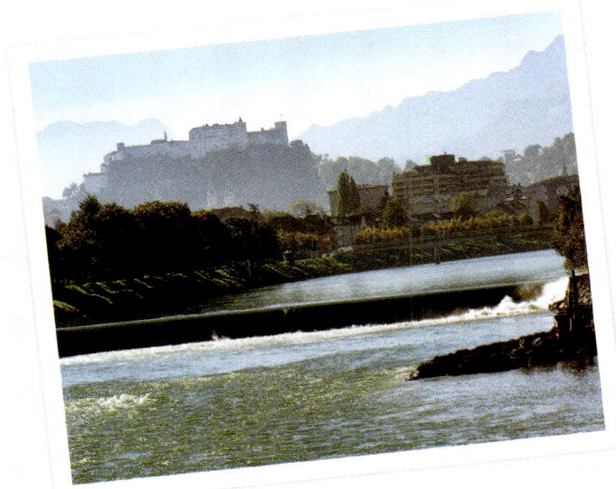

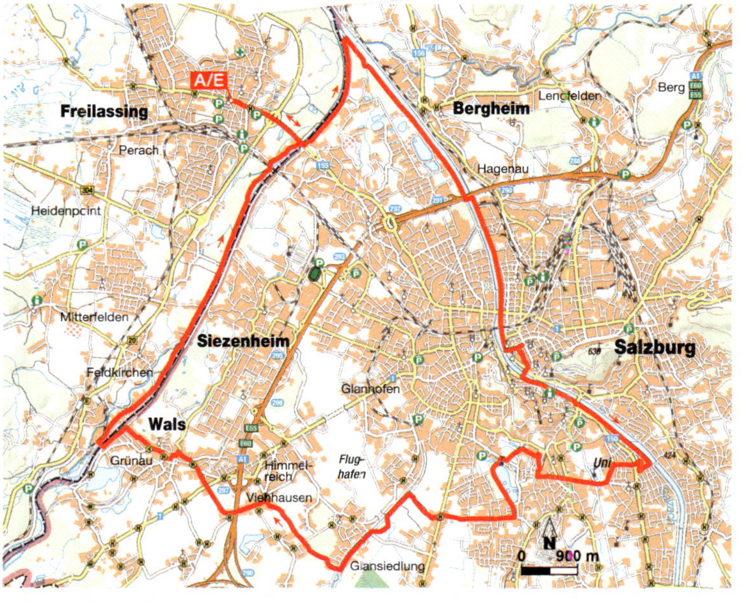

26 Von Laufen nach Schönram

Traktorensammler, Dorfbrauerei und ein wunderschönes Moor

Mittel

3 Std.

37 km

300 Hm

Der Rupertiwinkel gehört zwar ziemlich genau seit 200 Jahren zu Bayern. Die Prägung, die ihm die jahrhundertelange Herrschaft der Salzburger Bischöfe verliehen hat, ist aber nicht zu verbergen.

Zu den Bundwerkstadeln Wir beginnen unsere Fahrt am Oberen Tor von Laufen und radeln die Tittmoninger Straße stadtauswärts. Nach etwa 300 Metern biegen wir links in die Teisendorfer Straße ein. Wir fahren unter der Bahnlinie durch und nehmen kurz danach rechts die Lindenstraße, die uns nach Biburg bringt. Dort überqueren wir die Bahngleise, fahren durch das Gestüt Biburg und biegen dann rechts nach Pfaffing ab. Bei dem großen Sägewerk geht es wieder nach links, dann, an der breiteren Straße, rechts zur Abzweigung nach Pölln und Hof mit seinem privaten Museum bäuerlicher Arbeitsgeräte.

Von Hof aus geht es dann direkt nach Kirchanschöring. Dort fällt das Rathaus besonders ins Auge, das von der Ostseite wie ein kleiner Bauernhof aussieht, von der Gegenseite wie ein moderner, aber architektonisch schön gestalteter Zweckbau. Wir biegen vor dem Rathaus links ab, fahren durch Voglaich und kommen nach Güßhübel, einem mächtigen Einödhof hoch oben auf einem Hügel.

Hier geht es nach rechts über Milzham nach Fronholzen. Direkt an der Straße steht ein Bauernhof. Seine Scheune mit kunstvollem Bundwerk wurde erst vor wenigen Jahren erbaut. Damit wird eine Tradition fortgesetzt, die in der Mitte des 19. Jh. seine Hochblüte hatte und überall im Chiemgau enorme Verbreitung gefunden hat.

Das Naturwaldreservat Wir radeln etwas links versetzt weiter und erreichen nach knapp zwei Kilometern eine Querstraße, auf der wir nach links aufwärts einen Wald durchqueren. An seinem Rand führt uns rechts ein Weg mit einem etwas ungewöhnlichen Profil in den Wald: Er ist wie ein Damm aufgeschüttet. Diese Beobachtung ist auch richtig, bis 1950 war hier der Damm einer Feldbahn, mit der Torf aus der Schönramer Filz gefahren wurde. Diese Heidefläche war bis um 1850 ein intaktes Hochmoor, das dann durch Gräben entwässert wurde, um es anschließend aufzuforsten. Ab 1920 wurde systematisch Torf als Brennmaterial abgebaut und über eine Torfeisenbahn aus dem Moorgebiet gebracht.

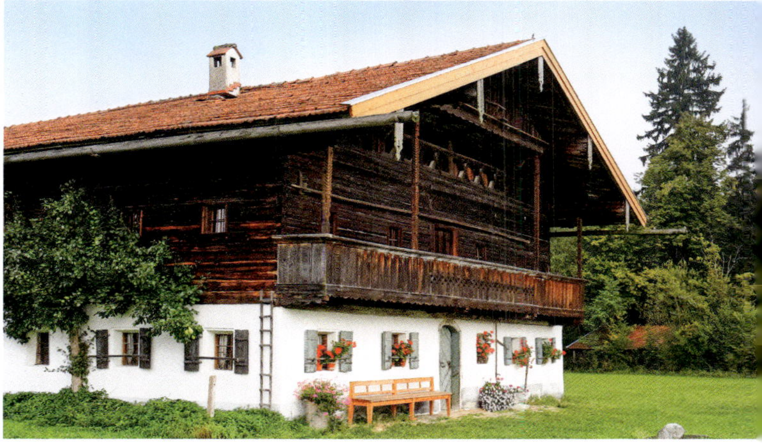

Im Bauernhofmuseum in Hof bei Kirchanschöring

Wir fahren einen guten Kilometer auf dem Dammweg, dann führt uns ein schmaler Weg nach rechts direkt in das Moorgebiet. Hier sind immer viele Spaziergänger unterwegs, also aufpassen! Auf dem Weg, er biegt später scharf links ab, lohnt es sich auch einmal vom Fahrrad abzusteigen, denn nur so kann man die artenreiche Vegetation, die in einem Moor wächst, genauer beobachten. Da ist zunächst der Wald, den man im Rahmen der Nutzung der ausgebeuteten und entwässerten Torfflächen gepflanzt hat. Man fährt an Heideflächen vorbei, die spärlich mit einzelnen Birken oder Kiefern bewachsen sind. Eine besondere Augenweide ist diese Heidefläche im frühen Frühjahr, wenn Erikabüsche den Boden in ein zartes Rosa tauchen. Sie werden einige Wochen später von dichten Wollgrasbüscheln in den Hintergrund gedrängt, diese wachsen näher am großen Moorsee, der im Rahmen der Renaturierung wieder aufgestaut wurde. Hier findet man auch den seltenen Sonnentau, eine fleischfressende Pflanze, die typisch für die nährstoffarme Torffläche ist. Im Laufe der Zeit wird dieser Moorsee jedoch wieder langsam verlanden, neuer Torf wird sich bilden, auf dem dann erste Pionierpflanzen wieder ihren Anfang finden.

Die Dorfbrauerei An der Autostraße angekommen wenden wir uns nach rechts und erreichen den kleinen Ort Schönram mit seiner Dorfbrauerei und dem zugehörigen Bräustüberl, wo wir uns eine ausgiebige Rast genehmigen dürfen. Die kleine Kapelle gegenüber dem Bräustüberl prangt in reinster Neugotik. Anton Köllerer, ein Vorfahre der heutigen Eignerfamilie der Brauerei, ließ sie 1852 als Privatkapelle in diesem damals hochmodernen Baustil errichten.

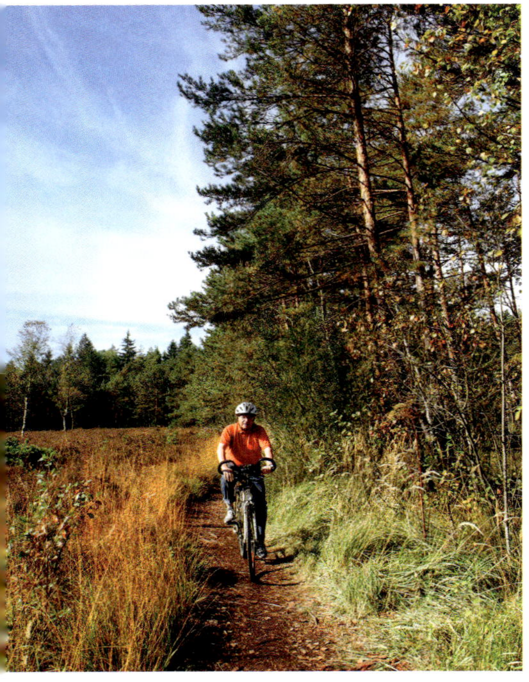

Radfahrer im Schönramer Moor bei Petting

Rechte Seite: Die Stubnmusi Haas spielte beim Erntedankfest im Bräustüberl Schönram auf.

Von Schönram fahren wir auf der Autostraße nach Moorwastl, biegen dort links ab und fahren auf der Feldstraße hinauf zum Hof Spitzer. Die Aussicht von hier oben auf die Berge um Berchtesgaden, auf den Untersberg und auch die Chiemgauer Berge über dem Högl ist einmalig. Das Kirchlein, das so markant am gegenüberliegenden Hügel steht, ist die Pfarrkirche von Weildorf, die wir in Tour 24 besucht haben. Von Spitzer geht es wieder abwärts nach Schign und am Ortseingang bei der Kapelle mit den Bauernheiligen Notburga, Isidor und Bruder Konrad nach links über die Felder nach Moosen mit der kleinen Vituskirche, die bis in die Zeit der Gotik zurückgeht. In Moosen halten wir uns links Richtung Abtsdorfer See. Er wird auf vielen Schildern umgangssprachlich nur Abtssee genannt. Auf unserer Fahrt erreichen wir eine Querstraße. Wir fahren nach links, am Hof Haarmoos vorbei zu einer weiteren Querstraße, die uns wieder nach links schnurgerade durch das Haarmoos führt. An der nächsten Fahrstraße geht es nach rechts hinauf nach Leobendorf. Wenn es die Jahreszeit erlaubt, kann man im Ort an der zweiten Abzweigung rechts zum Abtsdorfer See hinunterfahren und zum Abschluss der Tour noch ins Wasser springen.

Wir folgen der Hauptstraße und erreichen über Froschham Laufen an der Tittmoninger Straße. Ein paar Meter fahren wir noch nach rechts und schon sind wir zurück an unserem Ausgangspunkt, dem Oberen Tor.

Wichtiges zur Tour

Ausgangs-/Endpunkt
Laufen, Oberes Tor

Information
Tourist-Info Laufen, www.stadtlaufen.de

Anfahrt
GPS-Koordinaten: 47.9385, 12.9360
Auto: Von München auf der A 8 Richtung Salzburg, Ausfahrt Neukirchen, über Oberteisendorf und Teisendorf nach Laufen. Kostenloses Parken in der Tiefgarage am Brioude-der Platz. **Bahn:** Laufen liegt an der Strecke Freilassing–Berchtesgaden.

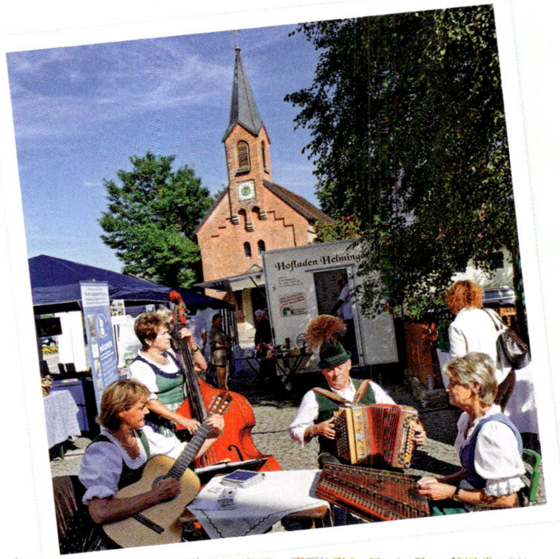

Tourencharakter
Schöne Rundtour, fast durchwegs auf Nebenstraßen und ungeteerten Wegen mit tollen Ausblicken auf die Berchtesgadener Berge

E-Bike-Ladestation
Laufen: Vor dem Rathaus, Schönram: Am Bräustüberl

Einkehr
Gaststätten in Kirchanschöring, Schönram und Leobendorf. Einen wunderschönen Biergarten gibt es am Bräustüberl Schönram, die Biere der zugehörigen Landbrauerei sind auch nicht zu verachten.

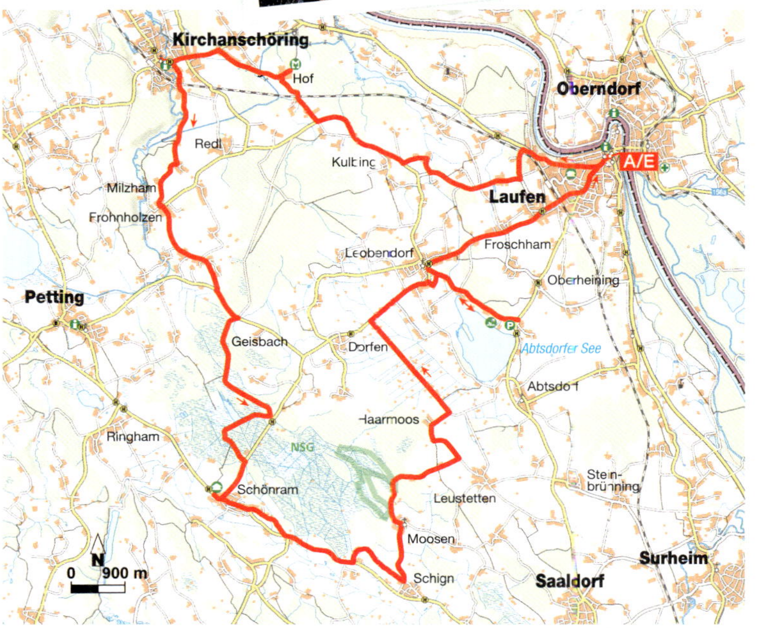

27 Von Kirchanschöring zum Waginger See

Auf dem Panoramaweg

Mittel

2:30 Std.

25 km

320 Hm

Panoramatour heißt die Runde und macht dabei ihrem Namen alle Ehre. Die herrlichsten Aussichtspunkte bremsen uns immer wieder aus. Am besten bringen wir eine eigene Brotzeit mit, denn so traumhaft schön wie an diesen Plätzen kann man sonst nicht einkehren.

Zum Waginger und Tachinger See Unser heutiger Rundweg ist von Anfang bis zum Ende hervorragend mit einem kleinen, fast quadratischen Bergpanorama-Symbol beschildert. So starten wir am Kirchanschöringer Bahnhof und radeln zur Hauptstraße vor. Dort biegen wir rechts, dem Panoramaschild folgend, auf den Radweg ein. Kurz nach dem Ortsende geht es rechts auf die ansteigende Straße. Die lässt uns nun ganz schön in die Pedale treten, denn sie bringt uns im Auf und Ab in westliche Richtung. Vorbei an einigen großen Bauernhöfen geht es über Felder, dann dauert es nicht mehr lange und vor uns liegt schon der große Waginger See. Bei Wolkersdorf überqueren wir dann eine größere Autostraße und folgen dem daneben verlaufenden Radweg nach rechts. Mit weitem Blick über den See geht es auf diesem Panoramaweg hinunter nach Tettenhausen, wo wir unbedingt einen kleinen Abstecher ans Seeufer unternehmen sollten. Von der Brücke zwischen dem Tachinger und dem Waginger See hat man ebenfalls eine tolle Sicht, außerdem kann man hier ins Wasser hüpfen oder im Strandbad einkehren. Zurück in der Tettenhausener Ortsmitte folgen wir dann der Beschilderung nach Bicheln in nördlicher Richtung.

Mehr als nur ein Panorama Wieder geht es bergauf, leider diesmal ohne jeden Schatten. Aber in Bicheln haben wir es geschafft. Ganz oben wartet an der Weggabelung eine Rastbank auf uns. Hier müssen wir unbedingt anhalten und die Aussicht genießen. In der Sonne glitzert der See und am Horizont grüßen die schneebedeckten Alpen. Vor uns stehen ein paar Löwenzahnwiesen und duftende Apfelbäume. Für dieses Frühjahrserlebnis gibt es kaum Worte. Losreißen fällt schwer, aber es folgen ja noch weitere Highlights. So geht es nun nach links, bald in den Wald hinein. Der Weg wird zum Forstweg und führt nun locker-flockig bergab. Wir müssen nicht einmal treten – eher bremsen! Kaum aus dem Wald sehen wir vor uns schon das kleine Kirchlein St. Coloman auf der Anhöhe. Wer noch einmal ins Wasser hüpfen möchte, fährt hier ans Strandbad, ansonsten geht es rechts steil hinauf zur Kirche. Auch hier werden wir vom Panorama verwöhnt. Eine Tafel erklärt den endlosen Gipfelreigen. So schön kann Schauen sein! Kunstinteressierte können auch noch in die Kirche blicken. Leider ist die uralte, kunstvoll mit Eisen verzierte Türe meist

Blühende Obstbäume und der Kirchturm von Waging vom Aussichtspunkt B cheln

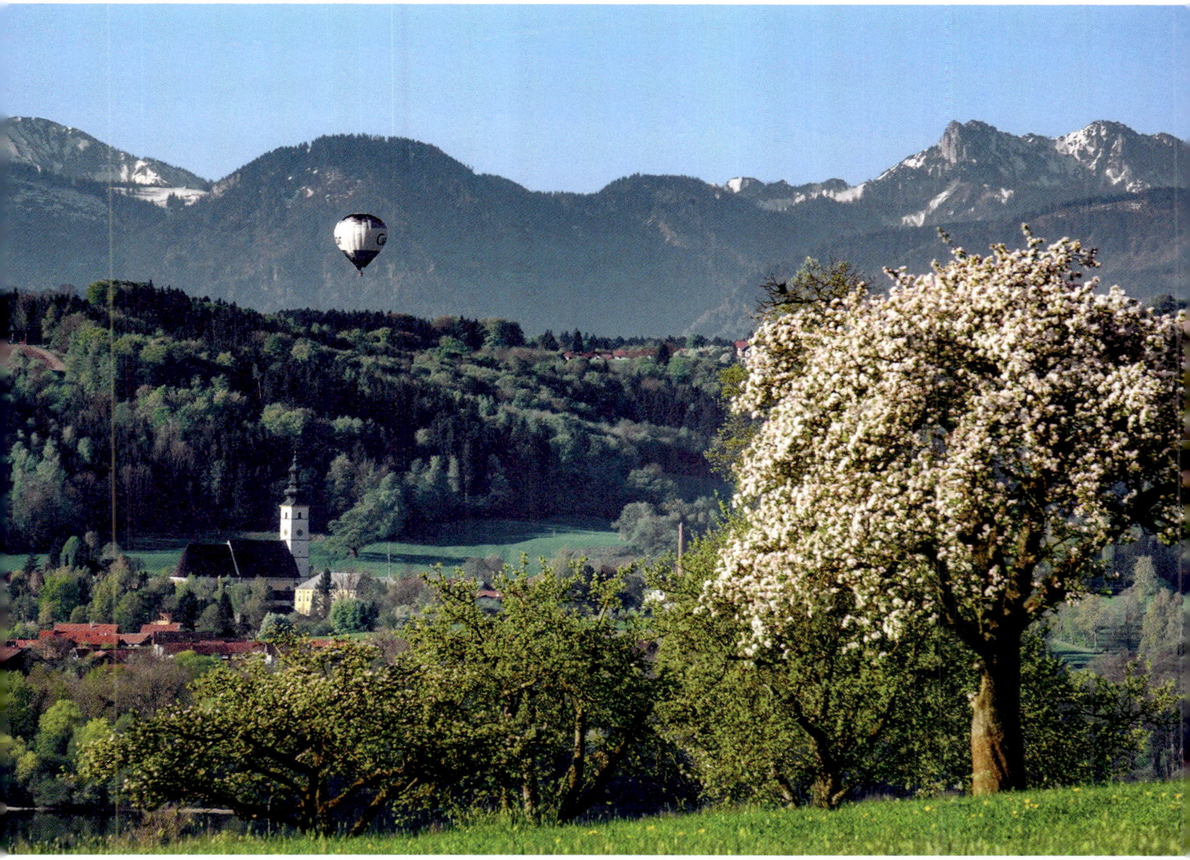

geschlossen, aber durch eine kleine Öffnung auf der Westseite können wir einen Blick auf den Flügelaltar erhaschen.

Über Fridolfing Von der Kirche aus folgen wir der Zufahrtsstraße die wenigen Meter bis zur kleinen Straße, in die wir rechts einbiegen. Über Langwied und Gierling geht es dann

Fridolfing

Für ein kleines Dorf ist hier ganz schön viel los. Das ganze Jahr über gibt es Feste und Veranstaltungen. Im Sommer finden ein Dorffest und ein Kinderfest sowie ein Holz- und Töpfermarkt statt, im Herbst wird dann ein großer Bauernmarkt abgehalten. Rund um Fridolfing gibt es einige sehr gute Hofläden wie das Hofcafé Kuhle Muh, Attl´s Bio Ziegenhof oder die Aichermühle Eizing, deren Besuch sich ebenfalls lohnt und bei denen man sich mit regionalen Produkten für zu Hause eindecken kann.

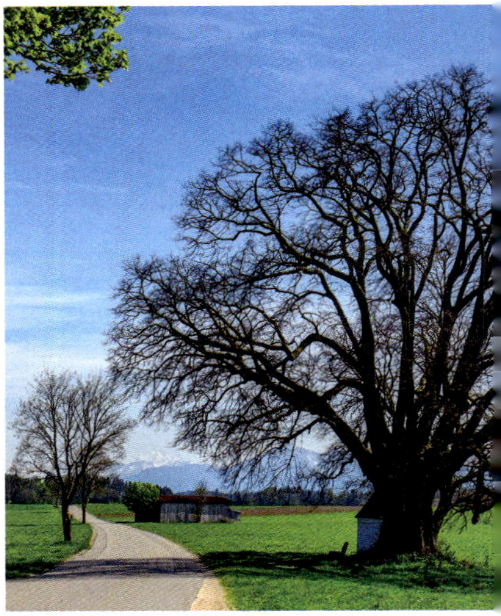

Die mächtige Linde bei Friedolfing liegt direkt an unserer Strecke.

Rechte Seite: Von Bichelen genießen wir die schönste Sicht auf den Waginger See und die Berge.

bergab, unter der Bahn hindurch und nun immer geradeaus nach Fridolfing hinein. Der kleine Ort bietet sich ebenfalls für eine Pause an. Die Pfarrkirche Mariä Himmelfahrt gilt als größte Dorfkirche Deutschlands und wurde 1891 bis 1893 im neuromanischen Stil erbaut. Wunderschön sind die vielen bienenfreundlichen Blumenbeete in der Ortsmitte. Für die Rückfahrt folgen wir einfach wieder den Panoramaschildern, die uns am südlichen Ende des Platzes zunächst nach links auf die Hadrianstraße schicken und dann gleich rechts in die St.-Johann-Straße. Dieser folgen wir weiter an der Kirche St. Johann vorbei nun schnurgerade nach Süden. Vorbei an der mächtigen 250 bis 300 Jahre alten Linde mit einem Umfang von 5,7 Metern, neben der die Staller-Kapelle steht, geht es nun fast eben über die Felder. Wir durchqueren den kleinen Ort Hipflham und sind kurz darauf wieder in Kirchanschöring. Die Laufener Straße bringt uns nach rechts zurück zum Bahnhof.

Wichtiges zur Tour

Ausgangs-/Endpunkt
Kirchanschöring, Bahnhof

Anfahrt
GPS-Koordinaten: 47.9535, 12.8318
Auto: Von München auf der A 8 Richtung Salzburg, Ausfahrt Traunstein, über Traunstein und Waging am See nach Tettenhausen und weiter nach Kirchanschöring, Parkplätze am Bahnhof. **Bahn:** Der Bahnhof Kirchanschöring liegt an der Bahnstrecke Mühldorf–Freilassing.

Tourencharakter
Rundtour auf kleinen Nebenstraßen, Rad- und Forstwegen. Am Beginn etwas hügelig, ab Fridolfing fast ebene Rückfahrt. Tolle Picknick- und Raststellen sowie Bademöglichkeit!

E-Bike-Ladestation
Fridolfing: Steinbergers Naschmarkt

Einkehr
Waginger See: Strandbad Tettenhausen. Fridolfing: Gasthaus Unterwirt und das sehr nette Café Steinbergers Naschmarkt. Kirchanschöring: Saliterwirt

Information
Ferienregion Waginger See,
www.waginger-see.de

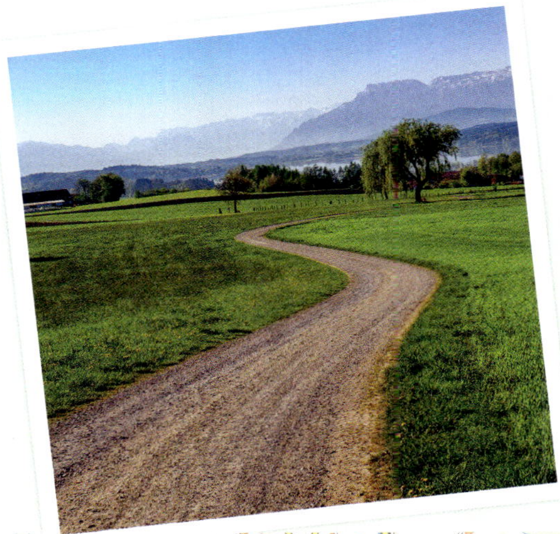

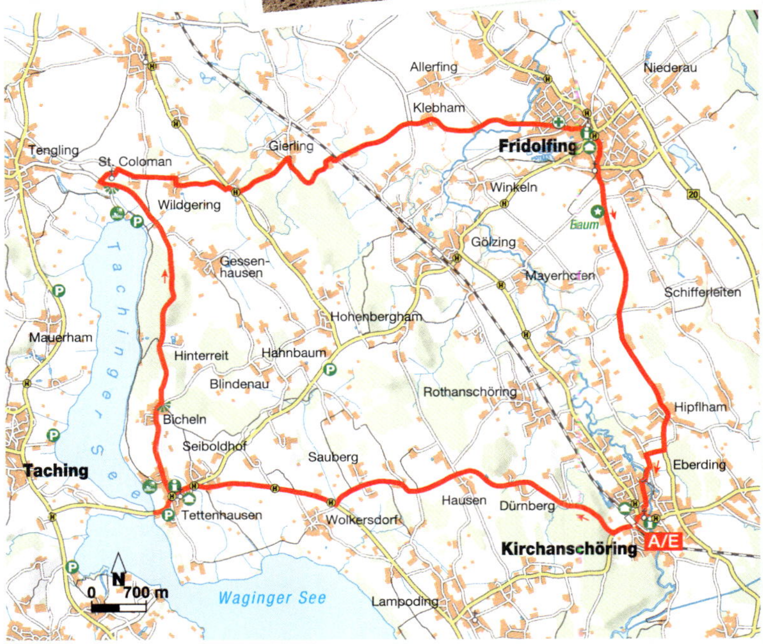

28 Um den Waginger und den Tachinger See

Badefreuden im Rupertiwinkel

Leicht

3 Std.

31 km

200 Hm

Dies ist die perfekte Bade-Radl-Tour. Der Waginger und der Tachinger See sind zwei der wärmsten Badeseen Oberbayerns. Und entlang unserer Route haben wir immer wieder fantastische Aussichten auf die nahen Chiemgauer und Berchtesgadener Berge.

Waginger Seerunde Ausgangspunkt unserer Rundtour um den Waginger und den Tachinger See ist die Tourist-Info Waging in der Salzburger Straße beim Bajuwarenmuseum. Dieses wollen wir am Ende der Radtour besuchen. Zu Beginn radeln wir erst einmal auf der Salzburger Straße Richtung Osten zur Umgehungsstraße. Wir unterqueren die Straße und erreichen nach links zuerst den Weiler Egg und dann das kleine Dorf Gaden mit seiner interessanten Kirche, die dem Schutzheiligen des Rupertiwinkels, dem heiligen Rupert, geweiht ist. Es ist das älteste Gotteshaus am See, seine Mauern reichen bis ins 12. Jh. zurück.

Von Gaden fahren wir kurz abwärts zur Staatsstraße 2104. Der Radweg daneben bringt uns mehr oder weniger dicht am Seeufer entlang über Musbach zum Seeberg, einem großen Bauernhof links neben der Straße. Hier zweigt links ein Feldweg ab, der zuerst durch einen Wald und dann über die Felder auf das Dorf Petting zuführt. Wir erreichen Petting an seinem nördlichen Ende, wenden uns auf der Seestraße nach links und überqueren nach den letzten Häusern den Achenbach. Der Radweg neben der Fahrstraße führt in weitem Linksbogen über Wolkersdorf nach Tettenhausen, wo sich beide Seen vereinen. Die großartige Aussicht über die Moränenhügel des Voralpenlandes auf die Berge ist einmalig. Als Orientierungshilfe kann man im Osten den Gaisberg bei Salzburg mit seinen Antennen nehmen, dann folgen das Tennengebirge, das Salzachtal, der Rücken des Untersberges, der Hochstaufen,

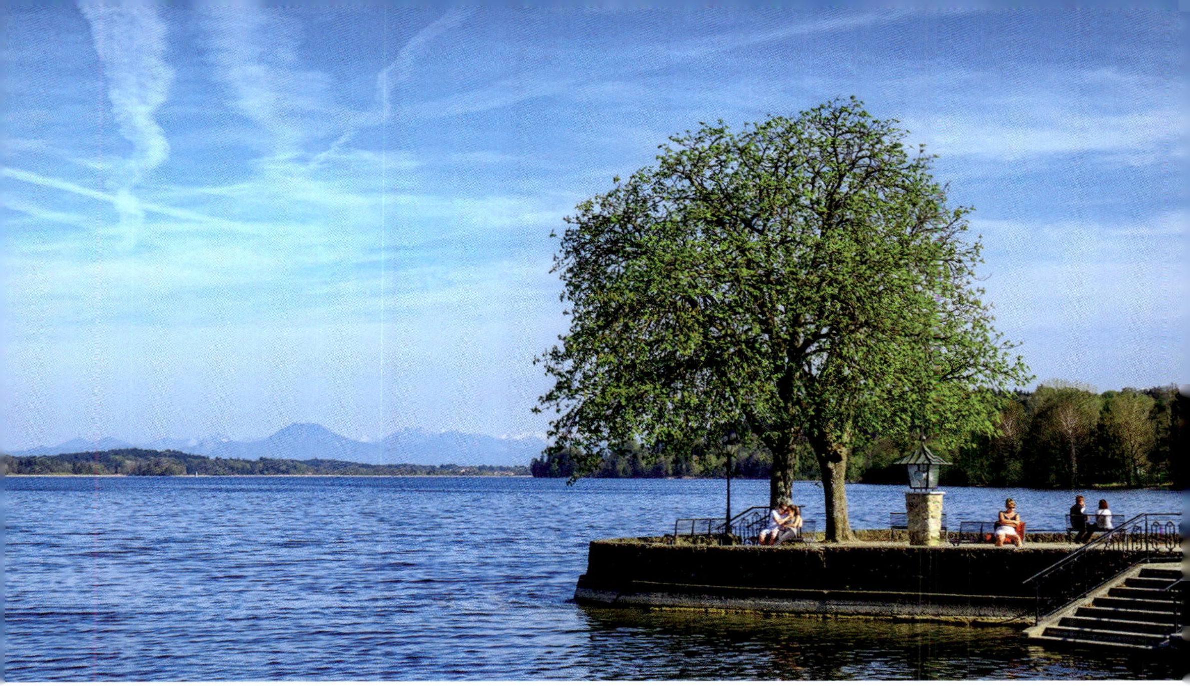

Hochfelln und Hochgern und schließlich im Südwesten die gezackte Kampenwand.

An der Uferpromenade des Waginger Sees ist viel Platz.

Tachinger Seerunde In Tettenhausen könnten wir die Tour abkürzen und über den kleinen Seedamm direkt nach Waging zurückradeln. Es lohnt sich auch, für eine Einkehr oder zum Schwimmen ins Strandbad hinunterzuradeln. Ruhigere, naturbelassenere Badestellen erreichen wir aber auch noch am Ostufer des Tachinger Sees. Dafür geht es dann nicht zum See hinunter, sondern rechts für wenige Meter auf der Hauptstraße nach Tettenhausen, wo wir links ebenfalls für wenige Meter in die Bichelner Straße und dann erneut links in den Seeleitenweg abbiegen. Er führt leicht abwärts und nun unmittelbar am Ostufer des Tachinger Sees entlang. Türkisblau schimmert das Wasser zwischen den Bäumen hindurch und viele idyllische Badestellen bremsen uns jetzt aus. Am nördlichen See-

Karibik-Flair im Chiemgau

Der türkisblau schimmernde Waginger und der Tachinger See gehören zu den wärmsten Seen in Oberbayern. Zusammen sind sie zwölf Kilometer lang und bis zu drei Kilometer breit. Bei Tettenhausen ist der Übergang zwischen den zwei Seen durch einen langen Steg verbunden – ein traumhafter Platz besonders bei Sonnenuntergang. Dementsprechend voll kann es hier schon mal werden. Aber das gehört dann eben zum Karibik-Flair dazu.

Rechte Seite: Am Ostufer

ende radeln wir am Strandbad Aignsee vorbei, der letzten Möglichkeit, um heute ins Wasser zu hüpfen. Dann erreichen wir Tengling, wo parallel zur Autostraße ein Radweg beginnt. Diesem folgen wir nun mit herrlichen Ausblicken auf die nahen Alpen in südlicher Richtung. Dabei passieren wir Taching und werden dann links über die Straße beim Gasthaus Seeteufel weiter auf den Radweg gelotst. So fahren wir durch Fisching, wo wir schließlich auf der Kurhausstraße auf die querende Strandbadallee stoßen. Dieser folgen wir nach links zurück in die Dorfmitte von Waging.

Waging

Zu bajuwarischer Zeit gegründet lag Waging an der wichtigen Salzstraße von Reichenhall nach Wasserburg. Hier mussten die Fuhrleute übernachten und das ließ den Ort aufblühen. Davon zeugen heute noch die überreiche Stuckausstattung der Pfarrkirche St. Martin und die prachtvollen Häuser in der Ortsmitte. Besichtigen kann man neben der Pfarrkirche auch das Bajuwarenmuseum. Außerdem gibt es auch noch ein Vogelmuseum und das private Barockmuseum.

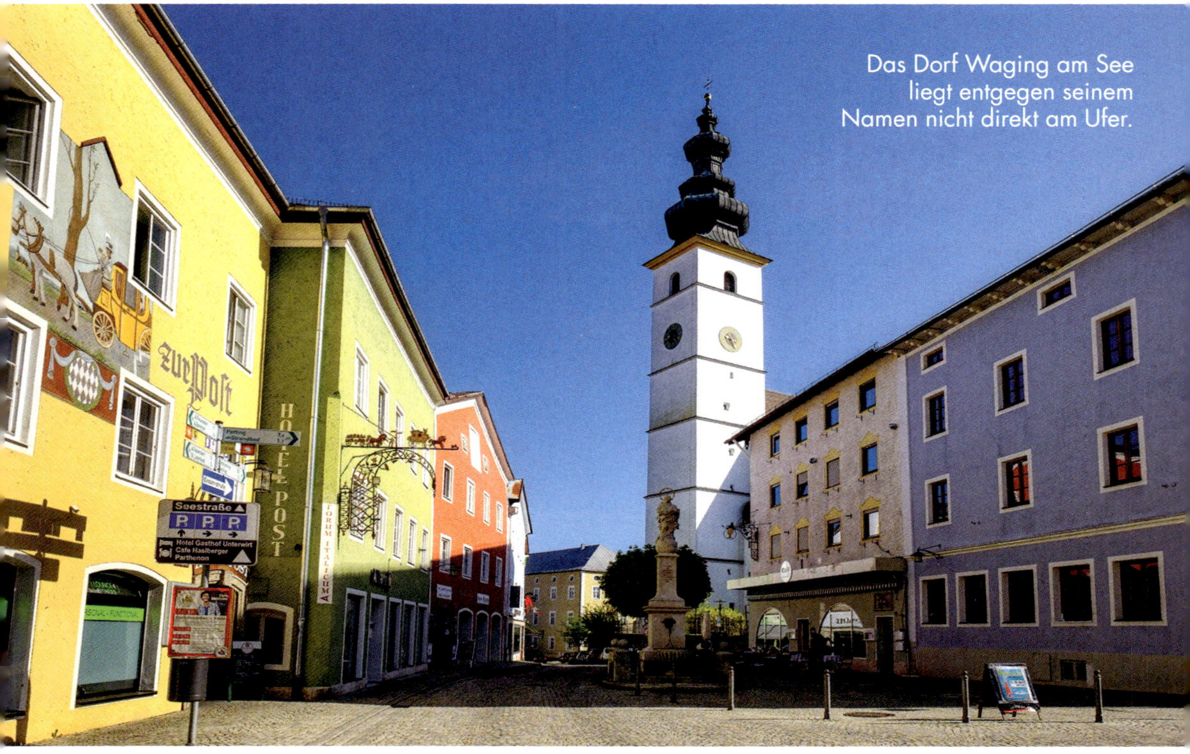

Das Dorf Waging am See liegt entgegen seinem Namen nicht direkt am Ufer.

Wichtiges zur Tour

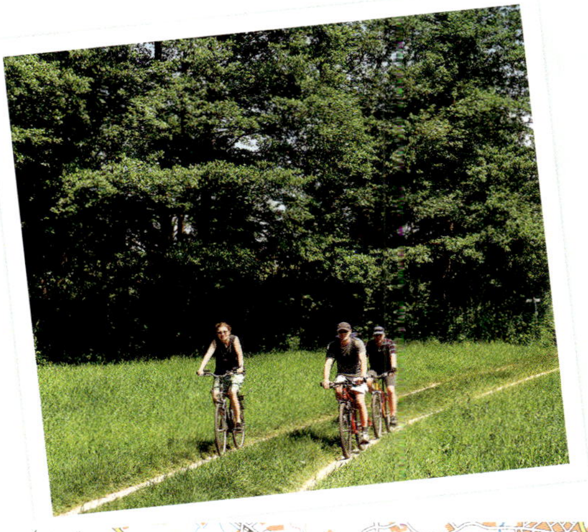

Ausgangs-/Endpunkt
Waging, Tourist-Info

Anfahrt
GPS-Koordinaten: 47.9341, 12.7374
Auto: Von München auf der A 8 Richtung Salzburg, Ausfahrt Traunstein, weiter über Traunstein zum Waginger See, zum Teil gebührenpflichtige Parkplätze im Ort vorhanden. Die Tourist-Info liegt in der Salzburgerstr. 32. **Bahn:** Waging ist Endhaltestelle der Bahnverbindung von Traunstein.

Tourencharakter
Schöne Rundtour um den See, fast ausschließlich auf gut ausgeschilderten Radwegen, wenig befahrenen Nebenstrecken und Pfaden. Die Tour lässt sich bereits in Tettenhausen über den Seedamm verkürzen. Im Sommer relativ viele Badegäste

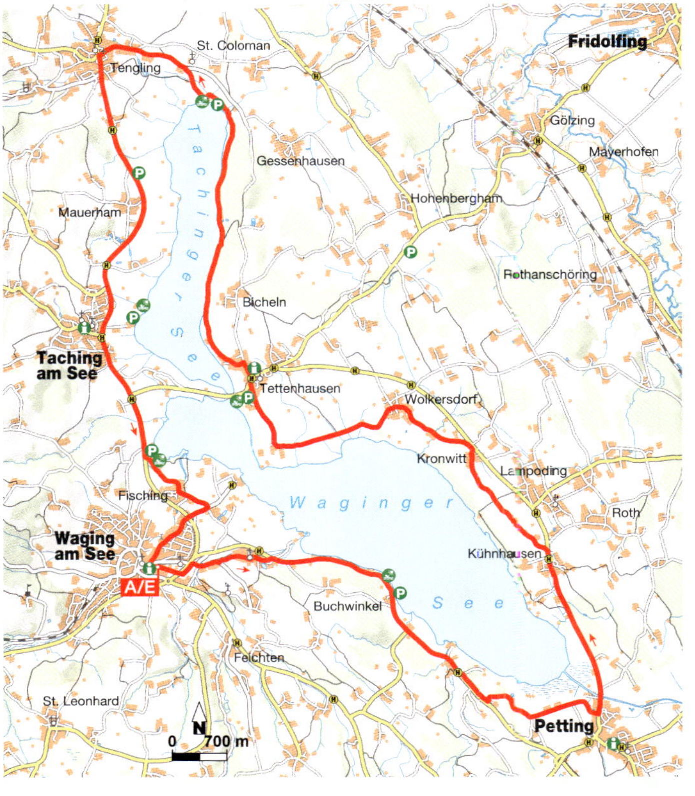

E-Bike-Ladestation
Waging: Vor der Tourist-Info

Einkehr
Eine tolle Aussicht von der Seeterrasse hat man in Tettenhausen am Strandbad.

Information
Tourist-Info Waginger See, www.waging-am-see.de

29 Von Tittmoning nach Fridolfing

Vom Seeblick zum Flussblick

Mittel

3:30 Std.

32 km

360 Hm

Diese Radtour führt in das einstige Land der Salzburger zu einem der schönsten Aussichtspunkte des Rupertigaus. An einem Badesee vorbei geht es anschließend zu den wilden, ursprünglichen Auenlandschaften entlang der Salzach.

Ein Ort namens Kay Vom Stadtplatz in Tittmoning fahren wir durch das Laufener Tor im Süden und biegen wenige Meter danach in die Traunsteiner Straße ein. Nach 250 Metern geht es links in den Zwieselweg, der auch als Bienenlehrpfad ausgezeichnet ist. Wir sind nun auf der Trasse der ehemaligen Stichbahn Wiesmühl–Tittmoning unterwegs, die allerdings bereits 1969 eingestellt wurde. Wir stoßen T-förmig auf eine Fahrstraße und radeln nach rechts den flachen Berg hinauf. Rechts passieren wir den Hof Enichham mit seinem prächtigen Bundwerk. Ein Stück weiter müssen wir aufpassen. An einem Feldkreuz halten wir uns links und fahren an einem Wildgatter vorbei auf einer schmalen Straße direkt auf die Pfarrkirche St. Martin von Kay zu. Der etwas seltsam klingende Name stammt von der alten Bezeichnung für »Gehege« ab, ein umzäuntes Gebiet, in dem man Wild züchtete. Es hieß früher »Gahai« oder »Gehaey«.

Nach St. Coloman In Kay fahren wir über die Waginger Straße zur Autostraße und erreichen auf dem Radweg neben ihr Wiesmühl. Die erste Straße links ist die Bahnhofstraße. Sie führt uns am Bahnhof vorbei, von dem aus die alte Stichbahn nach Tittmoning abging, und dann weiter an der Bahn entlang zu einer Querstraße. Unter der Bahn hindurch geht es weiter nach Inzing, wo wir links nach Törring abbiegen. In Törring nehmen wir die erste Straße rechts, die Schmiedbergstraße, und biegen an ihrem Ende links in die Graf-Törring-Straße ein, die uns zum Dorfplatz bringt. Hier in Törring stand einst eine Burg, aus der das bayerische Grafengeschlecht der Törring stammt. Vom Dorfplatz mit seinem kleinen Weiher wählen wir die Seestraße, die uns bergauf dann flach über Felder zu der kleinen, einzeln stehenden Kirche bringt, deren Spitzturm wir schon von Weitem erblicken. Die Kirche erreichen wir über die Querstraße, auf die wir zufahren. Das ist St. Coloman mit seinem gotischen Flügelaltar, den man aber nur durch ein kleines Guckfenster von der Westseite mehr erahnen als sehen kann. Aber der Besuch lohnt sich trotzdem, denn die Kirche steht direkt an der Hangkante zum Tachinger See und erlaubt daher einen ungehinderten Blick auf das Panorama der Berge. Links schaut der Hochstaufen zu uns herüber, dann folgen die Chiemgauer Berge vor den Loferer Steinbergen und schließlich endet das Panorama mit Hochgern und Hochfelln. Ein gut beschriftetes Panoramabild hilft bei der Orientierung.

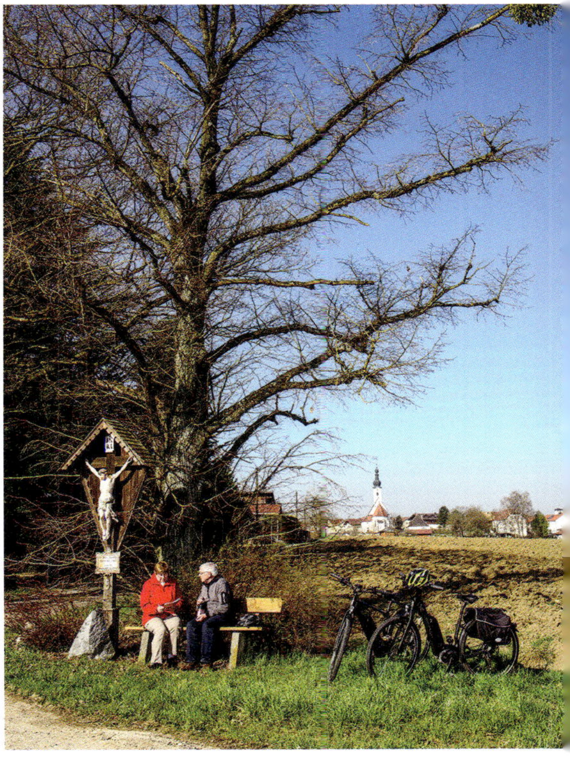

Rast am Feldkreuz vor Kay bei Tittmoning im Rupertigau

Durch die Salzachauen Nach der Rast radeln wir ein Stück des Weges zurück, fahren dann aber an der Abzweigung nach Törring geradeaus. Über Langwied und Gierling geht es bergab, unter der Bahn hindurch und nun immer geradeaus nach Fridolfing hinein. Der kleine Ort bietet sich für eine Pause an. Rund um den kleinen Stadtplatz sitzt man sehr gemütlich. Außerdem treffen wir auf die Pfarrkirche Mariä Himmelfahrt, die heute als bedeutendes Beispiel der neuromanischen Baukunst der Zeit um 1900 zählt. Am südlichen Ende des Platzes geht es dann für uns nach links weiter, zunächst auf der Hadrianstraße und dann beim Gasthof Unterwirt rechts in die Laufener Straße. An der T-Kreuzung wenden wir uns nach links, die Straße bringt uns zur belebten B 20, die wir dankenswerterweise durch eine Unterführung queren können. Jetzt sind wir am Fridolfiner Baggersee mit seinem Erholungsgelände, im Sommer ein guter

Tittmonig

Für einen Altstadtspaziergang sollte man sich noch etwas Zeit nehmen. Allein der prunkvolle, fast 300 Meter lange Stadtplatz mit dem historischen Rathaus und den vielen bunten Fassaden ist einen Besuch wert. In seiner Größe und Form ist er seit der Stadtgründung 1234 unverändert. Auch die Stadtmauer ist in weiten Teilen noch gut erhalten. Über allem thront die geschichtsträchtige Burg, in der sich heute ein Gerbereimuseum und das Heimatmuseum Rupertiwinkel befinden. Daneben zieht es Naturliebhaber in den Ponlachgraben. Der Graben grenzt an die Burg und Stadtmauer und ist wildromantisch schön mit seinen Quellen, dem Bach und der Wallfahrtskirche Maria Ponlach.

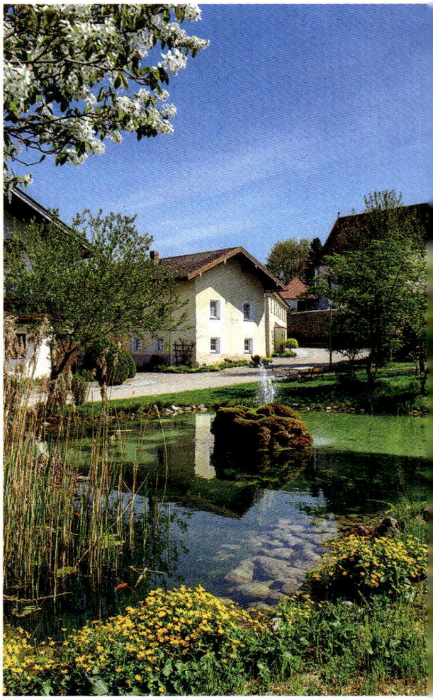

Das kleine Dorf Törring ist die Wiege des großen Grafengeschlechts der Törrings, die man u. a. vom Törringpalais in München oder der Brauerei kennt.

Rechte Seite: Die Kirche St. Coloman liegt am Nordende des Tachinger Sees.

Platz für einen Sprung ins kühle Nass. Ansonsten bleiben wir der Fahrtrichtung treu und radeln durch den Bauernhof von Oberau. Kurz danach kommen wir zum Auwald und zum großen Hochwasserdamm, der dem Fluss bei Hochwasser genug Platz bietet. Wir überqueren den Damm schräg nach links und fahren dann in spitzem Winkel etwas zurück. Hier schickt uns ein Wegweiser wieder in den Auwald und damit direkt zur Salzach. Ein breiter, aber nicht geteerter Weg lässt uns flussabwärts rollen. Der Auwald links ist eine echte Wildnis. Dichtes Gestrüpp verhindert jedes Eindringen, immer wieder sind umgestürzte Bäume sichtbar, die langsam verrotten. Ein Paradies für die Tierwelt, denn für sie ist sowohl reichlich Nahrung vorhanden als auch Platz für Unterschlupf und Brut. Das wissen auch die Biber, deren Baumfällarbeiten wir allenthalben sehen können. Schon in Tittmoning fahren wir an einem Altwasserarm vorbei, überqueren ihn auf einer Brücke und erreichen die Autobrücke nach Österreich. Links radeln wir den kleinen Gerberberg hinauf und schon sind wir wieder am Stadtplatz von Tittmoning, wo wir den Tag gemütlich in einem der zahlreichen Cafés beenden können.

Wichtiges zur Tour

Ausgangs-/Endpunkt
Tittmoning, Stadtplatz

Anfahrt
GPS-Koordinaten: 48.0622, 12.7673
Auto: Von München auf der A 8 Richtung Salzburg, Ausfahrt Traunstein, weiter über Traunstein und Waging am See nach Tittmoning. Für Parkplätze über den Stadtplatz fahren und nach dem Tor rechts den Gerberberg abwärts zur Wasservorstadt. **Bahn:** Der Bahnhof mit Haltestelle Tittmoning-Wiesmühl liegt an der Bahnstrecke Mühldorf–Freilassing.

Tourencharakter
Rundtour über eine alte Bahntrasse, auf Radwegen, wenig befahrenen Autostraßen und ungeteerten Wegen. Anfangs durch das Hügelland und am Schluss schön eben entlang der Salzach. Bademöglichkeit!

E-Bike-Ladestation
Fridolfing: Steinbergers Naschmarkt

Einkehr
Tittmoning: Viele Gaststätten aller Art am Stadtplatz. Kay: Gasthof Stockhammer Beim Wirt z´Kay. Fridolfing: Gasthaus Unterwirt und das sehr nette Café Steinbergers Naschmarkt

Information
Tourist-Info Tittmoning, www.tittmoning.de

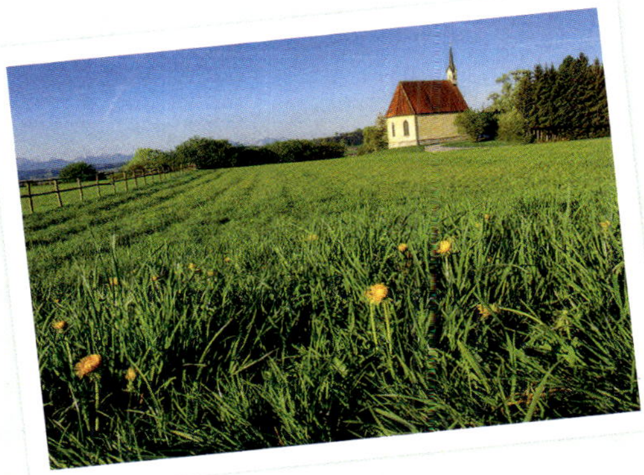

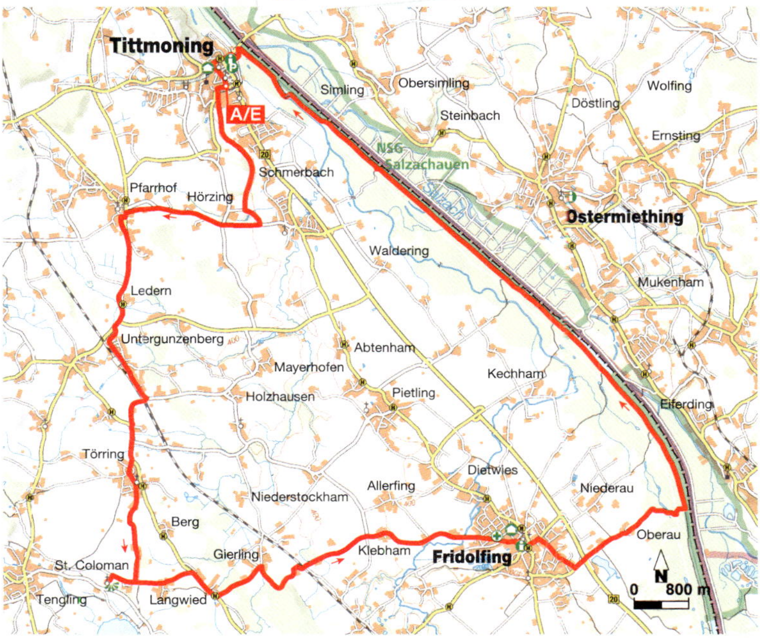

30 Von Burghausen nach Tittmoning

Zwei Burgen und ein Fluss

Mittel

4 Std.

42 km

400 Hm

Auf dieser Rundtour besichtigen wir zwei Städte, jeweils bekrönt von einer Burg, und ein altes Kloster. Zunächst geht es über das abwechslungsreiche Hügelland zu zwei Badeseen, bevor wir durch die wilde Flusslandschaft der Salzach ganz bequem und flach zurückradeln.

Zum Kloster Raitenhaslach Wir starten am Stadtplatz von Burghausen und radeln an der Pfarrkirche St. Jakob vorbei hinunter zum Salzachufer. Zuerst auf der Straße, dann auf einem guten Uferweg erreichen wir nach etwa sechs Kilometern eine Abzweigung, die uns durch einen Hohlweg hinauf zur ehemaligen Prämonstratenserabtei Raitenhaslach führt. Nicht nur der Biergarten ist einen Besuch wert, sondern auch die barocke Klosterkirche mit ihren reichen Deckenfresken. Die fröhlichen Putten entdeckt man am besten mit einem Fernglas. In die Klostergebäude, die aufwendig renoviert wurden, ist die Technische Universität München eingezogen. Weil die Räume für den Unterricht genutzt werden, können sie nicht besichtigt werden.

Durch das Hinterland Wir verlassen das Klostergelände auf der vom Biergarten her gesehen linken Straße und fahren den Berg etwas aufwärts. Bei der ersten Kreuzung geht es nach rechts, am Sportplatz vorbei und dann aufwärts zur Bundesstraße B 20. Etwas nach links versetzt nehmen wir die schmale Straße rechts, kommen durch Oberhadermark und treffen bei einem Wartehäuschen auf die Markierung des Salzhandelsweges, der wir bis Tittmoning folgen werden. Kurz darauf erreichen wir entlang der Bahnlinie Altötting–Burghausen Pirach. Vor der Bahnschranke überqueren wir die Hauptstraße und fahren auf unserer Seite der Bahn noch knapp 300 Meter weiter. Dann geht es links über die Wiesen und Felder nach Irlhaid, wo wir links in die größere Straße einbiegen. Wir überqueren die Straße nach Trostberg und biegen am Ende von Gattern rechts Richtung Dorfen ab. Kurz vor Dorfen treffen wir auf eine Querstraße. Wir biegen links ein und erreichen Asten. Doch vorher passieren wir noch eine wichtige Stelle: die ehemalige Grenze zwischen Bayern und dem Fürstbistum Salzburg. Man kann sich nicht mehr vorstellen, dass hier einmal ein Schlagbaum stand und Beamte auf beiden Seiten streng darauf achteten, dass kein Unbefugter oder gar ein Schmuggler die Grenze passierte. In Asten sollten wir nicht vergessen, einen Blick in die Kirche zu werfen. Am Hochaltar steht eine wunderschöne Madonna aus dem späten 15. Jh.

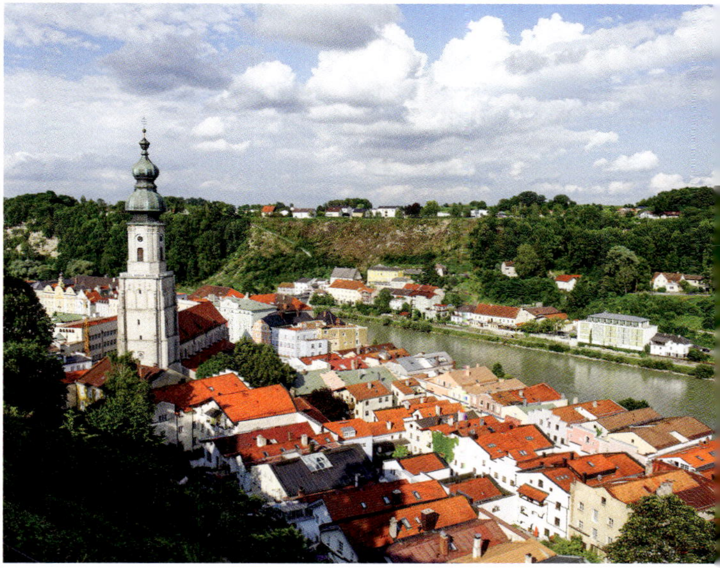

Aussicht von der Burghausener Burg auf die Altstadt mit der Pfarrkirche St. Jakob vor der Salzach

Am Ortsausgang von Asten halten wir uns links, fahren am Astener Moorsee (Bademöglichkeit) vorbei zum Weiler Laufing. Hier biegen wir rechts von der Straße ab, passieren eine Biogasanlage und folgen stets den Schildern des Salzhandelsweges. Er führt uns in großem Bogen um den Leitgeringer See (Bademöglichkeit) herum nach Diepling zu einem großen Bauernhof auf der anderen Seite der großen Querstraße. Wir fahren geradeaus am Hof vorbei einen knappen Kilometer zur Straße nach Tittmoning. Dort beginnt ein Radweg, der uns durch ein Neubaugebiet führt. Kurz nach der Allee, die von rechts auf unsere Straße trifft, biegen wir links in den Wald ein. Dem Weg folgend erreichen wir die Wallfahrtskirche Maria Brunn. Ihr aufwendiger Hochaltar birgt das Gnadenbild, eine barocke Muttergottes mit dem Jesuskind auf dem Arm. Das Quellwasser, das auf der Rückseite der Kirche zu Tage tritt, soll bei Augenleiden helfen. Kurz darauf stehen wir vor der Burg. Nach links geht es auf der Fahrstraße steil abwärts zur Altstadt von Tittmoning.

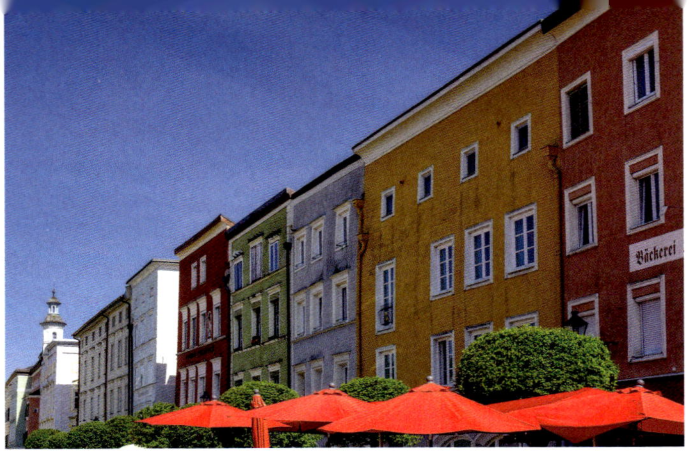

Burghausen

Die Stadt punktet natürlich mit ihrer herzoglichen Burg, die sich mit ihren 1051 Metern Länge als längste Burg der Welt bezeichnet. Sie ist bis auf die Innenräume der Hauptburg frei zugänglich. Ein Spaziergang durch die Burghöfe und ein Besuch der herzoglichen Räume in der Hauptburg sind fast eine Pflicht für jeden Besucher Burghausens. Den weiten Stadtplatz unterhalb der Burg mit der gewaltigen Stadtpfarrkirche St. Jakob kann man am besten von einem der Straßencafés auf sich wirken lassen.

Oben: Am Stadtplatz in Tittoming haben fast alle Häuserfassaden eine unterschiedliche Farbe.

Entlang der Salzach Der Rückweg ist sehr einfach. Er beginnt am Stadtplatz von Tittmoning. Wir fahren durch das Burghauser Tor und biegen rechts Richtung Salzach ab. Vor der Brücke geht es zuerst nach rechts, dann unter der Brücke durch auf den Weg neben dem Damm. Der Weg ist zuerst schlechter, aber noch gut mit Tourenrädern befahrbar. Dann kommt eine Stelle, sie ist aber nicht sehr lang, an der man teilweise schieben muss. Hier ist der Boden durch die ständigen Hochwasser sehr sandig. Doch die Mühe lohnt sich, denn nun geht es durch einen wilden Auwald mit uralten Weiden und Erlen, die oft dick mit Moos bewachsen sind. Am Boden wächst Zinnkraut und Schachtelhalm, aber auch das unvermeidliche Springkraut, das sich in den vergangenen Jahrzehnten allenthalben ausgebreitet hat. Immer wieder öffnen sich Schneisen zum Fluss hin und geben den Blick auf die Salzach mit ihren Kiesbänken frei. Dass man diese im Sommer zu einer Rast oder für eine Wassertret-Pause nutzen kann, ist naheliegend. Aber Vorsicht, die Strömung der Salzach ist durchaus respektabel! Knapp sechs Kilometer nach der Brücke, wir sind schon lange wieder auf einem gut zu fahrenden Weg, kommen wir wieder an die alte Grenze zwischen Bayern und Salzburg. Ein Schild weist uns ein Stück den Hang hinauf, dort steht noch der Grenzstein von 1721 und erzählt von den alten Machtverhältnissen. Wir radeln weiter und erreichen an Raitenhaslach vorbei wieder Burghausen mit seinem schönen Stadtplatz.

Wichtiges zur Tour

Ausgangs-/Endpunkt
Burghausen, Stadtplatz

Anfahrt
GPS-Koordinaten: 47.1591, 12.8332
Auto: Autobahn A 94 bzw. Bundesstraße B 12 München-Passau Ausfahrt Marktl/ Burghausen in die Altstadt von Burghausen. Praktisch ist der schattige Parkplatz am Pulverturm (Parkplatz Finanzamt), der auch für einen Besuch der Stadt ideal gelegen ist.
Bahn: Von München über Mühldorf nach Burghausen

Einkehr
In Burghausen und unterwegs gibt es ausreichend und gute Möglichkeiten, einzukehren. Wir haben sehr gut im Braugasthof am Stadtplatz von Tittmoning gegessen.

Information
Tourist-Info Burghausen, www.burghausen.de

Tourencharakter
Schöne Rundtour auf Nebenstraßen oder Radwegen, aber auch auf ungeteerten Wegen und Pfaden. Kurze Stellen des Salzach-Uferwegs sind nach starkem Regen in schlechtem Zustand. Bei Hochwasser wird der Salzachdamm regelmäßig überspült, dann ist die Radtour nicht möglich. Vorher bei der Tourist-Info erfragen

E-Bike-Ladestation
Burghausen: Stadtplatz, vor Hotel Post, Raitenhaslach: Klosterhof, Asten: Trachtengeschäft Winkelbauer

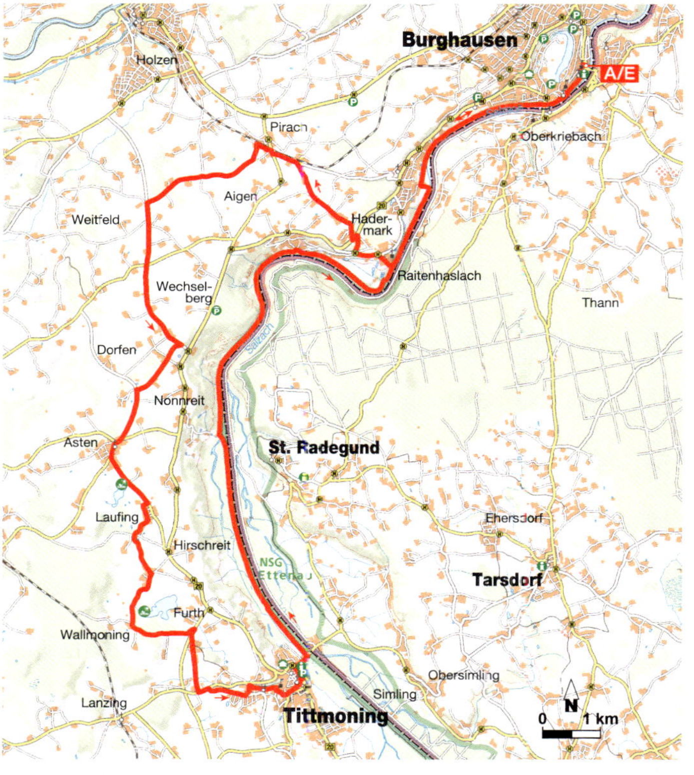

Register

Impressum

Verantwortlich: Johannes Abdullahi
Redaktion: Christian Schneider
Layout: Eva-Maria Klaffenböck
Repro: Cromika
Kartografie: Bruckmann Verlag GmbH, Heidi Schmalfuß
Herstellung: Barbara Uhlig
Printed in Slovenia by Florjancic

★★★★★

Sind Sie mit diesem Titel zufrieden? Dann würden wir uns über Ihre Weiterempfehlung freuen. Erzählen Sie es im Freundeskreis, berichten Sie Ihrem Buchhändler, oder bewerten Sie bei Onlinekauf. Und wenn Sie Kritik, Korrekturen, Aktualisierungen haben, freuen wir uns über Ihre Nachricht an Bruckmann Verlag, Postfach 40 02 09, D-80702 München oder per E-Mail an lektorat@verlagshaus.de.

Unser komplettes Programm finden Sie unter www.bruckmann.de

Alle Angaben dieses Werkes wurden von den Autoren sorgfältig recherchiert und auf den neuesten Stand gebracht sowie vom Verlag geprüft. Für die Richtigkeit der Angaben kann jedoch keine Haftung übernommen werden, weshalb die Nutzung auf eigene Gefahr erfolgt. Insbesondere bei GPS-Daten können Abweichungen nicht ausgeschlossen werden. Sollte dieses Werk Links auf Webseiten Dritter enthalten, so machen wir uns die Inhalte nicht zu eigen und übernehmen für die Inhalte keine Haftung.

Sie sind auf der Suche nach weiterführender Literatur? Dann empfehlen wir Ihnen den Titel »Genussradeln für Senioren im Münchner Süden« von Bernhard Irlinger. Oder Sie werfen einen Blick in die Zeitschrift »Bergsteiger«. Hier werden Sie bestimmt fündig.
Ihre Wilfried und Lisa Bahnmüller

Bildnachweis: Alle Aufnahmen im Innenteil stammen von den Autoren.

Umschlagvorderseite: Radfahrer auf dem Radweg in Brand bei Ruhpolding
Umschlagrückseite: Badesteg am Pellhamer See in der Eggstätter Seenplatte

Die Deutsche Nationalbibliothek verzeichnet diese Publikation in der Deutschen Nationalbibliografie; detaillierte bibliografische Daten sind im Internet über http://dnb.d-nb.de abrufbar.

ISBN 978-3-86246-600-9